高等职业教育经济贸易类专业在线开放课程新形态一体化教材

外贸跟单实务

（微课版）

方巧云　主　编
游蓓蕾　刘睿倪　副主编

清华大学出版社
北京

内 容 简 介

本书是浙江省普通高校"十三五"新形态教材,是浙江省高等学校在线开放课程共享平台"外贸跟单"课程配套教材。本书在分析外贸跟单岗位典型工作任务和职业能力要求的基础上,以外贸跟单操作流程为线索,设置了开发供应商、外贸样品跟单、根据外贸合同签订生产合同、原材料采购跟单、生产进度跟单、产品品质跟单、产品包装跟单、出货及出货后跟单八个项目及一个出口跟单综合技能训练模块。每个项目围绕具体的外贸跟单任务展开,体现项目引领、任务驱动、学做合一的编写思路。学生可在各项目任务执行基础知识学习的基础上完成任务,并可参考任务操作指导优化任务作品。本书内嵌了数字化资源,包括课程视频资源、企业实践案例、行业新动态或新标准等资源,这些资源将结合实际不断更新。

图书在版编目(CIP)数据

外贸跟单实务:微课版/方巧云主编. —北京:清华大学出版社,2022.10(2023.8重印)
高等职业教育经济贸易类专业在线开放课程新形态一体化教材
ISBN 978-7-302-54408-1

Ⅰ.①外… Ⅱ.①方… Ⅲ.①对外贸易－市场营销学－高等职业教育－教材 Ⅳ.①F740.4

中国版本图书馆 CIP 数据核字(2019)第 264402 号

责任编辑:左卫霞
封面设计:刘艳芝
责任校对:袁　芳
责任印制:杨　艳

出版发行:清华大学出版社
　网　　　址:http://www.tup.com.cn,http://www.wqbook.com
　地　　　址:北京清华大学学研大厦 A 座　　　　　　　**邮　　编**:100084
　社 总 机:010-83470000　　　　　　　　　　　　　　**邮　　购**:010-62786544
　投稿与读者服务:010-62776969,c-service@tup.tsinghua.edu.cn
　质量反馈:010-62772015,zhiliang@tup.tsinghua.edu.cn
　课件下载:http://www.tup.com.cn,010-83470410
印 装 者:三河市铭诚印务有限公司
经　　销:全国新华书店
开　　本:185mm×260mm　　　　**印　张**:14　　　　**字　数**:338 千字
版　　次:2022 年 10 月第 1 版　　　　　　　　　　　　**印　次**:2023 年 8 月第 2 次印刷
定　　价:48.00 元

产品编号:085544-01

前　言

随着外贸行业的发展,专业化的外贸订单跟踪及管理成为迫切的需求,外贸跟单员岗位即是顺应这一需求而产生的。作为协助外贸业务顺利开展的重要岗位,外贸跟单员人才的培养显得非常重要。正是基于这一现实的需要,我们编写了本书。

本书在分析外贸跟单员岗位典型工作任务和职业能力要求的基础上,以出口外贸跟单操作流程为线索,体现项目引导、任务驱动、学做合一的编写思路。除导论外,教材共设八个项目及一个出口跟单综合技能训练模块。八个项目的编写以具体的出口服装跟单任务贯穿始终,每个项目都按以下思路编写:明确学习目标—提出工作任务(工作任务描述与工作任务分解)—掌握任务执行基础知识—提供任务操作指导—进行知识巩固与技能拓展。出口跟单综合技能训练模块以二维码的形式呈现,可下载后练习,其目的是巩固跟单操作技能,体验不同产品的出口跟单操作。

本书区别于传统纸质教材,内嵌了诸多数字化资源,如视频资源、企业实践案例、行业新动态及行业新标准等二维码资料,这些资源增强了教材的表现力,将书本"立体化"了。这种新形态教材可以帮助解决传统教材更新不及时的问题,书中的配套资源还可以服务于线上线下混合式教学等新型教学模式,扫描下页二维码即可在线学习该课程。

本书既可用于教师教学,也可用于学生自学。教师在教学过程中可利用本书配套的视频资源,让学生课前完成任务执行基础知识的学习;课堂教学时,教师先布置工作任务,学生完成任务并展示后,教师做点评,并结合学生的完成情况进行操作指导;最后,通过知识巩固与技能拓展巩固相关知识与技能。本书每个项目目标明确,任务清晰,任务操作指导具体且有针对性,并内嵌了二维码知识点讲解视频,因此学生也可以利用本书进行自学。

本书由浙江经贸职业技术学院方巧云担任主编并负责统稿,浙江经济职业技术学院游蓓蕾和浙江财经学院刘睿倪担任副主编,杭州杭丝时装进出口有限公司海外业务经理张黎伟参与编写。具体分工如下:方巧云编写导论、项目一~项目三、项目五~项目八及附录,游蓓蕾编写项目四,刘睿倪编写出口跟单综合技能训练,张黎伟提供样单、案例等资料。本书由浙江经贸职业技术学院朱春兰教授审稿。

本书可作为高职高专国际经济与贸易、跨境电子商务、国际商务、应用英语等相关专业外贸跟单课程的教材,还可供外贸相关从业人员参阅。

本书在编写过程中得到了许多业内专家、学者和单位的热心帮助和支持,他们或提供了外贸跟单的一些素材,或提供了一些编写的建议,在此向他们表示衷心的感谢。编者在教材编写过程中还参阅和引用了国内外相关论著、网站的资料和观点,书中未一一列出,在此一并向有关作者表示诚挚的谢意。另外，本书中提到的公司及人员信息纯属虚构，如有雷同，纯属巧合。

　　由于编者学识水平和能力有限，书中不足之处还望广大读者批评、指正，以便再版时予以修正、完善。

编　者

2022 年 4 月

外贸跟单
在线开放课程

目　录

外贸跟单概述

 学习目标

知识目标

1. 了解外贸跟单的定义。

2. 了解外贸跟单员岗位的产生背景及分类。

3. 掌握外贸跟单员的主要工作内容。

4. 了解企业对外贸跟单员的基本素质要求。

能力目标

1. 能结合外贸流程流利论述外贸跟单主要工作内容,具备从容应对外贸跟单员面试等环境下相关问题的能力。

2. 能陈述外贸跟单员岗位与其他外贸工作岗位的不同。

素养目标

1. 涉足新领域或新岗位时具备主动学习、快速了解并融入新岗位的能力。

2. 具备信息化时代背景下搜索与整理网络碎片化信息的习惯与能力。

3. 产生认真学习外贸跟单员岗位知识与技能的意识。

 工作任务

工作任务描述

浙江迪佳贸易有限公司主要从事服装出口贸易,小李是浙江迪佳贸易有限公司的新人,其工作岗位是外贸跟单员。作为刚入行的新人,小李的精神状态非常好,想要好好地学,把外贸跟单员的工作做好。

小李打算先整理出外贸跟单员的主要工作内容,而后逐一学习突破。同事建议他既可以先从了解外贸流程开始,也可以在网上多看些外贸跟单员的招聘广告,总结出比较详细的外贸跟单员工作内容。

工作任务分解

任务一 整理外贸流程,分析跟单工作

请帮助小李画出口贸易流程图,并思考外贸各个工作岗位(如外贸业务员、单证员、报关员等)在整个流程中主要负责哪些环节的工作,其中外贸跟单员的主要工作可能会在哪些环节。

任务二 根据招聘广告,总结外贸跟单工作内容

利用网络,查找企业外贸跟单员招聘广告。

(1)根据查找结果,对任务一得出的结论进行具体工作细节的补充,总结外贸跟单员的主要工作内容。

(2)总结企业对外贸跟单员的素质要求。

任务执行基础知识

一、外贸跟单的含义

随着外贸行业的发展,专业化的外贸订单跟踪及管理成为迫切的需求,外贸跟单岗位即是顺应这一需求而产生的。

从字面意思来看,"外贸跟单"中的"跟"是指跟进、跟踪,"单"是指外贸合同或订单,即跟踪外贸订单的意思。也就是在进出口贸易合同签订后,跟着"单"走。出口跟单时,对贸易合同项下所订的货物,在生产加工、包装、装运、运输、报关、结汇等环节进行跟踪或操作,保障外贸订单按质、按量、按时完成。进口跟单时,对进口货物进行必要的跟踪及货物到达时的进口报关、报检、付汇核销等跟踪或操作。

值得注意的是,外贸跟单员"跟踪外贸订单"的过程中,有些工作是由其他岗位的工作人员操作完成的,如合同履约过程中的外贸单据需要外贸单证员完成,出口货物运输过程需联系国际货运代理公司的货代员完成,报关报检工作需要专业的报关报检工作人员操作等,外贸跟单员在这些环节中的工作主要是"跟踪、协调"。

二、外贸跟单的种类

根据货物的流向分,外贸跟单可以分为出口业务跟单和进口业务跟单。其中,进口业务跟单以跟踪进口订单履行进度为主,工作相对简单,因此进口贸易企业很少设置进口跟单员岗位。相对而言,出口跟单的工作比较复杂,企业招聘广告中的外贸跟单员主要指的也是出口业务跟单员,因此出口业务跟单员的工作是本书的重点阐述内容。如无特殊说明,本书后续内容中的外贸跟单员均指出口业务跟单员。

出口跟单根据出口跟单的业务进程或出口企业的性质、出口跟单的产品类型,又可以进一步细分,具体如表 1 所示。

表 1　出口跟单常见分类

划分依据	分　类	定　义
根据出口跟单的业务进程	前程跟单	"跟"到出口货物出货为止
	中程跟单	"跟"到清关装船为止
	全程跟单	"跟"到货款到账、合同履行完毕为止
根据出口企业的性质	外贸公司跟单	外贸企业的跟单(为和生产企业跟单做区分,本书中的"外贸企业"特指自己没有生产部门,落实外贸订单时产品无法自行生产,需找工厂生产的出口企业)
	生产企业跟单	拥有外贸经营权的生产企业的跟单(自产自销)
根据出口跟单的产品类型	机电产品跟单、纺织品跟单、服装跟单、鞋类跟单、玩具跟单、家具跟单等	

本书中的外贸跟单为全程跟单,即跟到货款到账、合同履行完毕为止。同时,大部分项目的学习基于外贸公司跟单员背景,小部分项目的学习基于生产企业跟单员假设。

任务操作指导

任务一　整理外贸流程,分析跟单工作

出口贸易流程根据贸易报价术语及贸易结算方式的不同,而有一定的区别。微课:根据外贸
下面以 CIF+L/C 为例,整理一般贸易出口贸易流程,如图 1 所示。　　流程,分析
跟单工作

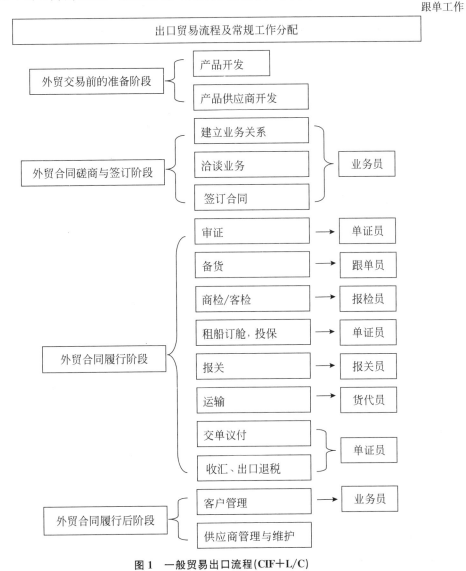

图 1　一般贸易出口流程(CIF+L/C)

从图 1 可以看出,洽谈业务及客户管理由外贸公司的外贸业务员负责,审证制单相关
工作由外贸公司的外贸单证员负责,外贸跟单员的工作主要发生在外贸订单签订后的备
货环节。

由于外贸跟单员是跟踪外贸订单全程的,因此其他环节的工作虽然不是由外贸跟单员

主要负责或操作,但需要进行合同履约进度的跟踪,过程中出现问题时需要做一些协助或协调工作。例如,外贸单证员填制货运相关单据时,会涉及产品的重量、体积等信息,此时需要外贸跟单员及时从备货工厂处获取信息告知单证员;货物办理报关手续时,若出现无法及时报关的情况,跟单员需要了解原因,协助解决等。

这是根据出口贸易流程图简单推断出的外贸跟单员的工作内容,其具体工作内容还需在任务二中细化。

任务二　根据招聘广告,总结外贸跟单工作内容

任务一通过出口贸易流程简单分析了外贸跟单员的工作内容,发现外贸跟单员的主要工作可能是在备货环节。本任务中,我们通过前程无忧等专业招聘平台搜索企业外贸跟单员招聘广告。通过真实的招聘广告,分析并总结外贸跟单员的主要工作内容,同时可了解企业对外贸跟单员的素质要求有哪些。

微课:走进现实中的外贸跟单员

一、企业外贸跟单员招聘广告举例

◆ 招聘广告(一)

岗位职责:

(1) 维护老客户,回复处理邮件。

(2) 协助外贸业务员顺利完成客户下单、打样、生产、交货、催款等一系列相关事宜。

(3) 安排车间生产,并与客户核对货期。

(4) 安排发货,订舱拖车和制作报关资料等相关事宜。

任职资格:

(1) 大专及以上学历,国际贸易、商务英语相关专业。

(2) 良好的英语听说读写能力。

(3) 诚实敬业,有强烈的抗压性和责任心,团队精神佳。

◆ 招聘广告(二)

岗位职责:

(1) 熟悉样品开发/大货生产的业务流程,协助业务经理完成各项业务工作。

(2) 全面跟进并控制样品/大货的进度/品质等,及时解决和反馈实际问题。

(3) 极力配合公司各部门,确保公司业务的流畅进行。

(4) 根据业务发展需要,开发新的供应商/合作工厂,不断提升工作能力。

任职资格:

(1) 大专以上学历,国际贸易、服装、英语等专业优先。

(2) 两年以上外贸服装跟单经验。

(3) 熟悉外贸产品生产和销售流程,熟练运用相关计算机办公软件。

(4) 熟悉常规的服装英语,具有一定的英语阅读/书写/口语表达能力。

（5）能承受工作压力，可以接受经常出差。

（6）性格开朗，工作细致，责任心强，有较强的团队合作精神。

◆ **招聘广告（三）**

岗位职责：

（1）协助业务员跟进日常订单，熟悉外贸流程。

（2）负责传递、确认采购合同。

（3）负责跟踪、确认订单交期。

（4）负责跟踪、确认包装材质和设计。

（5）负责跟踪、确认大货样。

（6）开发产品生产业务合作单位。

任职要求：

（1）贸易相关专业大专以上学历，英语四级以上，口语流利。

（2）具有良好的沟通以及随机应变的能力，处理好工厂订单交期及品质。

（3）熟悉外贸出口流程，熟悉外贸出口单据要求。

（4）有良好的职业道德和团队合作精神，条理清晰、逻辑能力强，有自我激励和抗压精神。

（5）一年及以上业务相关工作经验、行业相关经验者优先。

◆ **招聘广告（四）**

岗位职责：

（1）销售规划。

① 协助业务员完成市场开发计划，包括重点推广机型方案、新客户开发、电子邮件营销（EDM）计划及方案。

② 协助业务员配合市场部，完成国外展览会计划，提出相应参展方案和建议。

（2）产品销售。

① 跟进各个询盘，洽谈、签约订单。

② 协助业务员与企业内相关部门的协调工作，按要求传递相关客户要求。

③ 下达备货生产以及生产进度。

④ 安排出运，租船订舱。

（3）费用及应收账款。

① 跟踪每周、每月业务费用预算使用情况，编制部门每周、每月报表。

② 跟进货款回收，催收货款和处置问题销售款项。

（4）部门建设和管理。

协助整理、归档各类文件资料，并协助其他部门查阅。

任职要求：

（1）学历要求：本科及以上。

（2）专业知识：产品知识、国际贸易出口单证、营销知识、外语。

（3）工作技能：英语、办公软件、客户维护软件等的应用。

（4）能力素质：组织协调、沟通能力、信息收集与处理、服务意识、分析判断、全局观念。

◆ **招聘广告（五）**

岗位职责：

（1）全面负责订单生产过程跟踪，生产进度、流程、工艺、品质，以及订单交货期的控制。

（2）擅长与工厂沟通，能吃苦耐劳，能独立高效操作产品打样与跟单。

（3）发现质量问题，能及时查明原因，提出改善意见，并跟踪改善结果。

（4）及时向公司报告每天的跟单情况、生产进程及质量状况。

（5）配合业务和工厂及相关业务单位之间的及时联系和沟通。

（6）协助业务员制作订单所需要的资料并同工厂沟通协调，并下达工厂。

（7）督促确保订单按时按质顺利出运。

任职要求：

（1）有纺织相关跟单工作经验优先，大专以上学历。

（2）适应出差。驾照（C照）以上，有驾驶经验者优先。

（3）有较强的服务意识和团队精神。

（4）能统筹跟单的各项工作，对跟单业务有深刻了解，能承受工作压力。

（5）能熟练运用Excel、Word等办公软件。

从上述招聘广告可以看出，各个公司对外贸跟单员岗位的工作安排不尽相同。这和企业的大小或企业性质有一定的关系，通常大企业的岗位分工会比较细致，岗位界限会更明显，而小企业的外贸跟单岗位可能会涉及外贸业务联系、单据处理等其他岗位的工作内容。但总体上看，招聘广告中外贸跟单员的工作内容主要还是出现在"备货"环节，具体工作内容包括下达生产通知单、生产进度跟踪、生产质量跟踪、包装跟踪、运输跟踪、结汇跟踪等内容。此外，产品打样跟踪、产品生产企业开发也是重要的工作内容。总而言之，外贸跟单员的工作主要是和工厂打交道，凡是和"产品、生产、工厂"等有关的工作内容，主要由外贸跟单员完成，其工作内容不仅涉及外贸订单签订后的跟"单"环节，也涉及为保障外贸订单能够顺利签订的订单前阶段。

根据以上招聘广告，结合任务一中"根据外贸流程推断外贸跟单工作"的分析，可以将出口外贸跟单员的工作内容及素质要求总结如下。

二、外贸跟单员的工作内容

1. 外贸交易前的准备阶段

此阶段外贸跟单员的主要工作是产品供应商（外贸产品生产企业）的开发，以及新产品的开发。这项工作主要出现在无自有工厂的外贸企业中，也有可能出现在自身生产能力不足的工贸一体型外贸企业中。

供应商开发实际上是外贸企业的一个常态性工作，目的是找到更好的货源，或促进供货渠道之间的竞争，以获得更有优势的供货价格、质量或服务等。由于外贸跟单员经常和工厂打交道，对工厂业务比较熟悉，因此有的外贸公司会将这项工作交给外贸跟单员做。考虑产品供应商的质量直接影响外贸公司的业务，因此公司总经理、外贸业务员等也会涉及这项重要的工作。

2. 外贸合同磋商与签订阶段

外贸合同磋商与签订阶段的主要工作由外贸业务员负责，外贸跟单员在此过程中起到协助作用（从招聘广告中可以看出，外贸跟单员在此阶段需要协助外贸业务员准备产品样品、产品资料等）。简单总结外贸跟单员此阶段的主要工作如下。

（1）准备磋商环节的产品样品。

（2）提供产品相关的各种技术数据、产品图纸、包装等信息。

（3）提供产品相关的测试报告等。

（4）提供从工厂获得的报价信息。

不难发现，外贸跟单员在此阶段的主要工作与产品相关，凡是与产品相关的信息或资料，若在合同磋商与签订阶段被需要的话，外贸跟单员都要协助提供。

3. 外贸合同履行阶段

由图 1 可以看出，在合同履行阶段，外贸跟单员的主要工作内容是备货，以及备货完成后的产品出货及出货后环节的跟踪或操作。如果将备货环节的工作内容细化，则可以分为根据外贸订单签订内贸生产合同（生产前）、原材料采购跟单（生产初期），生产进度跟单、产品质量跟单、包装跟单（生产中期及尾期）等工作。

（1）根据外贸订单签订内贸生产合同。外贸跟单员首先要读懂并熟悉外贸订单的要求，并根据要求在已有合作的工厂中选择合适的供应商或寻找新的供应商签订内贸生产合同。

（2）原材料采购跟单。外贸跟单员在备货环节的主要任务是按时、按质、按量交货，而原材料采购跟单是保证产品质量和进度的一个重要方面。

（3）生产进度跟单。在生产过程中，外贸跟单员要对生产进度进行有效的跟踪，并及时处理生产中发生的影响进度的突发情况，以保证生产企业按时、按量交货。

（4）产品质量跟单。产品质量跟单既是生产环节的重点跟踪内容，也是顺利完成外贸订单的关键。外贸跟单员要做好产品生产过程及产品检验等环节的质量监督与把关。

（5）包装跟单。产品的包装一般由生产工厂采购，并在生产企业完成最后的包装工作，外贸跟单员要根据要求对包装质量及产品装箱作业等进行把关。

（6）出货及出货后跟单。产品备好货后，外贸跟单员需联系货运代理安排出口运输，并对货物出货安排、出口报关报检、运输进度等进行跟踪，及时发现并协助处理过程中出现的问题。出货工作完成后，外贸公司的单证员会完成外贸订单履约的最后环节，包括结汇、退税等工作，外贸跟单员需对这些工作的完成进度进行跟踪。

4. 外贸合同履行后阶段

此阶段的主要工作内容除了任务一中提到的供应商管理与维护外，还可能包括外贸订单各种售后问题的处理，以及产品销售等情况的跟踪，目的是了解产品在国外的销售情况，以促进外贸跟单员对产品进行更好的把关。

本书在编写过程中，根据出口跟单的核心工作内容逐章编写，具体是：项目一　开发供应商；项目二　外贸样品跟单；项目三　根据外贸合同签订生产合同；项目四　原材料采购跟单；项目五　生产进度跟单；项目六　产品品质跟单；项目七　产品包装跟单；项目八　出货及出货后跟单；出口跟单综合技能训练。

需要指出的是，以上分析是对外贸跟单工作内容的一般分析，当涉及具体外贸公司跟单的实际工作时，会因公司的安排不同而有不同的工作分配。另外，当外贸跟单类型不同时，跟单的工作内容或侧重点也会有些许的差别。例如，前程、中程、全程跟单在业务跟踪内容上有一定的差别。本书在编写过程中，为保证知识的完整性，将以全程跟单为例来阐述。再如，外贸企业跟单员和生产企业跟单员工作侧重点，或某些工作环节的工作难度上会有一定差别。例如，相较一般外贸企业而言，足够大的生产型外贸企业一般自产自销，不需要寻找其他工厂生产产品,因此没有签订内贸合同的环节,也不需要在平时开发供应商。本书在编写过程中,将在不同项目之间采用不同视角(外贸企业跟单员或生产企业跟单员)进行阐述或分析,以学习或了解外贸跟单员更全面的工作内容。

三、外贸跟单员的素质要求

作为一名合格的外贸跟单员,首先需要具备最基本的职业素质,如遵纪守法、忠于职守、工作认真负责、谦虚谨慎、讲究文明礼貌、注意服饰仪容等。除这些基本素质外,外贸跟单员还需要具备以下业务知识或能力素质。

1. 外贸基础知识

作为外贸行业的从业人员,具备基本的外贸从业能力是基本要求,外贸跟单员要熟悉外贸业务的流程,并熟悉每个步骤中的基本操作,这样才能对外贸业务进行有效的跟踪。

2. 外语应用能力

与其他外贸岗位一样,外贸跟单员也需要具备一定的英语或其他外语的听说读写能力。例如,外贸跟单员需要根据外贸合同签订内贸生产合同,因此需要能熟练阅读与理解外贸合同中的信息;外商对样品提出修改意见时,外贸跟单员需要能准确将外商意见传达给工厂;外商到工厂参观或验货时,外贸跟单员需陪同并熟练用外文介绍产品、工厂等相关信息,并回答外商的相关提问。

3. 管理能力,沟通协调能力

管理是各级管理者在执行计划、组织、领导、控制和创新过程中,通过优化配置和协调使用各种资源,从而有效地实现组织目标的过程。外贸跟单员是订单的管理者,如何更好地落实、完成订单,管理能力很重要。同时,外贸跟单员还需要了解工厂管理方面的知识,如原材料采购管理、库存管理、生产管理、品质管理等,以帮助更好地跟踪产品生产。

另外,考虑外贸跟单员的工作面广,除了要和自己公司各个部门打交道,还要和工厂的各个部门打交道,还可能和其他人员,如专业验厂员等打交道,这时沟通、协调能力就显得特别重要,良好的沟通能力将有助于外贸订单跟踪工作的顺利完成。

4. 办公软件应用能力

现代办公都需要有一定的办公软件应用能力。对外贸跟单员而言,Word、Excel、Photoshop 等办公软件的应用能力尤其重要。利用 Excel 设计的各种表格,可以帮助外贸跟单员妥善管理订单,提高跟踪效率。利用 Photoshop 等图片处理软件对跟单过程中的产品图片等进行必要的处理也是外贸跟单员工作中需要掌握的。

5. 其他能力

其他能力包括产品知识学习能力、抗压能力、团队合作能力、分析能力、书面表达能力等。以产品知识学习能力为例,企业在招聘外贸跟单员时,有相关产品跟单经验会被优先考虑,因为只有熟悉产品,才能够做好产品生产跟踪等操作,因此产品知识学习能力显得很重要。再如抗压能力,从外贸跟单员的工作内容可以发现跟单员在备货环节很可能需要出差,以便更好地跟踪产品生产进度、产品生产质量等,长期的出差要求外贸跟单员具备较好的抗压能力。这些能力也是帮助跟单员顺利完成工作的重要能力。

微课:导论
任务点评

开发供应商

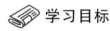 **学习目标**

知识目标

1. 了解生产企业的一般分类。

2. 掌握获取供应商信息的基本途径。

3. 掌握选择供应商时的关键要素。

4. 掌握核实企业基本信息的方法。

5. 知晓判断企业生产经营财务风险的方法。

6. 掌握生产企业生产经营情况核实的主要内容。

7. 知晓出口验厂的主要类别及参考的国际标准。

8. 掌握SA8000的主要内容,知晓其对外贸跟单员选择供货商时的影响。

9. 掌握企业生产能力的计算方法。

10. 了解工厂考察表设计的主要思路及内容。

能力目标

1. 能通过阿里巴巴1688平台等网络资源,利用关键信息寻找并筛选供应商。

2. 在供应商实地考察前,能做好必要的准备工作。

3. 能依据供应商实地考察内容或要求设计供应商考察表,以提高实地考察工作效率。

素养目标

1. 做潜在供应商筛选工作时能细致、认真,并养成及时记录过程数据的习惯。

2. 养成出差前做好充分准备的习惯,能预判可能出现的状况并提前做好应对方案。

3. 工作过程中善于做数据与资料整理,养成工作汇报前做好清晰的汇报佐证材料的习惯。

4. 跟踪行业前沿资讯,树立出口产品供货商选择中的国际标准意识。

 工作任务

工作任务描述

小李是浙江迪佳贸易有限公司的外贸跟单员,公司主要从事女装出口业务,但公司并没有自己的服装厂,需要寻找合适的服装生产企业作为供货商。部门卢经理要求小李时刻注意开发供应商资源(女装生产企业),目的是增加供货渠道储备,以应对不同产品的生产,或在订单履行时通过不同供货商的比较找到更好的货源,获得更有优势的供货价格、质量或服务等。

小李着手这项工作前,卢经理给了小李一些建议:①可以通过网络查找、朋友介绍等方法找供应商资源,并做初步筛选;②对初步选定的供应商,联系企业实地考察,并做好考察前的准备工作,例如企业信息核实、企业考察安排联系、企业考察资料准备等;③依据供应商实地考察内容或要求设计供应商考察表,完成实地考察工作。

工作任务分解

任务一　通过网络,开发供应商资源

外贸企业开发供应商首先要寻找供应商资源。寻找供应商的方法有很多,可参看任务执行基础知识的相关内容。现以网络资源为例,请帮助小李完成以下操作:利用网络,寻找合适的女装供应商(企业规模要求100～200人①)。对网络收集的供应商做初步筛选,保留相对合适的工厂,填写企业信息统计表。

任务二　供应商实地考察前的准备工作

通过网络查找获得的供应商资源,即便是在工厂愿意合作的情况下,也不能立即成为外贸企业的供应商。要和这些工厂合作,还需要对企业进行实地考察,并做进一步的筛选。也就是说,小李有必要出差到工厂亲自查看情况。请帮助小李做好供应商实地考察前的准备工作。

提示:根据卢经理的建议,可以从以下几点出发做工厂考察(出差)准备:企业基本信息核实、出差路线图设计、联系企业安排行程、企业考察资料准备等。

任务三　设计工厂考察表

做好企业实地考察准备工作后,小李需在约定的时间到工厂进行实地考察。那么,小李到企业去该做哪些方面的考察呢?请帮助小李整理出工厂实地考察的重点,依据考察重点设计工厂考察表,模拟完成供应商实地考察的任务。

任务执行基础知识

本项目主要站在非生产型外贸公司的角度学习。非生产型外贸公司没有自己的生产实体,其开展对外出口贸易必须有一定的产品供应商储备。这类外贸公司履行外销合同时,需要在储备供应商库中选择供货商或临时寻找合适的生产企业生产相关产品。而对于生产型外贸出口企业而言,只有在自己生产能力不足,或客人所需的产品自己企业无法提供时才需要开发供货商。本项目中的外贸公司主要是指非生产型外贸公司,以下简称"外贸公司"。

寻找合适的供应商(生产企业),这项工作对外贸企业而言非常重要。外贸企业有可能因供应商选择不当无法完成订单,而造成重大损失,甚至破产。这项工作不仅在外贸订单履行时很重要,其在企业日常经营过程中也很重要。本项目所指的开发供应商工作是指企业日常的潜在供应商开发工作,因此不存在具体订单产品的质量或价格等方面的比较,而仅是针对某个产品大类、某些特定要求(如企业规模要求)下的供应商开发。

外贸公司要在平时就注意储备优质的供应商资源,时刻注意新供应商资源的开发。一方面是为了增加供货渠道储备,以应对不同产品的生产;另一方面若有充足的供应商资源储备,外贸企业在外贸订单履行时可更快速地在储备库中锁定订单产品生产企业,而不需要临时寻找供货商,节约了订单履行时间;同时,平时积极开发供应商还有助于外贸企业在订单履行时通过不同供货商的比较找到更好的货源,获得更有优势的供货价格、质量或服务等。

一、供应商(生产企业)的类型

生产企业可依据不同角度分类。例如,从产品角度分,可分为服装生产企业、机电产品

---

①　企业规模设定的目的是方便任务执行,教学时可根据需要更改要求。

生产企业、农产品生产企业等;从企业性质分,可分为外商投资企业、内资企业、港澳台商投资企业等;从企业规模分,可分为大型企业、中型企业、小型企业等。外贸公司在开发合作的供应商时,尤其应注意以下两个角度的分类。

(一)按生产企业有无外贸订单生产经验分类

从生产企业有无出口外贸订单生产经验的角度考虑,可以分为有经验的生产企业和无经验的生产企业。外贸公司在选择生产企业时,一般考虑选择有外贸订单生产经验的产品生产企业,这些企业熟悉外贸订单生产时的注意事项,有助于产品生产合同正常履行。当然,没有外贸订单生产经验,但产品生产过硬的生产企业也在外贸公司的选择范围内。

(二)按生产依据分类

从生产企业的生产依据看,可以分为需求计划型、订单生产型及混合型三类。

1. 需求计划型

需求计划型是指企业根据往年的产品销售数量、市场预期变化等情况进行销售预测,并以此为依据设定生产量,安排生产计划。

此种生产企业的优点:一是人力、物料和设备上有充分准备,员工队伍稳定,因此产品质量相对有保障;二是产品通常有一定的存货,提早交货的可能性很大。缺点是由于怕产品滞销带来损失,这些企业往往只生产一些常规产品,产品种类选择较少。

2. 订单生产型

订单生产型是指根据客户订单安排生产的企业。订单充足时为旺季,订单量少时为淡季。

订单生产型生产企业的优点:企业根据客户需求生产,只要生产能力和排单能力允许,便可承接外贸公司的订单。其缺点是由于根据订单情况生产,订单多时多生产,订单少时少生产,这容易造成人力需求上的大起大落,设备利用或紧或松。旺季时可能产能不足,导致延误交货。淡季时则容易让员工流失,由于队伍不稳定,其产品质量的稳定性有时也较难保障。

3. 混合型

混合型即上述两种类型的混合。混合型生产企业的一般操作是平时根据订单生产,如订单有空缺,再根据市场预期生产计划产品。

混合型在人工需求降低的生产淡季时可以额外生产计划产品,因此基本能保持人工的稳定,产品质量也会相对比较稳定。同时,混合型也具备订单生产型企业的优点。

外贸企业进行供应商选择时,混合型生产企业相对最理想,但承接外贸订单的生产企业大多是订单生产型的。因为适合国外消费者的产品并不一定适合国内市场,为国外需求而计划生产的不确定性太大,因此企业很少按预测生产,而是有单时才生产。对于订单生产型的企业,外贸跟单员在后续跟单时需要注意企业生产的淡旺季,旺季时需及时跟踪生产进度,淡季时要特别注意产品质量的稳定性。

二、生产企业的部门结构及职能

不同的生产企业,其具体部门设置有所不同,比较典型的生产企业部门设置如图 1-1 所示。

外贸跟单员需和生产企业的多个部门打交道。例如,在签订内贸合同的阶段,外贸跟单

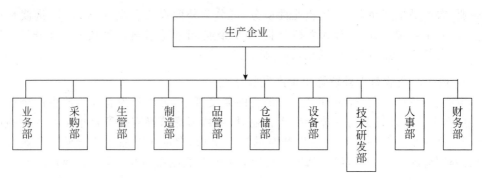

图 1-1　生产企业部门设置

员主要和生产企业业务部的业务员打交道；在合同履行阶段，除保持和业务员之间的联系外，跟单员还可能和采购部联系，跟踪原材料的采购工作。也会和生管部、制造部、品管部联系，了解产品生产工艺、生产计划及产品质量检验情况等。另外，跟单员还可能和生产企业的财务部打交道，做货款结算等。

三、寻找潜在供应商资源的方法

外贸跟单员可以利用多种途径获取潜在供应商资源，主要途径如下。

1. 利用网络资源查找或发布信息

信息化时代，网络资源是寻找供应商信息的重要途径。外贸跟单员可以通过网络平台直接搜索企业资源，如可以利用网络搜索引擎（如百度、Google、必应等）搜索相关信息，也可以到专业商务网站（如阿里巴巴 1688 平台、中国制造网等）按照一定条件搜索合适的企业等。外贸跟单员还可以通过网络平台发布需求信息寻找供货商，如通过专业商务网站、外贸论坛、社交平台等发布求购信息来寻找供应商。

2. 朋友及现有供应商的推荐

除网络资源外，朋友推荐也是一条重要途径。外贸跟单员平时要注意人脉资源的管理，朋友推荐的资源往往比较可靠，能提高外贸跟单员开发供应商的效率。此外，如果是开发新产品或现有供应商无法提供相关产品，与现有供应商不形成竞争关系时，也可以通过现有供应商推荐的方式获取资源。

3. 参加各类产品展销会

参加产品展销会也是一个有效途径。外贸跟单员可直接和众多企业面对面交流，并能在展销会现场看到企业的产品展示，有助于做供应商的选择或比较。而且展销会上聚集了大量相关企业，跟单员花一两天时间就可以获得大量有效资源信息。但展销会有时间上的限制，一般安排在每年固定月份。外贸公司如在非展会期间着急寻找供应商，则无法采用此途径。

4. 专业市场查找

专业市场是指同类产品积聚于某一场所进行交易、流通和配送。简单来说，就是相同系列的专业店、专卖店高度聚集的特色商业场所，它所呈现的是特定的客户定位、特定的经营行业定位。例如，位于浙江诸暨山下湖的华东国际珠宝城，位于浙江义乌的小商品市场，位于浙江金华的五金批发市场等均为专业市场。外贸跟单员可以在这些专业市场看到产品实物，并能够和卖家进行面对面沟通，但专业市场并不一定是一手货源，想要获得更有竞争力的价格,还是得找生产工厂直接合作。

5. 其他途径

除上述途径外,外贸跟单员还有一些其他的选择,如跟单员可以通过各类媒体,如电视、电台及杂志广告、行业专刊、电信黄页等获得一些有用的信息。还可以通过一些商业联会或同业协会等获得相关信息。

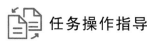 **任务操作指导**

任务一　　通过网络,开发供应商资源

本任务中外贸跟单员小李需开发女装供应商,途径是通过网络平台开发。跟单员小李可以利用搜索引擎直接搜索,也可以到专业商务网站搜索。考虑专业商务网站的信息量大,且一些大型的专业商务网站可信度较高,因此建议小李利用阿里巴巴 1688 平台、中国制造网、阿里巴巴国际站等 B2B 专业商务网站查找供应商信息。下面以阿里巴巴 1688 平台为例,说明如何在国内商务网站查找生产企业资源,以及如何对海量企业资源进行筛选。参考步骤如下。

微课:网络开发
供应商资源
要点——以
服装供应商
开发为例

第一步,打开阿里巴巴(中国)官方网站,即阿里巴巴 1688 网(可输入 http://china.alibaba.com/或 https://www.1688.com/),并在主页"公司"栏(或"供应商"栏)输入关键词"服装"进行搜索,如图 1-2 所示。搜索时要注意:①进入阿里巴巴 1688 首页搜索,而不是到类似"厂货通""淘工厂"等二级目录下搜索,因为首页搜索的企业资源更广;②搜索时不要在"产品"栏搜索,而是在"公司"栏(或"供应商"栏)搜索,因为我们的目标是企业,而不是具体产品。

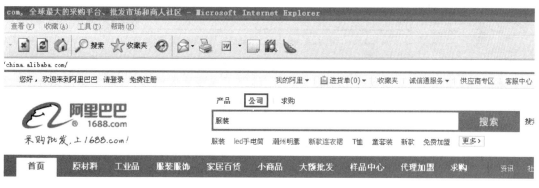

图 1-2　阿里巴巴 1688 搜索页①

第二步,上述搜索结果显示有 775 674 家企业(图 1-3),这么多的企业如何选择? 这是网络寻找供货商资源的难点。在海量资源中,我们需要选择合适的关键词缩小范围。首先可以考虑以下关键词:在"主营行业"中选择"女装";在"经营模式"中选择"生产厂家";在"员工人数"中选择"101～200 人"。之所以选择这些关键词,一是考虑公司对工厂的要求是开

---

① 本任务中的搜索截图或企业信息截图均来自阿里巴巴 1688 平台。

发女装供应商,且企业规模要求 100~200 个工人;二是从经营模式看,选择"生产企业"可以获得一手货源,因此"生产企业"这一模式无疑是外贸企业产品供应商类型的最佳选择,而不是其他的"经销批发""招商代理""商业服务"等模式。

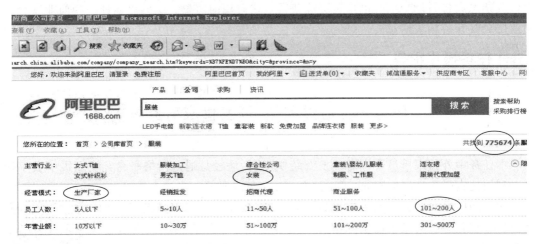

图 1-3 关键词缩小范围

通过以上操作,获得的结果如图 1-4 所示。搜索结果从 775 674 家企业缩小到 10 968 家,范围大幅缩小。

图 1-4 "生产厂家"等关键词使搜索范围大幅缩小

第三步,在会员类型中选择"诚信通企业会员",企业数量缩小到 2 141 家,范围再次缩小,如图 1-5 所示。

诚信通是阿里巴巴为国内中小企业推出的会员制网上贸易服务,主要用以解决网络贸易信用问题。目前阿里巴巴平台上的诚信通会员类型有个人会员、海外会员、企业会员、免费会员。"个人会员"以规模比较小的企业(一般员工人数不足 100)或个体户注册为主。也有部分中小企业会在注册"企业会员"的基础上,再注册"个人会员"。对于外贸公司来说,寻找的是可靠的国内生产企业,小李寻找的生产企业要求 100 人以上,此类规模的企业注册"诚信通企业会员"的可能性比较高,因此可以利用这一关键词提高查找效率。当然,如果时间允许,也可以先不选择"诚信通企业会员"这一关键词缩小选择范围,而是先考虑下面第四步、第五步的操作。

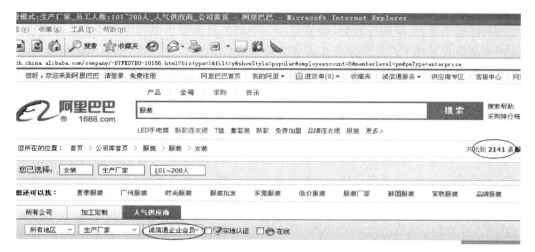

图 1-5 "诚信通企业会员"关键词进一步缩小范围

第四步,在结果中观察企业地域特征,找出供应商密集地。在我们搜索的结果中,翻看几页后比较容易发现广东省的企业较多。为了证实这一判断,我们可以在"企业所在地"中选择广东地区,结果如图 1-6 所示,图中显示广东地区共有 917 个企业,占了近一半(之前范围已缩小到 2 141 家)。显然广东地区是女装生产企业密集地。同理,可以发现离杭州(小李所在公司)较近的浙江省范围内,厂家数量也有 508 家,也是一个女装生产企业密集地。江苏(189 家)、江西(53 家)等省份也有较多的女装生产企业。

图 1-6 观察企业地域特征,找出工厂密集地

之所以考虑在工厂密集地开发供应商,主要是考虑工厂密集地有以下几个好处:①产业集群效应。一般情况下,工厂密集地有一定的产业集群效应,可以在生产成本、原材料供应、产品销售渠道和价格等方面形成一定的竞争优势。外贸公司因此更可能采购到价格比较有优势的产品。②有利于提高跟单员的供应商开发效率及后续跟单效率。在工厂密集地开发供应商,跟单员出差考察企业或到同时生产公司外贸订单的同区域工厂跟单时比较方便,可以安排同一时间考察或跟单。③订单产品生产出现问题时较容易在附近找到临时生产替代工厂。例如,订单生产工厂出现生产赶不上进度的情况时,可以考虑周边工厂代加工。因为工厂邻近,较方便监控代加工质量。

需要注意的是,供应商开发时,切忌只在一个密集地范围内寻找合作工厂。本任务中,假如小李最后只选择了广东的多个厂家作为今后合作的供应商,考虑到同一区域的厂家很可能在产品供货种类和供货价格上较为相似,会使得外贸公司的选择空间大幅下降;另外,同一区域的厂家有时可能同时陷入相同的困境,如由于政策变化导致外来务工人员的大量流失,区域地震或洪水等自然灾害导致的生产延误或损失,大面积长时间工厂限电等区域性情况。因此,外贸公司需要在多地开发供应商,一方面,多地的供货商更有可能供应多样化的产品;另一方面,外贸公司可以从不同区域的供货商处获得不一样的产品报价,促进供货商之间的竞争。此外,当遇到供货商出现区域性突发情况时,外贸公司可以及时转向另一个区域的供应商订货。

第五步,对每个密集地的工厂做进一步的筛选。以广东省为例,可参考步骤如下。

首先,通过搜索页展示的企业信息再次检查企业经营模式是否为"生产厂家"[①],员工人数是否满足100~200人规模,并着重考察企业是否专业生产女装。

本任务中,第四步锁定企业密集地后,搜索页面显示的企业信息如图1-7~图1-9所示。检查"经营模式"和"主营产品"信息后发现,图1-7中的伊蝶羽服装有限公司虽然主营女装,但其经营模式是贸易型,不是我们想找的生产加工型,且其员工人数只有42人,也不满足我们的要求。图1-8中鑫盛发服装有限公司的信息则显示该公司在经营模式和员工人数上符合条件,但其主营产品是男装,不是我们要找的女装,因此也不予考虑。图1-9中的信之华,其主营产品非常多样,除了女装,该公司还供应男装和童装。从规模经济的角度考虑,同等规模情况下,我们首选的是专业生产某一类产品的企业,而不是供应多类产品的企业,因此信之华并不是最好的选择。另外,图1-9中的信之华从企业名称上看有"批发商行"字样,因此该企业可能并不是真正的"生产企业",这也解释了为什么其产品供应的范围这么广。类似这样的企业都可以在备选中直接排除。

以此类推,可以发现第一页显示的30个结果中,只有少数几个结果可以保留(编者搜索的时候第一页的30个企业只有8家满足条件)。也就是说,通过此方法,可以大幅缩小供应商筛选的范围。

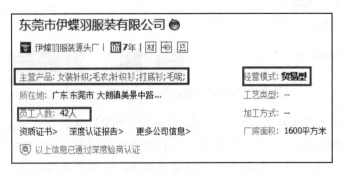

图1-7 搜索页显示的企业信息(1)

---

① 由于在搜索过程中,只要企业预留信息中有相关关键词,就会被保留。前面的4个步骤结束后,保留下来的工厂并不一定是有效资源。因为只要企业编辑的网页信息中含有前述步骤中提到的关键词"女装""生产加工"等字样,该工厂就会被保留在搜索页面中。因此有必要进一步地查看。

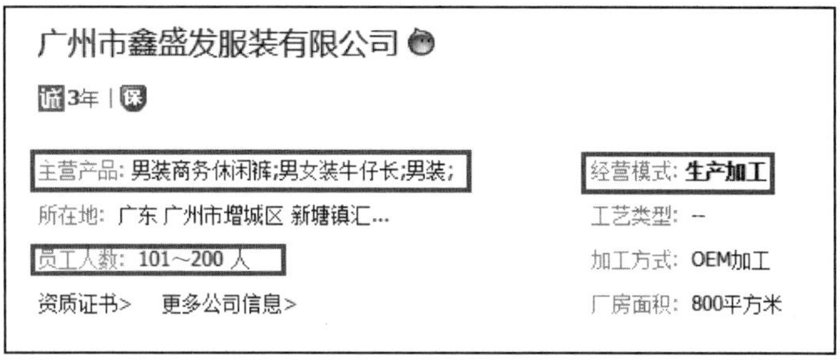

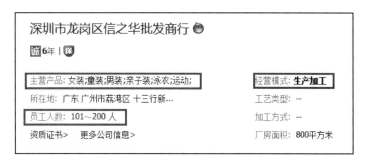

广州市鑫盛发服装有限公司
诚3年 | 保
主营产品：男装商务休闲裤;男女装牛仔长;男装;
经营模式：生产加工
所在地：广东 广州市增城区 新塘镇汇...
工艺类型：--
员工人数：101～200 人
加工方式：OEM加工
资质证书>
更多公司信息>
厂房面积：800平方米

图 1-8　搜索页显示的企业信息(2)

深圳市龙岗区信之华批发商行
诚6年 | 保
主营产品：女装;童装;男装;亲子装;泳衣;运动;
经营模式：生产加工
所在地：广东 广州市荔湾区 十三行新...
工艺类型：--
员工人数：101～200 人
加工方式：--
资质证书>
更多公司信息>
厂房面积：800平方米

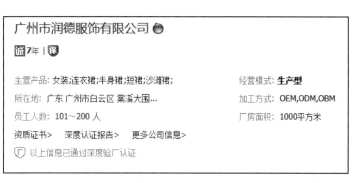

图 1-9　搜索页显示的企业信息(3)

其次，初步筛选后，可以单击每页保留下来的企业主页查看更多的细节，通过比较，保留相对合适的企业。例如，在女装生产密集地广东省的结果页中找到了一家叫润德服饰的企业，搜索页显示的该企业信息如图 1-10 所示，其经营模式为“生产型”，主营产品为“女装”，员工人数也符合搜索条件，且这家企业的诚信通信用记录已有 7 年，可以进一步单击查看。

广州市润德服饰有限公司
诚7年 | 保
主营产品：女装;连衣裙;半身裙;短裙;沙滩裙;
经营模式：生产型
所在地：广东 广州市白云区 棠溪大围...
加工方式：OEM,ODM,OBM
员工人数：101～200 人
厂房面积：1000平方米
资质证书>
深度认证报告>
更多公司信息>
以上信息已通过深度验厂认证

图 1-10　搜索页显示的企业信息(4)

单击进入广州市润德服饰有限公司在阿里巴巴的主页，可以在“公司档案”中看到企业的基本信息及企业诚信信息，依次如图 1-11、图 1-12 所示。

图 1-11 所示企业基本信息中显示了企业的简单介绍，以及企业工商注册信息(具体内容见图 1-13，内含注册资本、注册地址、成立日期、经营范围等信息)。从图 1-12 所示的企业诚信信息中可以看到阿里巴巴平台评定该企业的信用等级为 AAA 级，进一步单击图中的“诚信档案”，可以看到细节信息(图 1-14)，该信息显示润德服饰的信用情况很好。此外，图 1-12 中还显示了该企业在平台的交易信用记录，虽然平台交易记录并不一定和出口供货

图 1-11　企业基本信息

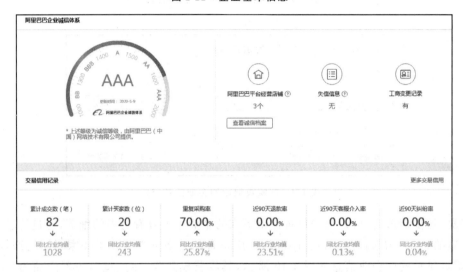

图 1-12　企业诚信信息

直接相关,但我们依然可以通过这些信息从侧面了解企业信用情况、客户对产品的满意度(重复回购率)等情况。

　　另外,该企业经过了第三方SGS(通标标准技术服务有限公司)的深度认证,因此"公司档案"中还能看到由SGS出具的企业认证报告,认证报告由能力概览、基础信息、行业能力、通用能力四个部分组成。其中,能力概览包含厂房面积、设备台数、企业成立时间、品牌资质、注册资本等信息;基础信息包含企业工商信息、企业文化与部门人员、产品信息、办公场所信息、厂房与生产设备、企业品牌资质等内容;行业能力包含研发设计能力、质量管控能力、外贸能力、交货期控制能力、生产及工艺、合作客户等内容;通用能力则包含代工模式、接单交付、供应量运营能力、仓储与物流、服务支持能力等内容。认证报告由权威机构出具,可信度高,且报告内容非常详细,可以有效帮助跟单员了解企业的具体情况。

　　有了这些信息后,跟单员小李可以用以下关键词做进一步的企业筛选:企业经营时间长短、企业规模(厂房面积、月产量、员工人数等)、有无出口经验、有无产品认证证书(尤其是出口相关的产品认证证书)、代工模式等。小李在企业资源查找过程中可以将较为合适的企业予以保留,并将相关信息填入"供应商信息比较表",以方便企业之间比较,表格内的信息可参考表1-1。

SGS企业
认证报告

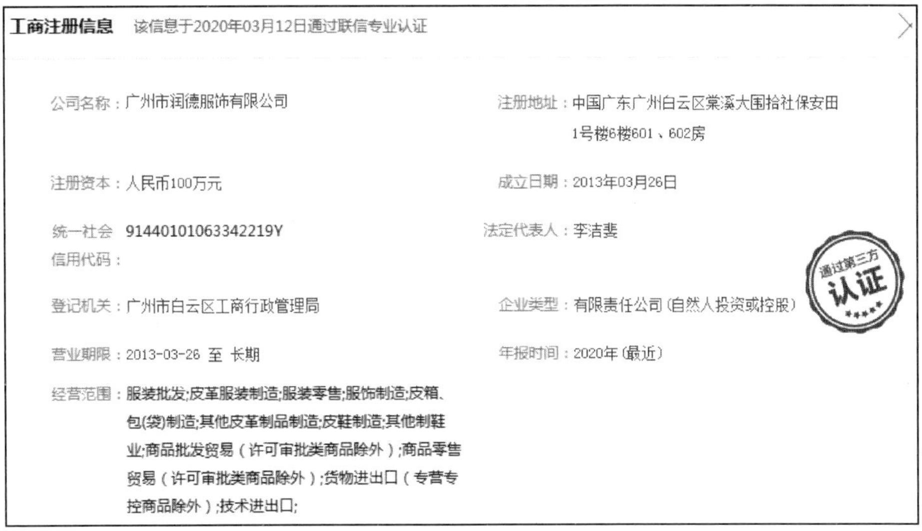

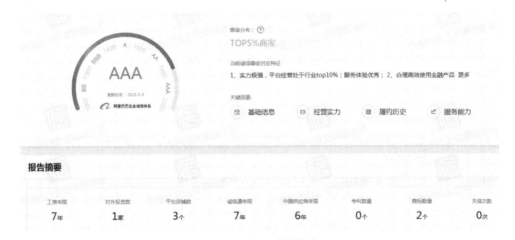

图 1-13　企业工商注册信息

图 1-14　企业诚信档案

表 1-1　供应商信息比较表

| 地域 | 企业名称 | 成立日期 | 企业规模 | | | 出口经验 | 产品认证证书 | 经营范围 | 诚信通 | 代工模式 | 地址 | 联系方式 | 企业网址 |
			厂房面积/m²	月产量/万件	员工人数								
广东广州	永昌服装	2004	2 600	10	101～200	北美	GOTS	女式衬衫｜毛衣｜休闲裤	7年	OEM ODM	略	略	略
……													

　　最后的工作是比较并筛选表中的企业。外贸跟单员小李将网上寻找的相对比较合适的

企业信息填入表 1-1 后,若企业数量较多,可在出差前根据整理的信息做进一步比较与筛选。需要注意的是,每个企业密集地需保留多家企业备选。虽然小李在网上找到了很多的供应商资源,但能否与其合作还要做进一步的判断。一方面跟单员小李还需要到这些企业出差,了解企业更详细的信息,以判断是否适合合作;另一方面合作需要供需双方都有这个意愿才行,也就是说,网络找到了供应商资源,还需要看企业是否愿意与我方合作。因此时间充裕时,外贸跟单员可以多保留一些企业进行联系并实地查看。

✍ 任务总结

(1) 网络寻找供货商的途径很多,专业的 B2B 商务网站是较好的选择之一。

(2) 利用专业商务网站寻找供应商信息时,尤其需要注意以下几点。

① 选择供应商时,首选产品生产企业,而不是产品经销批发企业,因此建议在阿里巴巴 1688 等专业批发平台,而不是淘宝网等零售平台寻找供应商。相对于零售平台,批发平台的工厂资源更为丰富。此外,需要指出的是,有些"出口型"产品①由于国内市场份额很小,企业可能不会在国内批发平台创建店铺售卖该类产品,因此在国内批发平台寻找这些产品的供应商会遇到困难,此时反而有可能在淘宝一类的零售平台找到供货商("出口型"产品虽然没有批发市场,但是却有可能会有少量零售客户)。当然,碰到这种"出口型"产品,最好是到跨境电商出口平台寻找供应商资源,例如阿里巴巴国际站这样的 B2B 平台。跨境电商出口平台上的企业都有出口经验,但需要注意的是,阿里巴巴国际站等平台上的供应商资源有些是无自有工厂的外贸(中介)企业,这些企业提供的不是一手货源,选择时需要注意供货价格的比较。

② 充分利用专业商务网站内的关键词搜索服务功能。以阿里巴巴 1688 平台为例,其搜索页面会有一些关键词选择项(如企业类型、主营行业、企业规模等),这些关键词可以帮助我们缩小供应商的查找范围。

③ 注意观察工厂密集地的特征,优先考虑产品生产密集地的供应商。

④ 切忌只在一个企业密集地范围内寻找合作工厂,每个密集地均需保留几家工厂。

⑤ 进行供应商比较时,注意经营范围(是否专业生产)、企业规模、有无出口经验、有无出口相关产品认证、成立日期、代工模式等关键信息。

(3) 在利用网络寻找供应商资源的过程中,建议整理出类似表 1-1 的供应商信息比较表,以方便后续的企业联系、筛选、留档等工作。

任务二　供应商实地考察前的准备工作

通过网络查找的供应商资源要想成为外贸公司的供货商(合作工厂),外贸跟单员还需要对企业做进一步的实地考察,并和企业洽谈合作事宜。也就是说,小李有必要出差到工厂亲自查看情况。小李出差考察供应商情况之前,需要做好一系列的准备工作,这些工作主要包括查看与核实企业基本信息、联系企业进行实地考察、准备企业考察资料等工作。

---

① 本书中的"出口型"产品指的是主要用于出口、国内市场销量比较小的产品。

一、查看与核实企业基本信息

企业在网络上显示的信息不一定真实，外贸跟单员在出差前可先对其网络显示的基本信息进行简单的核实。本任务中，外贸跟单员需查阅企业在阿里巴巴 1688 网站上显示的企业基本信息，并通过工商局网站、国家企业信用信息公示系统、信用中国、天眼查等平台或工具核实企业基本信息。

（一）查看企业基本信息

任务一中显示，在阿里巴巴 1688 平台企业网页的"公司档案"中可以看到企业的基本信息及企业诚信信息。以广州市润德服饰有限公司为例，其显示的企业基本信息（工商注册信息）如图 1-15 所示。

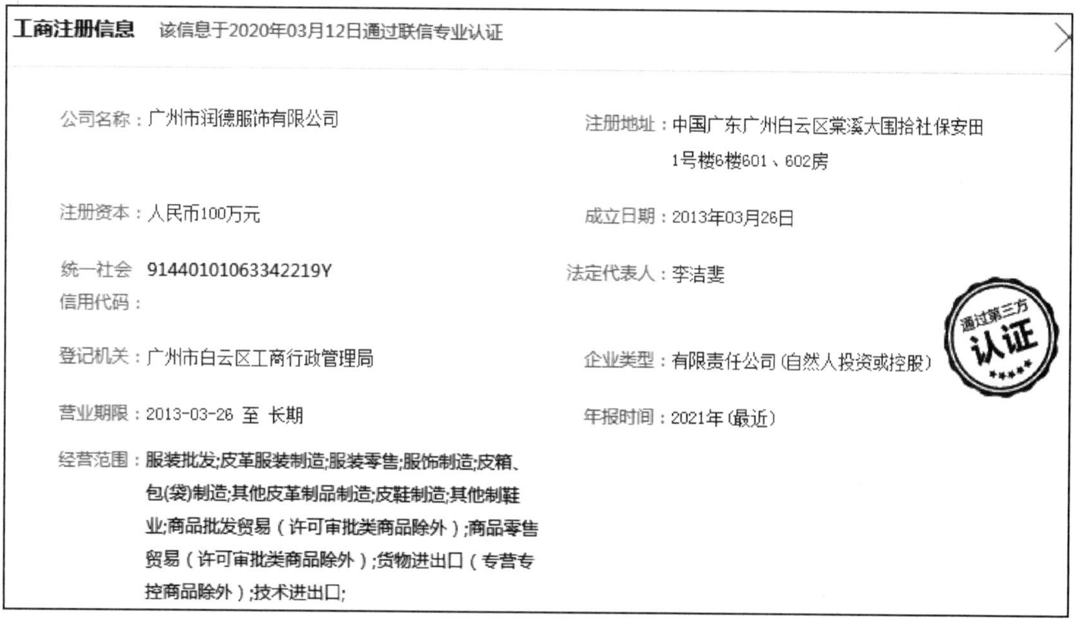

工商注册信息	该信息于2020年03月12日通过联信专业认证	
公司名称：广州市润德服饰有限公司	注册地址：中国广东广州白云区棠溪大围拾社保安田1号楼6楼601、602房	
注册资本：人民币100万元	成立日期：2013年03月26日	
统一社会信用代码：91440101063342219Y	法定代表人：李洁斐	
登记机关：广州市白云区工商行政管理局	企业类型：有限责任公司（自然人投资或控股）	
营业期限：2013-03-26 至 长期	年报时间：2021年（最近）	
经营范围：服装批发;皮革服装制造;服装零售;服饰制造;皮箱、包(袋)制造;其他皮革制品制造;皮鞋制造;其他制鞋业;商品批发贸易（许可审批类商品除外）;商品零售贸易（许可审批类商品除外）;货物进出口（专营专控商品除外）;技术进出口;		

图 1-15　广州市润德服饰有限公司基本信息

图 1-15 中显示，企业基本信息主要包括公司名称、注册地址、注册资本、成立日期、统一社会信用代码、法定代表人、登记机关、企业类型、营业期限、年报时间、经营范围等信息。

1. 公司名称

公司名称内含有的信息一般依次由以下部分组成：企业所在行政区划名称＋企业名＋行业名或经营类目＋公司类型（组织形式）。例如，杭州（地区名）＋锦萍（企业名）＋服装（行业名）＋有限公司（公司类型）。

从公司名称上可以看出企业注册地、所处行业、公司类型等信息。有时还能从公司名称上判断企业是生产企业还是贸易公司，如从"义乌市小不点电子商务商行"这个公司名称可以看出这家企业是贸易公司，此类企业大部分没有自己的生产实体，销售产品类目多样，但并不是一手货源。

2. 注册地址

公司注册地址是指在公司营业执照上登记的公司住址/公司住所。根据《中华人民共和国公司登记管理条例》(简称《条例》)规定,公司以其主要办事机构所在地为住所。办事机构所在地,即公司开展业务活动和处理公司事务的公司机构所在地。《条例》规定,经市场监督管理部门登记注册的公司住所只能有一个,企业的营业执照注册地与企业经营办公地要一致。

对于达到一定规模的公司来说,公司的办事机构往往有多处,该情况下,应根据各办事机构所处理业务的性质不同,确立其中一个为主要办事机构,从而该公司的住所便是该办事机构所在地。若公司搬迁,则应及时到市场监督管理部门变更公司营业执照上的注册地址,否则可能会面临市场监督管理部门的罚款,或被市场监督管理部门因"地址异常"列入经营异常名录。

3. 注册资本

注册资本是指企业在市场监督管理部门登记的投资者投入的资金数额,也就是公司章程中规定的各方投资者的出资额。

除注册资本外,企业展示信息中还可能出"实收资本"一词。这是因为我国《公司法》将注册资本实缴登记制改为认缴登记制。实缴制是指企业营业执照上的注册资本是多少,该公司的银行验资账户上就必须有相应数额的资金。而认缴制则是市场监督管理部门只登记公司认缴的注册资本总额,无须登记实收资本,不再收取验资证明文件。在认缴登记制下,公司可以先确定公司注册资本(可以理解为投资意愿),再由各方投资者确定出资额与出资期限,公司实际收到各方投资者实际缴付的出资便是实收资本。

一般情况下,注册资本与实收资本如果不存在分期缴付或其他变动的情况下是一致的。但也可能出现实收资本大于或小于注册资本的情况。当企业实收资本比原注册资本数额增减超过 20％时,需提交资金使用证明或验资证明向原登记主管机关申请变更登记。

4. 成立日期

通常企业注册成立的年限越长,经验越丰富,越值得信赖。

5. 统一社会信用代码

根据《法人和其他组织统一社会信用代码编码规则》,我国统一社会信用代码是一组长度为 18 位的用于法人和其他组织身份识别的代码。该代码由国家标准化管理委员会发布,是我国法人和其他组织的"数字身份证",这一串数字也成为管理和经营过程中法人和其他组织身份识别的手段。

6. 法定代表人

企业的法定代表人是经市场监督管理部门登记注册的,代表企业行使职权的主要负责人,是代表企业法人根据章程行使职权的签字人。

7. 登记机关

公司的登记机关一般是所属地区的市场监督管理局。市场监督管理局有国家级、省级、市级、区级、县级,大多数公司登记在区、县级。外贸跟单员可以通过相应的市场监督管理局网站核实企业基本信息。

8. 企业类型

市场监督管理部门根据注册企业提交的文件和章程所反映的财产所有权、资金来源和分配形式,核准企业的经济性质,如股份合作公司、有限责任公司、股份有限公司、私营企业、外资企业、中外合资经营企业等。

与不同类型的企业合作,双方所承担的法律责任和义务是不同的,例如股份有限公司以其全部资产对其债务承担有限责任,而私营独资企业的投资者则要对企业债务承担无限责任;分公司不是独立法人企业,需上一级法人企业授权其经营等。

9. 经营期限

经营期限即营业期限,是公司可以合法经营的一个时间范围,以经市场监督管理部门核准的公司章程中规定的期限为准。

经营期限一般分为两种:一种是有限期限;另一种是长期经营期限。有限期限有 10 年、20 年、30 年等,经营期限起始时间以公司成立日期起算,如营业执照经营期限为 10 年,公司成立日期为 2008 年 11 月 2 日,以成立日期起算时间往后推算十年,那么 2018 年 11 月 1 日就是公司经营期限届满日期。

长期经营期限顾名思义就是可以一直经营下去。有限期限和长期经营期限可以相互变更,营业执照经营期限届满,企业可以选择注销营业执照,或到市场监督部门办理变更登记手续,延长经营期限。

10. 年报时间

企业每年需按规定到"国家企业信用信息公示系统"平台办理上一年度的营业执照网上年报,未按时进行网上年报或者隐瞒真实情况的将被系统列入"经营异常名录"或"严重违法企业名单"。一旦因为失信进入异常经营名录和严重违法企业名单,企业在政府采购、工程招投标、国有土地出让、颁发荣誉等工作中,将依法予以限制或者禁入。

11. 经营范围

企业的经营范围指的是国家允许企业法人生产和经营的商品类别、品种及服务项目,反映企业法人业务活动的内容和生产经营的方向,企业必须在核准的经营范围内开展经营活动。经营范围分为"许可经营项目"和"一般经营项目"。许可经营项目是指企业在申请登记前依据法律、行政法规、国务院决定应当报经有关部门批准的项目。一般经营项目是指不需批准,企业可以自主申请的项目,但项目需依法登记,若企业从事未经登记的一般经营项目,工商部门将按照超范围经营依法予以查处。

外贸跟单员需要关注企业经营范围涉及的经营项目内容,不能与企业从事未经"许可经营项目"和超"一般经营项目"范围的业务。同时,外贸跟单员还需注意相关政策的变更,例如自 2019 年 12 月 1 日起,上海、广东、天津、福建、辽宁、浙江、河南、湖北、重庆、四川、江苏等多地自由贸易试验区开始施行"证照分离"制度〔国务院关于在自由贸易试验区开展"证照分离"改革全覆盖试点的通知(国发〔2019〕25 号)〕,即营业执照与经营许可证分离制度,这一制度的实施可能会影响企业营业执照上经营范围的填写方式。

 本任务中服装厂的信息查看

以广州市润德服饰有限公司为例,从公司工商注册信息看,该企业于 2013 年成立,注册地址为广州市白云区,注册资本 100 万元人民币,统一社会信用代码为 91440101063342219Y,法定代表人是李洁斐,登记机关为广州市白云区工商行政管理局,企业类型为有限责任公司,经营范围为专营服装制造与批发等,经营期限是 2013 年 3 月 26 日至长期,2021 年年报已填。

（二）企业基本信息核实方法

企业在网络平台上显示的信息未必真实，尤其是企业信息并不是在类似阿里巴巴这样的大型知名平台上显示时，其内容可能与实际有出入。外贸跟单员在出差前可对企业在网络平台显示的基本信息做初步的真伪核实。核实方法包括：①进入当地市场监督管理局网站查询；②到"国家企业信用信息公示系统"平台查询（该平台可查询全国所有企业的信息）；③利用"信用中国""天眼查"等平台或 App 工具查询；④其他途径，如利用百度等搜索引擎看是否有企业相关信息或企业评价，或者电话联系企业核实一些重要的信息。

 本任务中服装厂的信息核实

以广州市润德服饰有限公司为例。

（1）进入"国家企业信用信息公示系统"平台（http://www.gsxt.gov.cn/），输入企业名称查询（图 1-16）。可查到广州市润德服饰有限公司的基本信息（图 1-17），其信息与阿里巴巴1688 平台上显示的信息一致。除了基本信息，该平台还可以查询企业的"行政许可信息""行政处罚信息""列入经营异常名录信息""列入严重违法失信企业名单（黑名单）信息"等。

图 1-16　国家企业信用信息公示系统查询页

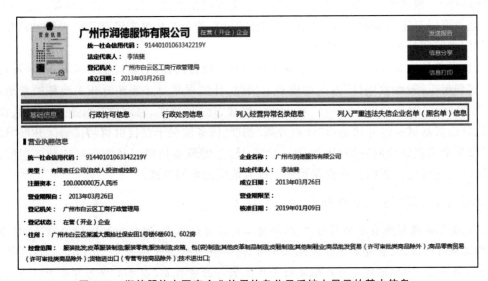

图 1-17　润德服饰在国家企业信用信息公示系统上显示的基本信息

（2）外贸跟单员还可以通过其他途径，如"信用中国""天眼查"、搜索引擎等进行核实。

二、企业实地考察联系

完成企业基本信息的查看和审核后，外贸跟单员需联系企业安排实地考察事宜。实地考察企业需联系的主要工作有出差路线规划、联系企业安排具体考察事宜。

（一）出差路线规划

同一密集地企业一般安排在同一期间出差，外贸跟单员需提前安排好出差路线图。一般可以利用百度地图、高德地图等工具完成。

路线图需包括整体路线图和企业周边细节图。整体路线图用来确定各个企业的大致位置，根据位置安排走访顺序，根据各点之间的距离安排各企业的大致走访时间（百度地图等工具中有测距功能，可以大致了解企业之间的距离；也可通过"途经"功能获取走访建议顺序及路上大致耗时等信息）。细节图中可标注企业周边标志性建筑，如学校、医院、酒店、大型超市、大型企业、政府机构等，以方便出差时借助周边建筑快速定位企业或安排住宿、吃饭等行程。

该任务完成过程中可能遇到的主要困难及应对策略：①地图上搜不到要出差的企业。直接用企业名称搜索时未必能搜到企业位置，此时可以先在网上搜索企业地址，用地址信息搜索企业位置。②企业地址不详细，无法精确定位。外贸跟单员在地图上标注各企业所在位置的主要目的是通过企业所在的位置关系安排走访顺序，因此没有必要把企业位置标注得很准确。例如，只需要知道企业在哪个工业园区，或在哪个村就可以安排行程了。企业具体位置可以后期向企业获取。③出发地和目的区域较远，地图上的企业点挤在一起，使得出差路线图不甚清晰。此时可以在出差路线图中省去出发地的标注，只在地图上标注出差地的企业位置即可。例如外贸公司在杭州，出差企业聚集在宁波，此时出差路线图上可以不标注杭州这个点，直接标注出各企业在宁波的位置，这样就可以在一张图中更清晰地展现各企业之间的位置关系了。④出差走访的第一家企业较难确定。建议在出差路线图上标注出到达该区域的第一个点。例如，若出差时是乘坐高铁抵达宁波，可以将高铁宁波到达站作为起点；若是自驾车，可以将高速路宁波出口点作为起点；也可以将出差时落脚的酒店作为起点。⑤不清楚各企业之间的距离，走访时间安排遇到困难，可以借助地图上的测距等工具了解企业之间的大致距离。

（二）联系企业安排具体考察事宜

外贸跟单员利用地图规划好出差路线后，需逐个联系工厂，联系过程中跟单员需做好以下事宜：①与企业确定走访时间。根据规划好的时间逐一联系企业，确定具体走访时间。若遇到企业无法配合计划行程安排时，需及时调整出差路线。②确认工厂地址。有些企业搬迁了，但未在网上及时更新信息；有些公司名字类似，地图上查找时容易弄错。因此，有必要在联系企业时再次确认地址。③询问工厂周边标志性建筑。出差路线规划时关注了企业周边建筑，联系企业时可再次确认，以提高出差效率。④询问工厂所在地交通情况。例如公交车、的士、网约车情况等。⑤留下工厂联络人联系方式，以方便后期联络。

本任务中企业考察安排与联系

外贸跟单员首先要利用百度地图等工具将出差企业标注在一张地图中，同时建议在地图上标注出差区域的第一个点（如高铁站、高速路出口等）或出差住宿的酒店。接着根据各点的位置和大致距离规划出差行程。以图1-18为例，图中标注了要出差的5家企业（图中标注为A、B、C、D、E五个点）。这几家企业聚集在宁波宁海，各点之间相距不远（直线距离总长70km左右），图1-18中还标注了火车站和酒店。假设外贸企业所在地为浙江杭州，我们可以根据各点的位置安排出差顺序：第一天上午从杭州高铁出发到达宁海，入住酒店。下午走访企业E和B，第二天走访企业A、C、D。

出差路线规划好后，外贸跟单员需依次和企业E、B、A、C、D联系（供应商比较表中有企业联系方式）。联系过程中，除和工厂确定走访时间外，还需要和工厂确认工厂地址、询问工厂周边标志性建筑、询问工厂所在地交通情况，并留下工厂联络人联系方式等。若遇到企业无法配合计划行程安排的情况，需及时调整出差路线。

微课：企业实地考察前的准备工作之备好出差路线图

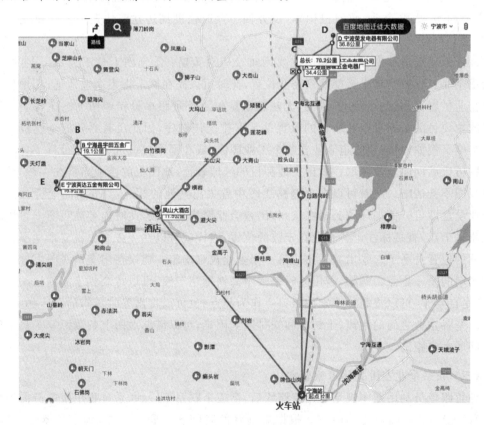

图1-18　企业出差路线图

三、企业考察资料准备

与工厂商定好考察事宜后，外贸跟单员需着手准备考察用的资料。一般来说，跟单员需准备好公司相关的宣传资料、自己的名片、代表采购要求的产品样品或图片等资料、考察记录用的用具(如笔记本电脑、记录本、签字笔、手机或相机等)。此外,为提高出差效率,避免出差过程中遗漏考察点,跟单员有必要在出差前设计一份工厂考察表,供出差考察时填写。这份工厂考察表主要体现跟单员出差时重点考察的内容。后期外贸企业可以根据出差时填写的各工厂的考察表整理信息,用于企业之间的比较或作为向部门或领导汇报考察结果的佐证。这是出差前资料准备的重点,也是难点。

一般而言,企业考察表中的第一块内容可以设计为"企业基本信息",包括企业工商注册信息,以及其他信息(如企业规模、出口经验、产品出口认证证书、诚信通等)。外贸跟单员可以在出差前将网络寻找供应商时获取的相关信息复制下来,或打印粘贴在企业基本信息栏。这样出差查看时便不需要一一填写,而只需核实并修改出入比较大的信息即可。当然,若网络获取的相关信息不足,也可以留空,待出差时填写企业信息。企业实地考察时,除企业基本信息外,其他到企业核实或查看的关键内容在下一个任务中讨论。

 本任务中企业考察资料准备

外贸跟单员小李需要准备的资料包括:①公司相关的宣传资料;②自己的名片;③代表采购要求的样衣或图片等资料;④考察记录用具(如笔记本电脑、记录本、签字笔、相机等);⑤工厂考察表(供出差时填写考察所得信息)。其中,工厂考察表的设计是难点。本任务建议工厂考察表的第一部分可以设计为"企业基本信息",外贸跟单员在出差前可将网络获取的企业信息提前复制到该企业的考察表中(表1-2),以供出差时核实。工厂考察表的其他内容将在下一个任务中完成。

表1-2　工厂考察表

一、企业基本信息

1. 工商注册信息

公司名称:广州市白云区新市永昌服装厂　　　　　企业类型:个体经营

注册地址:中国广东广州白云区新市街棠涌东街四巷11号　营业期限:2004-06-02 至长期

注册资本:无须验资　　　　　　　　　　　　　登记机关:广州市工商行政管理局白云分局

成立日期:2004 年 06 月 02 日　　　　　　　　年检时间:2021 年(最近)

经营范围:加工:服装【国家法律、法规禁止的,不得经营;　申请人:潘国柱先生

　　　　　应经专项审批的,未获得审批前不得经营】　职位:总经理

注册号:440111600090143

法定代表人:潘国柱

2. 其他信息

企业规模	厂房面积/m²	月产量/万件	员工人数	年营业额/万元
	2 600	10	101~200	1 001~2 000
出口经验				
产品出口认证证书				
诚信通				

二、×××××

任务三　设计工厂考察表

企业实地考察资料准备完毕，外贸跟单员小李需在约定时间到工厂实地考察。小李实地考察企业时，主要注意以下几方面内容的核实或查看。同时，小李要做好出差时企业各项信息的记录工作，若工厂允许的话，最好留下相关照片、视频等出差过程材料。

微课：实地
考察供应商
（生产工厂）

一、进一步核实企业信息

任务二中，外贸跟单员在出差前已对企业信息做过初步核实。跟单员到企业实地考察时，需根据亲眼所见，对这些信息做进一步的核实，尤其是企业厂房面积、员工人数等体现企业规模的信息，以及出口经验、出口产品认证等信息。跟单员可查看或询问相关信息的准确性，以排除网络查找获取的企业信息出现夸大对外宣传的情况。若实际获得数据和网络获得数据间差距比较大，外贸跟单员有必要在考察表中做好备注。

二、审查企业财务情况

良好的企业财务状况，是成为外贸公司稳定供应商的保证。若企业经营管理不善，尤其是在外贸形势或经济形势较差的情况下（如 2008 年金融危机、2020 年新冠肺炎疫情等背景下部分产业外贸出口受到明显影响），工厂很可能发生财务问题。外贸跟单员在实地工厂查看的过程中，有必要对企业财务状况做出判断，方法主要有以下几种。

1. 分析企业的财务审计报告

随着会计信息的复杂化，非专业人士利用注册会计师的审计报告对企业财务状况进行分析，能够起到事半功倍的效果。

注册会计师的审计报告是指注册会计师根据独立审计准则的要求，在实施了必要的审计程序后出具的，用于对被审计单位年度会计报表发表审计意见的书面文件。按照相关的规定，注册会计师在审计报告中，应对以下几方面发表意见：①被审计单位会计报表的编制是否符合《中小企业会计准则》及国家其他有关财务会计法规的规定；②会计报表在所有重大方面是否公允地反映了被审计单位资产负债表日的财务状况和所审计期间的经营成果、资金变动情况；③会计处理方法的选用是否符合一贯性原则。根据审计结论，注册会计师应出具无保留意见、保留意见、否定意见、拒绝表示意见中的一种审计意见，并出具相应的审计报告。

如果注册会计师出具的是无保留意见审计报告，表明被审计单位采用的会计处理方法遵循了会计准则及有关规定；会计报表反映的内容符合被审计单位的实际情况；会计报表内容完整，表达清楚，无重要遗漏；报表项目的分类和编制方法符合规定要求。

如果审计意见是"保留意见"，则出具保留意见的原因（在审计报告的说明段）即成为会计报表使用者关注的一个焦点，在分析报表时必须予以重点

审计报告范例

关注。

如果出具的是"否定意见",则说明财务状况、经营成果或者资金变动情况已被严重歪曲,表明会计报表不可信,会计报表使用者应提高警惕。

如果出具的是"拒绝表示意见",往往是由于某些限制而未对某些重要事项取得证据,没有完成取证工作,说明企业的财务风险是非常大的,应避免与此类企业发生经济关系。

对于企业出具的财务审计报告,外贸跟单员需核实真伪,方法主要包括:①扫码查询。部分省份的财务审计报告上有二维码(如江苏、河北),贴有二维码标志的,手机一扫,就会看到备案信息;②没有二维码的,可以考虑在协会网站"中国注册会计师行业管理信息系——公众查询版"查看签字注册会计师的个人信息,该注册会计师所在事务所是否与出审计报告的会计师事务所是同一家,如果是的话,基本可以推断出是真实的报告;③除这两种方法外,还可以通过联系出具审计报告的会计师事务所,进行审计报告真伪核实。

2. 查看企业年度报告

若企业无财务审计报告,外贸跟单员在 2014 年前还可以查看企业工商年检审计报告了解情况。2014 年,国务院发布《注册资本登记制度改革方案》将企业年度检验制度改为企业年度报告公示制度。据此,工商总局决定自 2014 年 3 月 1 日起停止对领取营业执照的有限责任公司、股份有限公司、非公司企业法人、合伙企业、个人独资企业及分支机构、来华从事经营活动的外国(地区)企业,以及其他经营单位的企业年度检验工作。也就是说,2014 年开始企业不需要工商年检了,但是要做企业年度报告公示。

企业年度
报告范例

外贸跟单员可以到国家信用信息公示系统中查询企业的年度报告(图 1-19),也可以到"启信宝"等第三方平台获取年度报告。

以下信息由该企业提供,企业对其报送信息的真实性、合法性负责			
企业年报信息			
序号	报送年度	公示日期	详情
1	2019年度报告	2020年3月30日	查看
2	2018年度报告	2019年6月4日	查看
3	2017年度报告	2018年5月22日	查看
4	2016年度报告	2017年6月16日	查看
5	2015年度报告	2016年3月12日	查看
6	2014年度报告	2015年5月18日	查看

图 1-19 国家信用信息公示系统企业年度报告获取页面

3. 侧面了解企业财务情况

外贸跟单员在实地考察企业时较难获取企业的财务审计报告数据。这是因为外贸公司寻找的供货商大多是中小企业。由于财务审计报告的获得费用较高,因此在没有必要的情况下,中小企业并不会找注册会计事务所出具相关的审计报告。中小企业只有在"被要求"的情况下,才会找注册会计师事务所出具审计报告,如企业向银行贷款银行要求企业出具该报告时。但即便是这样,企业也可以不公布这些数据,只有上市公司才有责任公布审计报告。同时,国家信用信息公示系统里企业年度报告中可以查询到的数据并不多,非上市公司年度报告中的"企业资产状况信息"等重要数据是可以选择"不公示"的，所以外贸跟单员从企业年度报告中获取的信息十分有限。因此，外贸跟单员有必要在出差时通过观察与沟通侧面了解企业的财务情况。

一般而言，外贸跟单员可以根据工厂的开工情况（机器产能利用率）、工人的精神面貌、工人工资拖欠情况等，侧面了解企业的财务情况。

三、审查企业生产经营条件

如果说审核企业的基本信息及财务情况是基础工作，那么审查企业的生产经营条件情况则是外贸跟单员出差时的重点工作了。企业生产经营条件的审核，主要包括企业产品情况这一终端表现，以及企业生产设备情况、质量管理情况、生产经营场地情况、企业用工情况等生产投入要素，这些情况可以反映一个企业的生产交货能力。

（一）产品情况

产品情况可以包含产品档次、产品种类、生产量等信息，可参看表1-3。

表1-3　产品情况

产品档次（打√）	普通	中档	高档
产品种类（打√）			
生产量 （＿＿＿＿%产能）	本厂（打/月）		
	发外厂（打/月）		

（二）生产设备情况

企业生产设备指的是直接和生产相关的各类生产设备情况，包括设备的名称、规格型号、主要技术参数、数量、生产加工能力等，如表1-4所示。外贸跟单员可根据实际情况调整或细化该表格，实地考察时，只需在设计好的表格内填写相应内容即可。

表1-4　生产设备情况

设备分类	设备名称	规格型号/主要技术参数	台数	生产加工能力	备　注

（三）质量管理情况

企业质量管理情况是对产品质量把关的有力保障。若工厂质量管理严格，自律性好，则外贸跟单员的工作也会相对轻松一些。外贸跟单员在企业实地查看的过程中，需核实企业是否有独立的质量管理或质量检验部门，质量检验设备配置情况如何等，可参考表1-5所示内容设计表格。

表 1-5　企业质量管理情况

审核项目	结果记录
是否有独立质检部门	是/否
是否制定 QC 的工作程序	是/否
是否制定检验标准	是/否,具体是＿＿＿＿＿＿＿标准
是否建立检验档案,提供产品成品或半成品的初检、中检报告和包装前后的检验报告	是/否
质检员人数	
质检仪器设备情况	
解决不合格品的方法	
质检室环境记录	

(四) 生产经营场地情况

生产经营场地情况指的是保障生产的场地及配套设施、设备情况。例如,工厂经营场地的面积、与生产相关的生产线情况等,运输车辆和设备情况,水电气热供应情况,环保、安全情况等,可参考表 1-6。

表 1-6　生产经营场地情况

	生产车间	仓库面积	宿舍	……	总面积/m²
厂房占地面积					
生产线/条					
生产线上人数					
工厂要求的起订量					
运输车辆和设备	运输用车辆		其他辅助运输设备		
	车型	数量	名称		数量
水电气热供应情况	(能否保证工厂满负荷工作,尤其注意限电月份及限电量,有无自己的发电机,以及水电气热供应有无季节变化等)				
环保、安全情况	(环保是否合格,安全设备是否到位等)				

(五) 企业用工情况

企业用工情况主要侧重于生产车间的用工情况,包括打样间人数、生产线工人人员结构情况(熟练工人比例)、工人人员流动情况、生产线管理员数量、产品质量检验部门人员数量、外请专家数量等,可看表 1-7。

表 1-7　企业用工情况

全厂人数：＿＿＿＿＿＿人		
打样间	＿＿＿＿＿＿人，其中熟练打样师＿＿＿＿＿＿人	
生产线 共＿＿＿＿＿＿人	生产线管理员	共＿＿＿＿＿＿人，＿＿＿＿＿＿生产线/人
	技术工人(熟练工)	
	半熟练工人	
	非熟练工人	
生产线工人流动情况		
质量检验部门/人		
外请专家	长期	
	临时	
工厂其他工作人员		

(六)其他情况

除上述情况外,外贸跟单员还可以将物料采购情况、包装情况、运输情况等内容设计进工厂考察表中。

另外,需要注意的是,现在很多国家在进口商品时要求验厂操作。若外商有这方面的要求,外贸跟单员在开发供应商时,还需额外注意外商的验厂要求。一般而言,外商要求的验厂,除对保证产品正常生产的各个方面提出要求外,特别强调对工人的劳工保障、生产安全等方面的要求。对于劳工安全保障等方面的要求往往参照社会责任管理体系(Social Accountability 8000,SA8000)的标准(资料 1-1)。服装产品欧美买家的验厂标准可参看资料 1-2,从该资料可以看出,依据此标准,外贸跟单员选择的服装订单生产企业不仅要满足基本的生产经营条件,还需要在劳工生产、生活环境方面满足类似洗手间数量、最低住宿面积等各种具体的条件。没有通过验厂的企业是无法生产出口产品的,因此外贸跟单员需谨慎对待有验厂要求的订单。

四、测算企业生产能力

企业工厂考察报告中还可以设计"企业生产能力测算"栏目。虽然外贸跟单员已通过企业在网络上显示的产能信息,以及出差时的产能询问等途径获取了企业的产能情况(表 1-3),但这些产能数据有时有夸大的可能,通过出差时自己亲眼看到的设备数量等情况测算的产能相对更为可靠。外贸跟单员可以依据企业的设备、排班等情况对企业的生产能力进行大致估算,并对企业生产能力不足时的应对情况进行了解与登记,以方便后续订单生产时企业的快速筛选。

(一)测算生产能力

1. 产能含义

企业生产能力指的是参与企业生产经营活动的固定资产在一定时期内、一定的生产技术组织条件下的最大生产量,它具有一定的稳定性。实际运用中的生产能力有多种不同的表达方式,这里主要介绍理想产能、计划产能和有效产能三种。

理想产能是假定所有的机器设备运转完好,每周工作 7 天,每天工作 3 班,每班工作 8h,期间没有任何停机时间,即"理想"状态下得出的产能。当然,这个"理想化"状态在实际生产时是很难达到的,但有时可以通过加班、增加临时工等措施在短时期内接近这个产能。

计划产能是根据企业每周实际工作天数、实际安排的班次及每班次员工工作时间来确定的(假设机器设备运转完好,产品合格率为 100%)。它代表了企业一般情况下的产能,但能否达到还需要看企业机器设备的运转情况及产品合格率情况。

有效产能是以计划产能为基础,减去因停机和产品不合格所造成的标准工时损失。一般情况下企业在生产过程中可以保证这一产能的实现。

2. 产能计算

外贸跟单员获取设备生产效率及排班数据后,可根据产能定义对三个产能进行核算。举例如下。

假如某服装厂,现有设备每工时平均生产 80 件女式衬衫。员工数可排一天三个班次,一周常规的工作时间为 6 天,每天每个班次工作 8h,工作时间目标为 95%,产品合格率为 95%,该厂一周的理想产能、计划产能和有效产能可分别计算如下。

$$理想产能＝80\times7\times3\times8＝13\ 440(件/周)$$
$$计划产能＝80\times6\times3\times8＝11\ 520(件/周)$$
$$有效产能＝80\times6\times3\times8\times95\%\times95\%＝10\ 396.8(件/周)$$

若外贸公司所接订单要求的每周产能超过该厂的理想产能(13 440 件/周),或所接订单在理想和计划之间,且通过加班等措施仍不能达到订单的产能要求的,那就不能将外贸订单交于该服装厂生产;若订单要求的产能在理想和计划之间,但能通过加班等方法达到要求的,在外贸公司短期内不能找到其他生产工厂的情况下,可以考虑与该工厂签订内贸生产合同;若订单要求产能在计划产能之内的,一般可联系该工厂,看其是否能接单;所接订单要求产能在有效产能之内的,更可放心联系该工厂生产。

(二)了解企业在产能不足时的应对能力

除估算工厂的产能外,了解工厂在产能不足时的应对能力也很重要,通常可以询问工厂有无以下应对方法。

(1)增加班次,或延长员工每班的工作时间。

(2)增加机器设备台数,延长开机时间。

(3)增加临时用工。

(4)有稳定的外包工厂,可将部分产品的生产或某些生产环节外包。

(5)有自己的发电机,可以应对因电力原因导致的产能不足。

本任务中企业实地考察

本任务中,外贸跟单员小李到服装厂实地考察的重点需包括以上四大重点,即企业信息的核实、企业财务情况的审查、企业生产经营条件的查看、企业生产能力的测算。这些重点应体现在"任务二 供应商实地考察前的准备工作"的"工厂考察表"的设计中,即"设计考察表"任务可参考以上四大重点内容，并结合服装企业的特点做改动。服装生产企业的考察表设计可参看资料1-3。

外贸跟单员实地考察时，可根据考察表内容进行逐项考察，并填表做好考察记录。在工厂允许的情况下，还可留下企业设备照片、企业产品证书复印件等相关材料。

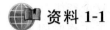 **资料 1-1**

社会责任管理体系（SA8000）

一、SA8000 的含义

社会责任管理体系也称社会责任国际标准，它是一种以保护劳动环境和条件、劳工权利等为主要内容的国际通用管理标准体系。

二、SA8000 的主要内容

SA8000 主要包含以下九个方面的内容。

（1）童工。在中国，童工是指未满16周岁的劳动者。标准要求公司不得雇佣或支持雇佣童工的行为。

（2）强迫劳动。要求公司不可要求员工在受雇之时交纳押金或扣压身份证，以及包括监狱劳动、契约劳动、抵债劳动、奴役劳动，以惩罚为手段的、被强迫的或非自愿的劳动。

（3）健康与安全。要求公司为工人提供一个健康与安全的工作环境，降低工作中的危害隐患。任命高层管理代表负责健康与安全；健康与安全培训；健康与安全检查，评估和预防制度；厕所、饮水及食物存放设施；工人宿舍条件。

（4）结社自由和集体谈判权。要求公司尊重员工自由成立和参加工会以及谈判的权利。法律限制时，应提供类似方法；不歧视工会代表。

（5）歧视。要求公司在雇佣、薪酬、培训、升迁、解雇等事务中不得从事或支持基于种族、社会阶级、国籍、宗教、残疾工会会员资格或政治关系的歧视行为。不干涉信仰和风俗习惯；不容许性侵犯。

（6）惩罚性措施。要求公司不可从事或支持肉体上的惩罚，精神或肉体胁迫以及言语凌辱。

（7）工作时间。要求公司遵守适用法律及行业标准有关工作时间的规定。至多每周工作48h；至少每周休息一天；每周加班不超过12h，特殊情况除外；额外支付加班工资。

（8）工作报酬。要求公司给予工人的报酬至少能够达到法律或行业规定的最低工资标准（不包括任何加班费和其他补贴），而且能满足工人的基本要求。依法支付工资和提供福利，不罚款；不采用虚假学徒计划。

（9）管理体系。公司高层应根据本标准制定符合社会责任和劳工标准的公司政策，并对此定期审核；委派资深的管理代表专职负责；建立适当的程序对供应商、分包商和分供商进行监控；处理考虑和采取纠正行动；对外沟通；核实渠道；记录等。

三、SA8000 对我国出口贸易的影响

SA8000 标准主要是发达国家为主体拟制的，2001年该标准公布时，我国大部分出口企业达不到该标准。在当时，"只有达到 SA8000 标准要求才能出口"这一要求犹如当头一棒，让我国出口企业措手不及，很多企业因此无法正常出口。之后，出口企业开始整改，改善工人工作环境，提高工人薪资待遇，使出口企业成本明显上升，尤其是劳动密集型产品的出口，

成本上升带来的价格竞争力下降尤为明显。短期内,SA8000无疑对我国出口贸易产生了直接的负面影响。但二十多年过去了,我国出口企业再面对参照SA8000标准的验厂时,已是应对自如。企业清楚地知道,一旦通过了参照SA8000标准的验厂,就等于得到了通行证,买到了"门票"。同时,企业工作环境改善,工人工作更愉悦,企业国际社会形象提高,这些均有助于企业的出口。也就是说,从短期看,不满足SA8000的出口企业需要时间整改,并消化由此带来的成本上升;但从长期看,SA8000有助于企业的长远发展,企业承担社会责任是人类社会发展的进步,是大势所趋。

四、启示

随着全球化的发展和深化,验厂已经成为对外贸易活动中的一个重要环节,BSCI验厂、WRAP验厂、C-TPAT验厂、ICTI验厂、SA8000验厂、ETI验厂、AVE验厂、HBI验厂……验厂的名称五花八门。从验厂的内容上看,这些验厂主要包括质量验厂、人权验厂、反恐验厂等。相对而言,质量验厂以贸易产品质量为核心,更容易被外贸工厂熟悉和接受。而以SA8000、OHSAS18000[①]等为参照标准的关于劳工权利、劳工生产安全、资料安全、装卸安全等为主要内容的验厂却不甚熟悉。

随着各种验厂越来越多地出现在外商订单的附加条件中,我国的出口企业以及为出口企业提供原材料和加工服务的各类企业都应了解SA8000等国际标准,对其可能产生的影响应及早引起重视。尤其是对于外贸公司负责供应商开发的外贸跟单员来说,更是要有国际标准意识,熟悉SA8000等国际标准,并落实到实际的供应商资源开发、外贸订单生产企业选择等工作中。

资料来源:http://www.sa8000cn.cn/Certification.

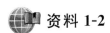 **资料 1-2**

欧美买家验厂细则 158 条(服装、纺织类)

欧美商家在接受货物之前常常要委托相关机构或亲自对中国的工厂进行验厂,要求供货工厂在员工工资福利、社会保障、安全健康等方面达到某些标准。要成为它的供货商,必须通过验厂才能取得获得订单的资格。欧美买家验厂细则主要如下。

一、公司基本情况

(1) 名称:××(××)制衣有限公司

(2) 地址:×××××××××××

(3) 电话:××××××××××

(4) 传真:86-××-××××

(5) E-mail 地址:××××××

(6) 公司成立时间:××××××

(7) 是否有登记执照?(必要时请复印) 有□ 无□

(8) 是否有自营进出口权? 有□ 无□

(9) 是否有进出口产品目录? 有□ 无□

---

① Occupational Health and Safety Assessment Series,职业健康与安全管理体系。

二、公司保障人权、遵守法律的状况

（一）政策法规

（10）有无新版本的地方/国家劳动法条例？　有□　无□

（11）有无最新版本的地方/国家健康卫生及工业安全条例？　有□　无□

（12）有无最新版本的地方/国家环保法规条例？　有□　无□

（13）是否禁止强迫性劳动。　是□　否□

（14）是否禁止雇佣童工。　是□　否□

（15）是否按国家法律或地方法规规定付给员工工资，并高于最低生活保障？　是□　否□

（二）工时工资

（16）有无三个月所有员工的工资记录？　有□　无□

（17）有无所有员工的人事记录（包含相片及身份证复印件）？　有□　无□

（18）职工最小年龄是多大？＿＿＿＿＿＿＿＿岁。

（19）职工的最低工资是多少？＿＿＿＿＿＿＿＿元。

（20）每周/每天的工作时间是多少？＿＿＿＿＿＿＿天/每周＿＿＿＿＿＿＿小时/每天。

三、工作场所的安全防范与卫生健康

（一）工作场所

（21）供电、供水是否有困难？　是□　否□

（22）一般的限电月份是＿＿＿＿＿＿＿月。

（23）工厂有无用电保护？　有□　无□

（24）有无有效的消防设备及逃生防护设备？　有□　无□

（25）有无紧急疏散指示灯及应急照明灯？　有□　无□

（26）是否安全存放易燃易爆品？　是□　否□

（27）有无最近一年期限内由消防部门颁发的消防审核登记书或检查意见书？　有□　无□

（28）是否每 5 000 平方英尺（1 英尺＝0.304 8 米）有至少 3 名标准培训灭火员，且有名单及证书？　是□　否□

（29）有无过往 6 个月内的火警演习记录（最好有照片提供）？　有□　无□

（30）工厂每层楼两端是否都各有 1 个不上锁的紧急逃生出口？　是□　否□

（31）是否每 100 人中至少有 2 人接受急救训练，且附有名单及有效证书？　是□　否□

（32）是否全部灭火器必须未过有效期。　是□　否□

（33）是否所有通道保持畅通，未受阻塞？（通道应保持最少 2 英尺宽度）是□　否□

（34）是否在每车间装有烟雾探测报警器？　是□　否□

（35）是否按每 5 000 平方英尺的标准配置至少 1 个灭火器？　是□　否□

（36）是否每 25～35 人有 1 个厕所可供使用？　是□　否□

（37）工厂是否干净清洁？　是□　否□

（38）工厂是否有充分的通风？　是□　否□

（39）工厂有无经过训练的医务人员？　有□　无□

（40）每个部门、楼层是否配有 1 个急救药箱？　是□　否□

（41）过往 6 个月有无工伤意外记录？　　有□ 无□

（42）全厂噪声是否低于 90dB(A)？　　是□ 否□　　若高出标准，是否向工人免费提供护耳罩等防护设备？　　有□ 无□

（43）工厂建筑面积是多少？建筑结构是木结构/钢筋混凝土结构/钢结构？占地面积有多少？

建筑面积＿＿＿＿＿＿＿；建筑结构＿＿＿＿＿＿＿；占地面积＿＿＿＿＿＿＿。

（二）宿舍

（44）公司是否提供一定数量的职工集体宿舍？　　是□ 否□

（45）是否每个工人至少有 50 平方英尺的生活空间？　　是□ 否□

（46）是否每 10～12 人有 1 个厕所可供使用？（宿舍）　　是□ 否□

（47）是否每 10～12 人有 1 个独立淋浴间可供使用？（宿舍）　　是□ 否□

（48）是否在每个房间装有烟雾探测报警器？　　是□ 否□

（49）是否按每 3 000 平方英尺的标准配置至少 1 个灭火器？　　是□ 否□

（50）是否每层楼的两端各有 1 个不上锁的紧急逃生出口？　　是□ 否□

（51）是否有充分的通风及保温设施？　　是□ 否□

四、环境保护

（52）公司本身以及生产、排污过程中环保是否符合当地法规？　　是□ 否□

（53）是否有有效的环境保护措施和制度、有效的污水处理设施、有效处理有毒气体设施？　　是□ 否□

五、生产计划与控制

（54）有无生产排期表（未来 6 个月的接单明细表）？　　有□ 无□

（55）有无未来至少 1 个月的生产计划预排一览表？　　有□ 无□

（56）有无显示车间/组别/开机/缝合/整烫/包装等主要部门的计划完成日期？　　有□ 无□

（57）有无各部门的生产日报表？　　有□ 无□

（58）有无显示货期的每周生产进度统计表？　　有□ 无□

（59）有无开新款时的生产前会议记录？　　有□ 无□

六、设备与维护

（60）有无所有机械设备品牌名及型号清单（请附一份复印件以供参考）？　　有□ 无□

（61）有无各种机械保养计划书？　　有□ 无□

（62）有无各种机械的维修记录？　　有□ 无□

（63）有无检针记录？　　有□ 无□

（64）设备平均使用年数是多少？＿＿＿＿＿＿＿年。

（65）现有设备是否适合所生产的产品？　　是□ 否□

（66）有无带自动修剪/定位的缝车？如果有，所占比例是多少？　　有□ 无□＿＿＿＿＿＿＿%

（67）有无验针机？　　有□ 无□

（68）各种车缝设备的数量：单针平车/双针平车/双针链条车/包缝车/暗缝车/锁眼车/钉扣车/安全缝车/钉纽车/打枣车/多针缝车/绣花车/其他

＿＿＿＿＿＿部/＿＿＿＿＿部/＿＿＿＿＿部/＿＿＿＿＿部/＿＿＿＿＿部/＿＿＿＿＿部/＿＿＿＿＿

部/_____部/_____部/_____部/_____部/_____部/_____部。

(69) 锅炉等设备是否定期检测和维修？ 是□ 否□

七、品质管理计划与控制

(70) 是否有公司行政架构表？ 是□ 否□

(71) 有无生产质量管制政策/程序？ 有□ 无□

(72) 有无物料抽查报告？ 有□ 无□

(73) 有无裁片/织片抽查报告？ 有□ 无□

(74) 有无中期验货报告？ 有□ 无□

(75) 有无尾部门抽查尺寸报告？ 有□ 无□

(76) 有无洗水抽查颜色报告？ 有□ 无□

(77) 有无品质终查报告？ 有□ 无□

(78) 有无各缸差记录？ 有□ 无□

(79) 有无洗水报告？ 有□ 无□

(80) 有无色卡记录？ 有□ 无□

（一）面料

(81) 加辅料前是否检查面料？ 是□ 否□ 如果检查,检查多少？ _____%。

(82) 对色布是否进行色差检验？ 是□ 否□ 检验的比例是多少？ _____%。

(83) 工厂对色差的限定程度如何？对有色差或色疵的布料如何进行控制,在裁剪时用什么方法进行区分？程度:_____。方法_____。

(84) 工厂有无区分颜色的灯箱？ 有□ 无□ 用什么光源,有的话请提供记录。记录:_____。

(85) 有无合适的面料仓？ 有□ 无□

(86) 有无制作样板的能力？ 有□ 无□

(87) 辅料是否适合所生产的产品？ 是□ 否□

(88) 裁剪台板是否数量够多,长度够长？ 是□ 否□

(89) 拉布有无有专门设备？ 有□ 无□

(90) 纸板是否由本单位制作？ 是□ 否□

(91) 对每片裁片是否全部进行检查？ 是□ 否□

(92) 在裁剪房里,是否有质量管理人员检查纸板的正确度、裁片的质量情况、生产计划与裁剪要求等。 是□ 否□

(93) 有无烫衬机？ 有□ 无□

（二）车缝

(94) 机器是否干净无油污？ 是□ 否□

(95) 是否每天检查车缝张力和针距？ 是□ 否□

(96) 车缝是否采用辅助小工具？ 是□ 否□

(97) 现场有无机修工？ 有□ 无□

(98) 有无缝纫管理制度？ 有□ 无□

(99) 管理制度合适吗？ 合适□ 不合适□

(100) 断针的每一截是否回收并做好记录？ 是□ 否□

(101) 车缝设备是否符合大货生产？　是□ 否□

(102) 车缝设备是否配套(如果工厂生产牛仔产品,其平车、拷克、五线等是否能合理使用和基本配备)?　是□ 否□　如果做裤子,是否配有橡筋车、套结车等?　是□ 否□

工人数/车缝人数/熟练工人数/不熟练工人数/质控人数/技术指导人数/机修工人数/检验员人数各是多少?

_____人/_____人/_____人/_____人 _____人/_____人/_____人/_____人。

(103) 工作的照明是否符合以下要求?

车缝区域 500lx　是□ 否□

检验区域 750lx　是□ 否□

整理和包装区域 500lx　是□ 否□

(104) 有无制度化的品质管理系统和内容?　有□ 无□;品质制度是否在执行?　是□ 否□

(105) 品质管理条例是否合适?　是□ 否□;控制体系是否有效?　是□ 否□

(106) 是否有记录的质量操作制度?　是□ 否□;当问题发生时,是否有进行解决等内容的记录?　是□ 否□

(107) 是否有以前质量不良事故记录?　是□　否□;是否有每个订单质量疵点百分率记录?　是□　否□;是否做过随机抽样检验?　□是　否□

(108) 是否有过程质量控制?　是□　否□;是否有以前的不良质量记录?　是□ 否□;在对每个操作工的产品进行检查后,若质量不好,是否有要求车缝工 100%返修的记录?　是□　否□;是否有线上质控?　是□ 否□

(109) 工厂是否有返修制度?　是□　否□

(110) 是否有独立行使职权的质量控制人员?　是□　否□;工厂有无质量总监,对产品质量独立行使职权?　有□　无□

(111) 是否 100%的衣服都做了最后检查(包括尺寸和辅料)?　是□否□;是否有专职质量员做测量尺寸、检查衣服品质工作?　是□　否□

(112) 产品质量检查是否是随机抽样?是□　否□;是否对不熟练的操作工有正规的训练计划,使他们能够获得必要的操作技能,在上线时适应大规模流水作业?　是□ 否□

(113) 是否有专门的质量管理培训计划?　是□ 否□

(114) 质控人数占整个工厂工人比例为多少?　_____%。

(115) 有无中期检验的规定及负有执行职责的检验员?　有□　无□

(116) 每件成衣有检验工号吗?　有□　无□

(117) 是否对不合格的捆包做 100%的重新检验?　是□　否□

(118) 疵点是否立刻回修?　是□　否□

(119) 检验员是否量尺寸?　是□　否□

(120) 有无单独的修剪部门?　有□　无□

(121) 检验员是否也修剪?　是□　否□

(122) 尺寸规格是否正确?　是□　否□

(123) 结构细节是否正确?　是□　否□

(124) 包装规格是否正确？　　是□　否□

(125) 工厂有无实验室？　　有□　无□

(126) 是否测试缩率？　　是□　否□

(127) 是否测试色牢度？　　是□　否□

(128) 操作工有无保存品质记录？　　有□　无□

(129) 对检验员有无激励的措施？　　有□　无□

(130) 工厂有无试衣模特？　　有□　无□

(131) 工厂是否采用接收质量限(AQL)？　　是□　否□

(132) 工厂质量执行水平为多少？　　AQL 2.5□／4.0□／6.5□／10.0□

(133) 为使成品和半成品不着地是否使用周转箱？　　是□　否□

(134) 是否检验整烫外观？　　是□　否□

(135) 有无外观起皱的检验标准？　　有□　无□

八、产地来源[需提供最近三个月品质制程稽核(OPA)单的所有文件记录]

(136) 有无产品工序表/生产制单？　　有□　无□

(137) 有无厂牌附列各机器设备表？　　有□　无□

(138) 有无工人的工序记录单？　　有□　无□

(139) 有无生产日报告表？　　有□　无□

(140) 有无工人的工资表？　　有□　无□

(141) 有无工人上下班的工卡记录？　　有□　无□

(142) 有无所有生产已完成的 OPA 记录文件？　　有□　无□　包括(请附一份复印件以供参考)：OPA 的出入品文件、出口和入口证、运输单、生产通知单。

(143) 有无生产地或单一产地声明书(请附一份复印件以供参考)？　　有□　无□

(144) 有无税务文件？　　有□　无□　包括发票、装箱单、付货人声明书、配额声明书、产地来源声明书、提货单及出口证。

(145) 有无客人的合同及银行信用证？　　有□　无□

九、厂房保安

(146) 厂方是否应保留 1 年的资料(至少 3 个月的资料记录)。　　是□　否□

(147) 仓库有无各种物料出入仓的登记记录？　　有□　无□

(148) 成品仓有无各批货物出入仓的登记记录？　　有□　无□

(149) 危险品仓有无各化学物品出入仓的登记记录？　　有□　无□

若保安是厂方自己的员工,是否保留各保安上下班的工卡记录？　　是□　否□

若保安是属于保安公司的员工,厂方是否保留各保安的合同资料？　　是□　否□

保安每日的检查记录里是否有门、窗、围墙等的检查记录？　　是□　否□

(150) 有无各访客的出入登记记录？　　有□　无□

(151) 有无入仓和出仓时检查货物重量的详细记录资料？　　有□　无□

(152) 若在入仓和出仓时货物实际量与记录不同,厂方是否有管理制度？　　是□　否□

(153) 若在厂内入集装箱时,有无货物装柜的清单?　有□ 无□

(154) 厂规里有无针对怀疑或确认是违法行为的举报制度?　有□ 无□

(155) 有无各警报器的每月测试记录?　有□ 无□

(156) 若有员工变更时,有无交出相关钥匙或密码的记录?　有□ 无□

(157) 员工的面试记录里有无员工本人最近期的相片?　有□ 无□

(158) 工厂的保安制度及常规培训记录是否包含:　是□ 否□

① 保安会阻止未经认可/非法物品充入货物里的行为。

② 保安会阻止未经认可/非法闯入的行为。

③ 保安会察觉/报道员工嫌疑的违法行为。

资料来源:阿里巴巴"纺织论坛"。

验厂报告范例

 资料 1-3

服装生产企业考察表范例

工厂考察表

(永昌服装厂)

工厂联系人		联系人职务		联系电话	
传真		QQ			

一、企业基本信息

1. 工商注册信息

公司名称:广州市白云区新市永昌服装厂　　　　企业类型:个体经营

注册地址:中国广东广州白云新市街棠涌东街四巷 11 号　营业期限:2004-06-02 至长期

注册资本:无须验资　　　　　　登记机关:广州市工商行政管理局白云分局

成立日期:2004 年 06 月 02 日　　　年检时间:2021 年(最近)

经营范围:加工:服装【国家法律、法规禁止的,不得经营;　申请人:潘国柱先生

　　　　　应经专项审批的,未获得审批前不得经营】　职位:总经理

纳税人识别号:9144011600090143X

法定代表人:潘国柱

2. 其他信息

企业规模	厂房面积/m²	月产量/万件	员工人数	年营业额/(万元/年)
	2 600	10	101 ～ 200	1 001 ～ 2 000
出口经验	有			
产品出口认证证书	有			
诚信通	7 年			

二、企业财务情况

有无审计报告(有的话需附复印件)	有/无
机器闲置率/%	
工人工资有无拖欠情况	有/无

三、生产经营条件

(一)产品情况

产品档次(打√)	普通　　　　中档　　　　高档
产品种类(打√)	背心/吊带　蕾丝/雪纺　T恤　衬衫　针织衫/毛衣　外套　卫衣　裙子　裤子　睡衣/浴衣　女士套装 其他＿＿＿＿＿＿＿＿＿＿＿＿＿＿＿
工厂常用的面料及成分(打√)	涤纶　麻　尼龙棉　针织类　全棉　纤维棉　毛织类　梭织类　涤棉　人造棉　皮革类　人造丝　人造革类　真丝　尼龙　牛仔类
生产量(＿＿＿＿＿%产能)	本厂(打/月)	
	发外厂(打/月)	

(二)生产设备情况

设备分类	设备名称	规格型号(品牌)/主要技术参数	台数	生产加工能力	备注
生产设备——开裁	裁床				
	开裁刀				
	模具裁剪				
	计算机放码机				
	验布机				
	贴压朴机				
生产设备——车缝	平缝机				
	三线锁边机				
	五线锁边机				
	四线锁边机				
	虾须机				
	双针机				
	双线机				

设 备 分 类	设 备 名 称	规格型号(品牌)/ 主要技术参数	台数	生产加工能力	备注
生产设备——专机	埋夹机				
	拉根机				
	拉边机				
	裤头机				
	切边机				
	打枣机				
	直眼机				
	凤眼机				
	钉钮机				
	洗衣机				
	吸线机				
生产设备——整烫 设备	一般熨斗				
	蒸汽熨斗				
	折叠烫床				
	抽湿烫床				

（三）质量管理情况

审 核 项 目	结 果 记 录
是否有独立质检部门	是/否
有否制定 QC 的工作程序	是/否
有否制定检验标准	是/否,具体是＿＿＿＿＿＿＿标准
是否建立检验档案,提供抽查的主辅料、裁片、半成品的 初检、中检报告和包装前后的检验报告	是/否
质检员人数	
质检仪器设备情况	
解决不合格品的方法	
质检室环境记录	

（四）生产经营场地情况

厂房占地面积	生产车间	仓库	洗水房	宿舍	其他	总面积/m²
生产线/条	开裁　　条	车缝　　条		钉打整理　　条		整烫包装　　条

续表

生产线上人数：_____人			
工厂要求的起订量	每款　　　　　打		每色织　　　　　打
	每色　　　　　打		每印花　　　　　打
运输车辆和设备	运输用车辆		其他辅助运输设备
	车型	数量	名称 　　　　　数量
水电气热供应情况	（能否保证工厂满负荷工作，尤其注意限电月份及限电量，有无自己的发电机，以及水气热供应有无季节变化等）		
环保、安全情况	（环保是否合格，安全设备是否到位等）		

（五）企业用工情况

全厂人数：_____人		
打样间	_____人，其中熟练打样师_____人	
生产线共_____人	生产线管理员	共_____人，_____生产线/人
	技术工人（熟练工）	
	半熟练工人	
	非熟练工人	
生产线工人流动情况		
质量检验部门人数：_____人		
外请专家	长期	
	临时	
工厂其他工作人员		

四、企业生产能力

产能情况	理想产能（每周）	
	计划产能（每周）	
	有效产能（每周）	
产能不足时的应对（打√）	增加班次，或延长员工每班的工作时间	
	增加机器设备台数，延长开机时间	
	增加临时用工	
	有稳定的外包工厂，可将部分产品的生产或某些生产环节外包	
	有自己的发电机，可以应对因电力原因导致的产能不足	

五、其他

需工厂提供的资料(打√)		
营业执照复印件	税务登记证复印件	近期有关部门对工厂的防火检查报告
半年工人工资表	3个月员工打卡汇总	已有的验厂报告

附:实地考察照片(图1-20)

图1-20　实地考察照片

注:本图片来自网络资源,仅用于示意,而非永昌服装厂照片。

 ## 知识巩固与技能拓展

工厂考察表范例

◆ **知识巩固**

一、单项选择题

1. 注册资本与实收资本的关系,以下正确的是(　　　)。

　　A. 注册资本与实收资本,两者含义相同

　　B. 注册资本随着企业经营效益的变化而变化

　　C. 注册资本与实收资本不一定相等

　　D. 实收资本可以理解为投资意愿

2. 财务审计报告(　　　)。

　　A. 由公司财务部门出具

　　B. 由会计事务所的注册会计师出具

　　C. 由企业总经理出具

　　D. 是对公司经营是否盈利的证明

3. 企业财务审计报告中,表明企业财务会计报表可靠性较高的是(　　)。

    A. 无保留意见审计报告　　　　　　B. 拒绝表示意见审计报告

    C. 否定意见审计报告　　　　　　　D. 保留意见审计报告

4. 以下产能中,最大的产能是(　　)。

    A. 理想产能　　　　　　　　　　　B. 计划产能

    C. 有效产能　　　　　　　　　　　D. 预计产能

5. 某服装厂,现有设备每工时平均生产 40 件女式衬衫。员工数可排一天 3 个班次,一周常规的工作时间为 6 天,每天每个班次工作 8h,工作时间目标为 90%,产品合格率为 95%,该服装厂一周的理想产能是(　　)件。

    A. 6 720　　　　B. 5 760　　　　C. 4 924.8　　　　D. 5 472

6. 外贸跟单员开发产品供应商(生产企业)时,应该选择(　　)。

    A. 产品价格越低越好

    B. 贸易公司,因为贸易公司能提供的产品种类多

    C. 专业生产某一类产品的工厂

    D. 离外贸公司最近的工厂

二、多项选择题

1. 外贸跟单员需和生产工厂的多个部门打交道,如(　　)等。

    A. 业务部　　　B. 采购部　　　C. 生管部　　　D. 制造部

2. 外贸跟单员可以通过(　　)等途径,寻找供应商信息。

    A. 利用网络资源查找或发布信息　　B. 朋友推荐

    C. 参加各类商品展销会　　　　　　D. 专业市场

3. 外贸跟单员利用电子商务网站查找供应商信息,并进行筛选与比较时,要注意(　　)。

    A. 企业类型建议为生产企业,而不是经销批发

    B. 观察工厂地域特征,最终仅在工厂最密集的地域选供应商,其他密集地不考虑

    C. 有多个工厂密集地时,保留和自己公司近的密集地,放弃远的

    D. 供应商选择时,要注意工厂有无出口经验、有无出口相关产品认证等情况

4. 从"宁波蔚蓝贸易有限公司"可以看出该公司(　　)。

    A. 所在地为宁波　　　　　　　　　B. 主营产品为服装

    C. 类型为贸易公司　　　　　　　　D. 类型是有限公司

5. 企业实地考察资料准备有(　　)。

    A. 外贸公司相关资料　　　　　　　B. 外贸跟单员个人名片

    C. 签字笔等记录用工具　　　　　　D. 工厂考察表

6. 外贸跟单员实地考察工厂时,需审查企业生产经营条件,包括(　　)。

    A. 企业生产设备情况　　　　　　　B. 质量管理情况

    C. 生产经营场地情况　　　　　　　D. 企业用工情况

7. 外商验厂时,常对工厂工人的劳工保障、生产安全等方面有一定的要求,这些要求往往参照 SA8000 标准,SA8000 主要包括(　　)。

    A. 健康与安全　　B. 强迫性劳动　　C. 产品标准　　　D. 工作时间

8. 从验厂的内容看,验厂主要包括( )。

    A. 质量验厂   B. 人权验厂

    C. 反恐验厂   D. 对外贸易资质验厂

三、简答题

1. 以阿里巴巴1688平台为例,简述网络寻找供应商资源的步骤。

2. 简述开发供应商时在工厂密集地寻找供货商的好处。

3. 简述开发供应商时,不建议外贸跟单员仅在一个工厂密集地范围内寻找合作工厂的原因。

4. 外贸跟单员在供应商实地考察前需要做的准备工作有哪些?

5. 简述开发供应商时,去企业实地考察的重点。

6. 简述SA8000的主要内容及对外贸跟单员工作的影响。

◆ 技能拓展

1. 小李是某外贸公司跟单员,该公司主要从事LED灯的出口业务。目前公司欲开发新出口产品LED手电筒,目标市场是欧洲、美国。目前合作的LED灯供应商中,也有部分能做LED手电筒,但产量不大。公司要求小李尽快开发几家LED手电筒供应商。要求:主要用于家用与野营、款式多、可接受贴牌、至少100人以上规模的企业。

回答以下提问或完成相关任务。

(1) 通过哪些途径可寻找LED手电筒潜在供应商资源?

(2) 利用网络平台完成LED手电筒潜在供应商资源寻找与初步筛选任务,并做成PPT展示寻找过程、筛选依据与筛选结果。

微课:寻找LED
手电筒供应商
任务说明

(3) 通过网络找到供应商资源后,需要实地考察供应商,考察重点有哪些? 设计工厂考察表。

2. 利用阿里巴巴国内批发平台(1688)查找以下产品的供应商密集地,要求至少找两个省,若密集地中有浙江省的,请将密集地细化到市。

(1)皮鞋;(2)珍珠;(3)保温杯;(4)木质家具;(5)袜子;(6)小五金。

微课:寻找产品
生产密集地和
寻找苏格裙供
货商任务说明

3. 利用1688平台寻找正宗苏格兰裙供应商,和第1题寻找LED手电筒供货商时出现的海量供货商搜索结果不同,在1688平台搜索苏格兰裙较难找到供货商,思考为什么会出现这种情况? 解决办法有哪些?

4. 通过网络寻找到供应商资源后,外贸公司需要对工厂进行实地考察。以LED手电筒供应商查找为例,假设要去走访以下5家从1688平台找到的LED手电筒生产企业。

    A. 宁海县骑骏五金电器厂

    B. 宁海县宇田五金厂

    C. 宁波协生照明工业有限公司

    D. 宁波荣发电器有限公司

    E. 宁波英达五金有限公司

借助地图工具绘制出差路线图,安排出差行程。

微课:绘制
出差路线图
任务说明

项目二

外贸样品跟单

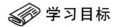 学习目标

知识目标

1. 了解凭样品买卖的注意事项。
2. 掌握样品打样过程中各种外贸样品的英文表达及含义。
3. 掌握样品准备过程中样品制作费、运费处理的一般方法。
4. 掌握小额样品费国际结算方法。
5. 掌握样品寄送国际快递选择的方法。
6. 了解样品管理方法。

能力目标

1. 能根据样品 PI 和打样工厂签订打样单。
2. 熟悉打样流程，能准确传达客户的打样要求或样品修改意见。
3. 能做好样品生产进度及质量跟踪操作。
4. 能选择合适的国际快递寄送样品，并能计算样品寄送费用。
5. 熟悉样品跨境寄送流程，能独立完成样品寄送工作。
6. 能妥善管理各订单下的样品，方便样品的查询与跟踪。

素养目标

1. 打样信息沟通过程中要保持认真负责的态度，能及时、准确地传达客户意见。
2. 处事灵活，能权衡利弊，能给出不同情况下样品制作费、国际运费等样品环节成本费用的分摊方案。
3. 寄样过程中勤做国际快递价格比较，有意识地为企业节约成本费用。
4. 能利用 Excel 表单等工具对样品进行管理，养成良好的信息管理习惯。

 工作任务

工作任务描述

小李刚到浙江迪佳贸易有限公司工作不久，其工作是外贸跟单员。目前小李的主要工作任务是协助公司外贸业务员准备样品（包括业务员谈判过程中需要的样品及外贸合同履约环节外商要求提供的各种样品）。

浙江迪佳贸易有限公司的外贸业务员 Lidia 和德国一外商洽谈一笔女士夹克衫的出口订单。该客户是 Lidia 开发的新客户，资质较好，订单量较大。Lidia 与该外商的谈判过程较为顺利，期间外商要求提供 Pattern Sample。Lidia 让外贸跟单员小李帮忙准备，小李根据要求准备了 Pattern Sample。外商看了样品后，提出了一些修改意见。小李根据要求及时把

样品修改意见传达给了打样工厂。几次修改后,外商比较满意。随后外商和外贸业务员 Lidia 签订了外贸合同,并要求外贸公司在合同签订后尽快寄送 Lab Dips 和 Accessory Material Sample,并在合同签订两周内提供 Approval Sample。之后,还需要提供 Pre-production Sample 和 Shipment Sample。所有样品寄送希望用 DHL,运费预付。

工作任务分解

任务一 根据要求准备样品

作为外贸跟单员,小李必须熟悉不同外贸样品的英文表达及含义,并能根据外商的具体要求提供样品。工作任务描述中提到的这些样品,你都知道是什么样品吗?准备这些样品具体要按哪些步骤进行?一般要注意什么问题呢?外贸跟单员小李需要能够解释上述样品的含义,并知晓准备不同样品时的注意事项。

任务二 寄送外贸出口样品

小李按照外贸样品要求完成打样操作后,还需要将样品及时送达客户。在这个过程中,小李可能会遇到以下工作任务:①寄送样品时,时效和成本都是外贸跟单员需要考虑的。外贸跟单员需熟悉国际物流类型,能根据情况选择合适的国际快递方式寄送样品,并能根据报价计算样品寄送费用。②按照样品寄送的一般步骤及国际快递相关要求完成样品寄送操作。③样品寄出后,外贸跟单员需及时把物流信息告知外商(或告知外贸业务员以转告外商),并跟踪样品送达及客户反馈情况。

任务三 样品修改意见传达

样品寄送外商后,客户有可能会对样品提出修改意见。此时,外贸跟单员要第一时间把样品修改意见准确传达给打样间或打样工厂。本任务中,浙江迪佳贸易有限公司出口的是服装产品,由于服装产品细节多,客户的修改意见可能纷繁复杂。若浙江迪佳贸易有限公司收到的德国客户样品修改邮件如下,请帮助外贸跟单员小李整理出修改意见,传达给打样工厂绍兴佳苑服装厂。

Dear sir,

As for the approval sample, we ordered size S+M+L, but you sent 2S+M! Please pay special attention to avoid this for future. Besides we find some measurement discrepancies as follows:

measurement	S
1/2 waist width	+1cm
total length c. b. from top waist	+2cm
pocket face height insides	+1cm
1/2 bottom width	−1cm

General workmanship discrepancies as follows:

—loose thread ends must be cut off.

—restarted and slanting seams must be avoided!

Please send out size set samples size S+L via DHL with all alterations done as soon as possible.

Yours sincerely

　　SSS trading Co.,Ltd.

Tom Smith

任务执行基础知识

一、凭样品买卖的含义

外贸样品通常是从一批商品中随机抽取出来的或由生产或使用部门设计、加工出来的，足以反映和代表整批商品品质的少量实物。凡是以样品表示商品品质并以此作为交货依据的，称为"凭样品买卖"（sale by sample）。

"样品"是区分凭样品买卖合同与一般买卖合同的根本所在。"样品"的法律本质一言以蔽之，即"标的物的品质"。换言之，样品不是买卖合同的标的物，而是双方当事人对标的物品质要求达成的合意。凭样品买卖合同对标的物的品质要求主要不是在合同中以文字表述来确定，而是以合同文本之外的样品的品质作为标准。一般而言，是否符合样品的品质是确定出卖人所交付的标的物是否符合合同约定的依据。

凭样品买卖属于特殊买卖的一种，其与一般买卖的区别在于，凭样品买卖在订立合同时就存在样品，并且当事人在合同中明确约定"标的物的质量必须与样品的质量保持一致"或"按样品买卖"等字样。如果当事人未在合同中明确规定，即使出卖人已向买方提示了样品，都不是凭样品买卖。

在国际贸易中，与凭文字说明品质条款相比，凭样品买卖看似简单，但对出口方而言却存在很大的风险。在凭样品成交条件下，买方应有合理的机会对卖方交付的货物与样品进行比较，卖方所交货物，不应存在合理检查时不易发现的有导致不合商销的瑕疵。买方对与样品不符的货物，可以拒收或提出赔偿要求。因此出口方在采用凭样品方式表明货物品质时应慎重考虑交易性质和货物自身的特征，以制定适宜的品质条款，降低合同履行时存在的潜在风险。

二、适宜凭样品买卖的商品

由于凭样品买卖对标的物的品质要求主要以样品的品质作为标准，而样品的品质评价标准有时比较难以统一，很难做到"货"与"样"完全一致，容易在履约过程中产生品质方面的争议。因此在没有必要时（用文字、图片等描述品质已经很清楚明了时），商品买卖不宜采用凭样品买卖。只有不能完全使用科学方法和文字数据等来表示品质的商品才适合采用凭样品买卖。例如，皮鞋、服装、土特产、少数轻工产品及工艺美术品等商品，这些商品或在造型上有特殊要求，或具有色、香、味等方面的特征，或其商品质量需通过直观查看、触摸或试用才能感受，类似这样的商品均很难用科学方法描述品质，只有靠直观的样品才能清晰地展现产品的细节与品质，因此采用凭样品买卖。

在当前国际贸易中，单纯凭样品成交的情况不多，在不少场合，只是以样品来表示商品的某个或某几个方面的质量指标。例如，在纺织品和服装交易中，为了表示商品的色泽质量，则采用"色样"（colour sample）；为了表示商品的造型，则采用"款式样"（pattern sample）；而对服装其他方面的质量，如面料成分、组织结构、尺寸信息等，则采用文字描述或图片等其他方法

凭样买卖案例

来表示。

三、凭样品买卖注意事项

1. 选择的样品应具有代表性

样品是最后大货交验的依据,应当能够代表今后交货的实际质量。因此选择样品时,质量不能偏高或偏低。样品质量偏高,给日后交货造成困难,若大货生产无法达到相应质量,会导致违约;样品质量偏低,则不利于获得订单,或影响商品的售价。

2. 尽量以我方样品为依据交易

在采取凭样品买卖时,由于某种商品的特点,"货"与"样"完全一致是很难的,因此外贸企业在成交时应争取以我方提供的样品为依据交货(称为"凭卖方样品买卖",sale by seller's sample),并在合同中订明"品质与样品大致相同"的条款,以争取主动。若不得以要"凭买方样品买卖"时(sale by buyer's sample),卖方应仔细研究买方样品各方面的品质,看是否有足够的能力生产。同时,也可把我方复制的产品寄给对方,并询问对方我方样品是否也能满足对方对品质的要求,以降低合同风险。

3. 对品质无绝对把握时应在合同中列明

采用凭样成交而对品质无绝对把握时,应在合同条款中做出灵活的规定。例如,交易的商品为农产品时,由于农产品的特殊性,交货品质和样品很可能会有一定的出入,对于这些买方对品质无绝对把握的货物,可在买卖合同中特别订明:"品质与样品大致相同"(quality shall be about equal to the sample)或"品质与样品近似"(quality is nearly same as the sample)。为了预防因交货品质与样品略有差异而导致买方拒收货物,也可在买卖合同中订明:"若交货品质稍次于样品,买方仍须收领货物,但价格应由双方协商相应降低。"(Should the goods be slightly inferior in quality to the sample, the buyer shall take delivery of the goods on condition that a reasonable allowance be made on the contract price by subsequent mutual negotiation.)当然,此项条款只限于品质稍有不符的场合,若交货品质与样品差距较大,买方仍有权拒收货物。

4. 注意封存样品

为方便判断出卖人交付的标的物是否与订立合同时的样品保持同一质量,避免双方当事人在发生争议时各执一词、口说无凭,《中华人民共和国民法典》第六百三十五条规定:凭样品买卖的当事人应当封存样品,并可以对样品质量予以说明。出卖人交付的标的物应当与样品及其说明的质量相同。外贸订单封存样品应买卖双方各执一份,以便于双方对样品进行对比、确认。

任务操作指导

任务一　根据要求准备样品

在外贸业务谈判过程中,或在外贸业务履约过程中,外商要求寄送样品的,外贸跟单员便需要根据要求联系打样工厂,及时准备各种样品。在准备样品的过程中,外贸跟单员首先要理解外商要求提供的样品的要求，其次要熟悉样品准备的步骤，并能够处理样品准备过程中的各种突发情况。因此，本任务可以分解为以下两个小任务：一是认识样品；二是准备样品。

一、认识样品

在准备样品之前，外贸跟单员必须很好地理解各外贸样品的含义，知晓相应样品准备的一般注意事项。外贸业务磋商过程中及合同签订后，都会涉及各种样品，一般常见的有宣传推广样、参考样、测试样、修改样、确认样、销售样、产前样、生产样、出货样等。对于本任务中的服装类样品，除这些常见样品外，还需要知晓外贸服装样品的专业表述。

（一）常见外贸样品

1. 宣传推广样（promotion sample）

微课：样品英文表达及含义

宣传推广样，顾名思义，是外贸企业用于宣传推广的样品。外贸企业选取部分有代表性的、能代表今后交货质量的产品，打样后做成宣传册或将样品用于贸易展会等，以吸引外商订购的样品。此类样品能反映出商品品质的基本面貌，实际交易产品可在宣传推广样的基础上做改动。

2. 参考样（reference sample）

参考样是指买卖双方提供的仅作为双方谈判参考用的样品。参考样不作为正式的检验依据，只作为产品品质、样式、结构、工艺等方面参考用。上述宣传推广样也是参考样的一种，仅作为双方谈判的参考。

3. 测试样（test sample）

测试样即做测试用的样品。例如，某企业出口宠物梳刀片时，欧洲外商要求寄送测试样做环保方面的测试，包含邻苯测试、5P＋铅含量测试等。欧盟法规规定"与人和动物接触的器具要符合欧盟有害物质或者安全的测试要求"，测试样能否通过直接关系到能否顺利签订外贸订单。

4. 修改样（modified sample）

修改样即根据外商要求修改后的样品。有时外商会要求多次修改样品，为方便管理，每次的修改样品通常按顺序被标记为修改一样、修改二样等。

5. 确认样（approval sample）

确认样是指经买卖双方认可，客户签字确认的样品。一旦确认，企业就要据此来生产大货。确认样也是最后纠纷索赔的重要依据。因此这个样品很重要，一定要打好。同时要注意大货生产的难度，不要为了获取订单，打确认样时一味追求高品质，而忽略大货工艺，打出大货生产工艺达不到的样品。

确认样寄出前，外贸跟单员需从以下几个方面对样品进行检查。

（1）所选的材料是否与客户要求完全一致。

（2）样品各个部位的尺寸是否与客户的图纸完全一致。

（3）样品的颜色和包装是否与客户的要求完全一致。

（4）样品的数量是否与客户的要求完全一致。

（5）是否做好了留样。

6. 销售样（salesman sample）

有些客人在下大货之前，会要求根据确认样先做少量的货，用于展销会的展样，或在门店做试销售的试卖样,这种样品称为销售样,也可叫大样、行街样,英文为 salesman sample,可以缩写为 SS 或 SMS。销售样的目的是通过展销等获得订单,或通过门店等的试销售了解产品的市场情况,然后根据情况选择销量较好的款式签订外贸合同。

7. 产前样(pre-production sample)

产前样是指大货生产初期需寄客户确认的样品。一般是客户为了确认大货生产的产品原材料、工艺等是否正确,而向卖方提出的基本要求之一。产前样需使用大货生产用的原材料,并和大货生产的工艺等保持一致。产前样寄送客人后,一旦得到客户确认就可以做大货了。

8. 生产样(production sample)

生产样是大货生产过程中随机抽取出来反映大货品质的样品,又称大货样。生产样需和之前寄送的样品一致,若出现客人无法接受的质量偏差,可能会导致客人拒收该批货物。

9. 出货样(shipment sample)

出货样是产品已经做好出货准备,准备装船前的样品,又称船样。船样和生产样一样,是大货品质的反映。

一般来说,新单(第一次和某个客人合作或第一次生产类似产品)会被外商要求寄送产前样或船样,或两者都寄送,以便及时发现问题。而老客户的单,尤其是翻单①时,因为外商对我方提供的产品质量已经有了一定的了解,此时一般只要求我方寄送船样。

除上述常用样品外,外贸交易过程中还可能碰到一些其他的外贸样品。例如:①初样(initial sample)。即初次打的样品。②原样(proto sample)。一般指买方寄送给卖方,作为产品生产参考标准的样品,也可以指初次打的样品。③对等样(counter sample)。如果卖方认为按买方样品供货没有把握时,卖方可根据买方的来样仿制或从现有货物中选择品质相近的样品提交买方。这种样品称为对等样品(counter sample)或回样(return sample)。④复样(duplicate sample)。向国外客户寄送代表性样品时,应留存一份或数份同样的样品,已备日后交货或处理争议时核对之用,这些留存的样品便叫复样,或称留样。

(二)外贸服装样品

除上述外贸常用样品外,对于不同的行业,还有各种与行业对应的专业样品表述。本任务中涉及的产品是服装,服装行业往往将服装样品的"××样"称为"××办",如款式办、试身办、跳码办、齐色齐码办等②。常见外贸服装样品如下。

1. 初办(initial sample)

初办是将客户的构思、图像、文字及概念等资料化为实物的样品,也可以叫作头办(first sample)、原办(proto sample),也有企业叫作发展办(development sample)。初办只是一个供客人做参考的样品,主要目的是看款式、工艺,因此也可以叫作款式办(pattern sample)。

初办大多由办方按客户给的资料(tech pack)来制作,做办所需的面辅料一般客供或用库房现有库存,码数通常做基码(以女装为例,M 码是工厂打样时最常采用的基码),或根据客人要求制作。

2. 会议办(meeting sample)

会议办可能在初办前制造,一般是设计师按照产品图像、概念及构思等做成的成品,供

---

① 或称返单(reorder),是对产品的重新订购。

② 在广东话中,"办"和服装样板的"板"同音,鉴于广东服装产业的影响力,行业内一般用"办"表示"样板"。类似的还有用"克色"(广东话)表示"黑色"等。

客户或部门开会时讨论用。

3. 试身办（fitting sample）

试身办一般在初办或会议办的基础上根据客人修改意见来制造，主要目的是看试身效果，并在此基础上对服装工序及各部位的尺寸进行整理，作为日后生产大货的基础。试身样可能会根据试身效果多次修改，直到客人在最后一办上盖章，批审通过。最后批审通过的样品通常作为确认样（approval sample）保存，因此也有企业将这个阶段的样品叫作批办。批办制造期间，客户也可以同时要求提供其他的办类，以满足其他需求。

4. 跳码办（size set sample）

跳码办的打制一般已进入客人下订单的阶段。外商可能会要求将订单的部分码数先行做出成品以查看各部位尺寸。通常提供最小码、中间码、最大码等部分尺码，而不是全套尺码，因此被称为"跳码"样，而不是"齐码"样，具体尺码、数量等要求根据客人要求制作。

5. 齐色齐码办（size/color set sample）

齐色齐码办，顾名思义，就是提供和订单要求相符的颜色齐全、尺码齐全的样品。服装产品在打制销售样时通常就要求齐色齐码，客户一般将齐色齐码的销售样用于展销会等获得订单，或通过试销售看各款式的市场需求情况，之后再向我方下大货。

6. 色办（lap dips）

色办是用于大货布料、辅料等染色前做染色试验用的。染厂根据外商指定的标准色来染色，一般需染出 A、B、C 三个样板供外商选择，外商确认其中一个样板后，染厂就可以根据这个色样的配方来染大货色，这样可以确保大货颜色的准确性。

色办相关知识详见资料 2-1。

7. 先行办（bulk sample）

先行办又称货前办，和产前样类似，是大货生产前做的，不同的是产前样通常是外商要求寄送的，而先行办不是外商要求做的，也不用给外商批。但如果工厂觉得某些地方工艺需要改动的话，就要通知外贸跟单员与外商磋商，外商同意后做相应改动。先行办有时候也可以不做，例如翻单的时候，因为已经做过一样的产品了，便也不用再做先行办了。但如果翻单的大货布是新布的话，一般也要做先行办。

先行办需要用大货布做，主要是看工艺、尺寸、缩率、所需机器等在大货生产时有无问题。车间做先行办后交由 QC 检查，主要检查款式、尺寸、做工等方面有没有问题，接着 QC 把检查报告交给纸样、车间、洗水部等相关部门参考。若检查过程中发现问题，需要在检查报告和纸样上备注，例如，若洗/烫后尺寸有问题，就要在纸样上做相应的修改备注。

8. TOP 办

TOP 办在服装出口时一般指的是大货样或船样，是在大货中抽取的可代表大货质量的办衣，通常是在走货前两周寄给客户确认，具体时间视外商要求而定。

9. 水洗办（washed sample）

水洗办又称洗水办，是经过水洗机做洗水处理后的样品。例如，当需要做服装面料的缩水测试（洗水后的尺寸稳定性）或面料的特殊洗水处理时，便会产生水洗办。面料的特殊洗水处理在牛仔面料服饰中很常见。为了做出牛仔的特殊效果，会采用普洗（garment wash）、石洗/石磨洗（stone wash）、酵素洗（enzyme wash）、雪花洗（snow wash）等不同的洗水方法。做缩水测试时，一般需要备份一件洗水前的样品，以便做完洗水后，做比较用。比较结果将作为生产过程中的参考，若缩水率比较大（洗水后的尺寸稳定性不佳），面料在服装生产前有必要做预缩处理。

10. 影相办（photo sample）

影相办又称照相办，一般是用来做产品拍摄的样品，拍摄的照片主要用于制作产品册或产品宣传资料，以便日后进行产品销售宣传，或用于向客户推介产品。照相样主要看款式，用于产品宣传的色彩参考，其颜色可能会依据拍摄效果而提出和其他样品不一样的要求。

服装洗水
专业术语
（中英文）

11. 刺绣/印花办（embroidery/printed sample）

刺绣/印花办主要是看绣花或印花的效果，是对面料或成衣等进行绣花或印花处理后的样品。

12. 半成品（mock）

服装半成品样也可以叫"部分缝"，外商要求做半成品的用意大多是在制造完整的成品前，特别地看看服装某些重要部位的工序及效果是否完善，如绣花、钉珠、皱褶或洗水等工艺效果是否令外商满意。通过这个部分缝制的半成品可以及时发现问题，避免日后完成成品才发现问题，有助于提高工作效率。

此外，做OPA（outward processing arrangement）单的时候，企业将成衣部分工序放到中国境外生产，再退回中国境内完成成品。其中的半成品会交由海关记录，因此半成品有时又称海关办（OPA）。

13. 辅料样（accessory material sample）

制作服装需要各种辅料，如拉链、纽扣、吊牌、价格签、洗标、纱线等，每一个辅料都要认真对待，辅料出现问题也会影响交易的正常进行。例如，服装都要需要有洗水标（care lable，又称洗水唛或成分唛），外贸跟单员在准备洗水标样品的时候，要注意外商要求是织唛，还是印唛，还需要了解印刷多少种语言等。

以上是较为常见的服装样品，当涉及服装具体类别时，样品的种类会更加丰富，如牛仔服装的磨砂样、喷砂样等。

服装印花专业
术语（中英文）

📁 本任务中需准备的样品及注意事项

需要准备的样品有以下五种。

（1）Pattern Sample（款式样）。此办在本任务中出现在外贸业务员和外商谈判的环节，目的是看服装的款式效果。外贸跟单员小李准备此办时，要注意外商的款式要求，保证质量，以争取获得订单。

（2）Lab Dips 和 Accessory Material Sample（色样和辅料样）。外商要求在合同签订后立即寄送色样和辅料样。

色样需要根据外商的色卡要求，打制 A、B、C 三个样板供外商选择，外商确认其中一色后，染厂就可以根据这个色样的配方来染大货色，这样可以确保大货颜色的准确性。色样的检测需要在标准光源对色灯箱内进行，并根据客户情况采用不同的对色灯管，如 D65 灯管为国际标准人工日光，适用于大部分客户；TL84 灯管为欧洲、日本、中国商店光源；CWF 灯管则是美国冷白商店光源等。当同一布料的检测颜色出现多色时，还可采用不同的灯管测试同色异谱①等情况。本案例中的客人来自德国，建议采用 TL84 灯管验色。

辅料样根据客户要求寄送即可。

---

① 同色异谱是指同一组颜色，在不同的灯光条件下，由于光谱反射曲线不同，而导致在某些灯光条件下这一组颜色匹配（颜色搭配）比较和谐，但在另一些灯光条件下不和谐的现象。

(3) Approval Sample(确认样)。外商要求订单签订后两周内提供确认样,确认样应该在谈判的基础上,根据外商的要求打制。外贸跟单员小李要注意确认样衣的质量,并注意服装大货生产是否能符合样衣的品质。确认样品寄送后,则要注意跟踪客户反馈。对客户在较长时间后才确认的确认样,后续订单跟踪要十分注意。因为长时间才确认的客户可能比较挑剔,这类订单的索赔率相对较高,要做紧密跟踪。

(4) Pre-production Sample(产前样)。此样品是外商为了确认大货品质,而在大货生产初期要求我方寄送的样品。产前样的生产必须用正确的大货面料和辅料,并使用大货工艺生产。跟单员小李要确保产前样按要求生产,并能客观公正地反映大货的品质。此办是做大货生产的完全参照办,客人可能要求修改多次。产前样确认后,方可生产大货。

(5) Shipment Sample(出货样(船样))。此样品在产品出货前寄送,外商满意后即可出货,一般要求包装资料齐全。首先,跟单员小李要在规定时间内寄送样品,不拖拉,以免耽误大货的运输;其次,出货样是在大货生产中选出的反映大货质量的样品,跟单员在选择出货样时,要尽量客观。

除上述样品外,有些客户可能会要求打测试样(办),测试办通常是用来测试大货面、里布是否合格、车缝接缝滑移的强度、各辅料是否有褪色及沾色,以及环保方面是否符合客人要求等。通常需提供每款2件,1件用作测试,另1件用作测试后的对照,以做出对比测试报告。有些测试可能需找有资质的测试公司做,外贸跟单员需及时跟进测试报告的情况。

📖 资料 2-1

色办相关知识

潘通(Pantone)
色卡

1. 常见国际标准色卡

色办(色样)是根据外商的色卡要求打制的,一般国际上常见色卡有美国 Pantone(潘通)色卡、德国 RAL(劳尔)色卡、瑞典 NCS 色卡、日本 DIC 色卡、Munsell(蒙赛尔)色卡等,如表 2-1 所示。

表 2-1　国际常用色卡简介

色 卡 名	图 片	备 注
Pantone(潘通)色卡	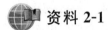	美国色卡品牌,提供平面设计、服装家居、涂料、印刷等行业专色色卡。是目前国际上最广泛应用的色卡
RAL(劳尔)色卡		德国色卡品牌,又称欧标色卡。目前有 RAL-K7、K5、D2、E2 等系列。用于专业色彩设计,对建筑业尤其有用,在国际上使用较多

续表

色 卡 名	图 片	备 注
NCS 色卡		瑞典色卡品牌,其研究始于1611年,现已经成为瑞典、挪威、西班牙等国的国家检验标准。它是欧洲使用最广泛的色彩系统
DIC 色卡		日本色卡品牌。专门用于工业、平面设计、包装、纸张印刷、建筑涂料、油墨、纺织、印染、设计等领域
Munsell(蒙赛尔)色卡		美国色卡品牌,分为设计师系列和政府与工业标准系列。广泛用于艺术设计、包装产品设计、色彩详述及质量控制等行业

2. 企业自制色卡

对于色样的颜色描述,有的企业会根据自身的生产制作情况整理出自己工厂的色卡,用于谈判时展示交流或企业内部生产使用。表 2-2 是某企业自制色样标签表(部分),扫右侧二维码查看彩色色样。随着潘通色卡的普及,现在企业一般都用国际标准色卡进行对色、选色和调色,但也有企业限于自身的染色区间等,保留了自己的色卡。

某企业自制色样标签表(部分)

表 2-2 某企业自制色样标签表(部分)

颜 色	颜色名	中文名称	Hex RGB	十进制(Decimal)
	Light Pink	浅粉红	＃FFB6C1	255,182,193
	Pink	粉红	＃FFC0CB	255,192,203
	Crimson	深红(猩红)	＃DC143C	220,20,60
	Lavender Blush	淡紫红	＃FFF0F5	255,240,245
	Pale Violet Red	弱紫罗兰红	＃DB7093	219,112,147
	Hot Pink	热情的粉红	＃FF69B4	255,105,180
	Deep Pink	深粉红	＃FF1493	255,20,147
	Medium Violet Red	中紫罗兰红	＃C71585	199,21,133

续表

颜　色	颜色名	中文名称	Hex RGB	十进制（Decimal）
	Orchid	暗紫色（兰花紫）	♯DA70D6	218,112,214
	Thistle	蓟色	♯D8BFD8	216,191,216
	Plum	洋李色（李子紫）	♯DDA0DD	221,160,221
	Violet	紫罗兰	♯EE82EE	238,130,238
	Magenta	洋红（玫瑰红）	♯FF00FF	255,0,255
	Fuchsia	紫红（灯笼海棠）	♯FF00FF	255,0,255

3. 标准光源

不同光源拥有不同的辐射能量，照射到物品上时，会显现不同的颜色，即不同光线下看同一颜色时是有差异的。在颜色检验过程中，品检员即便已仔细地对比过货品的颜色，但因为环境光源不标准或与客户所使用的光源不一致，货品色差很难判定。客户验货时会因为色差超出标准范围而投诉，甚至退货，从而严重影响公司商誉。

要解决上述问题，最有效的方法就是在检验货品的颜色时，在相同的光源及可控制的条件下进行。标准光源即提供了这样一种条件。例如，国际通用标准中常采用七色人工日光（CIE D65——Artificial Daylight 6 500K 色温）作为评定货品颜色的标准光源。此外，还有TL84、CWF、F、UV、U30 等标准光源，用于满足不同客户的光源条件要求及同色异谱检验等。这些国际标准光源的具体信息如表 2-3 所示。

表 2-3　国际标准光源简介（部分）

光源名	光源描述	适用范围
D65	Daylight-Neutral，国际标准人工日光 色温：6 500K	代替自然光对色，适合大部分客户
TL84	TL84 Fluorescence，欧洲商业荧光灯 色温：4 000K	模拟欧洲、日本商店灯光，欧洲及日本客户常用
CWF	Cool White Fluorescence，美国商业荧光灯，冷白光 色温：4 150K	美国商店或办公室光源，美国客户常用
F	F Fluorescence，模拟的夕阳光 色温：2 700K	家庭酒店用灯，比色参考光源
UV	Ultra-Violet，紫外光	用于检测荧光增白剂
U30	Ultralume 3000 Fluorescence，美国商业荧光灯，暖白光 色温：3 000K	部分美国客户指定商店光源，如沃尔玛（Walmart）、西尔斯（Sears）等

标准光源广泛应用在各行各业的颜色管理领域，用于准确校对货品的颜色偏差。特别是夜班时间，使用标准光源检测货品颜色偏差尤其重要。

二、准备样品

前述样品中,有些样品出现在交易磋商阶段,如宣传推广样、参考样、测试样、修改样等,这些样品数量一般较少,通常在工厂打样房完成,而不是在大货流水线上完成。对于这些样品,外贸跟单员需联系打样工厂或自己公司的打样间,按要求打制,一般按以下步骤进行。

1. 查看样品 PI,熟悉样品要求

为保证外贸跟单员经手资料的准确性,外贸业务员应将经过外商确认的样品 PI[①](资料 2-2)交给外贸跟单员。外贸跟单员在准备样品前,需根据样品 PI 上的信息,确认客户需要的产品型号、规格、数量等,熟悉客户提出的要求,并整理客户提供的各种资料,如客纸板、客原样、产品相关参数等。外贸跟单员在样品准备时要和客户要求一致,避免返工。

2. 填制样品订购单(打样单)

外贸跟单员在确认样品要求后,需及时联系打样工厂安排打样事宜。此时,外贸跟单员需填写样品订购单(打样单)。打样单内需写明样品生产单位信息、样品数量(在客户要求数量上增加一定数量,做留样或检验等用)、样品交期及样品细节等详细信息,对于服装样品,需有服装厂名称及地址、样衣数量、样衣交期、样衣类别、尺码、款式图片、面料/里料/衬布的品号/颜色等信息。此外,还会有样品费返还要求、送样地址等信息。详细可参看资料 2-3 的打样单举例。打样单经过双方确认后,方可打制样品。

3. 打样跟踪

打样跟踪的关键是保证样品交期及质量。打样跟踪和生产跟踪一样,理论上主要包括产品原材料采购跟踪、进度跟踪及产品质量跟踪。不同的是,打样的周期一般较短,有的一两天就要把样品打出来,因此打样主要从终端样品的接收情况进行跟踪。若样品没有及时到达或样品质量出现问题,再联系打样工厂及时解决。

4. 样品验收

样品按时送达外贸公司后,外贸跟单员不能急于将样品寄给外商,而是要在必要的质量检查后才能寄出。若外商有检测要求的,跟单员还要联系相关部门或公司做检测,并出具检测报告。若样品有少许瑕疵或生产失误,在不是确认样的情况下,可在注明瑕疵点或不符点后和外商协商,看是否需要重新打样。样品寄送外商后,外贸跟单员要将留样等贴上样品标签保存。

还有些样品则出现在交易履行阶段,此阶段的样品是反映大货生产质量而在大货生产初期、大货生产过程中及大货生产即将完成时在大货中抽取出来的。此类样品主要包括产前样、大货样、船样等,有时确认样也在生产初期寄送。这些样品不是专门由打样车间或打样工厂打制出来的,而是在生产过程中从成品中抽取出来的。对于这类样品,外贸跟单员在准备过程中,一是要注意样品的抽取原则,不能一味选择生产中表现最好的样品,而是要选

---

① 样品 PI,即样品形式发票。

择能客观反映大货质量的样品；二是要注意样品交期，及时寄送样品；三是要注意样品质量的把关及留样的保存工作。

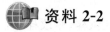 **资料 2-2**

样品 PI

浙江迪佳贸易有限公司在某次外贸磋商过程中，外商要求寄送样品，样品 PI 如下。

ZHEJIANG DIJIA TRAGDING CO.，LTD.

TO：AFRO Co.，Ltd.　　　　　　　　　INVOICE NO.：YH2022L001

30 NEVILLES ROAD，HAMBURG，GERMANY　　INVOICE DATE：Jun. 03，2022

ART. NO.	DESCRIPTION	Quantity (piece)	Sample price (EUR)	Amount (EUR)	Freight cost for sample (EUR)	Picture
	LADIES JACKET，fur at collar，with sliver colored buttons，2 pockets at front and 2 pockets with flaps at chest，inside pocket & inside mobile phone pocket	1	25.00	25.00	40.00	
Total Amount		EUR65.00				
SAY TOTAL		EUR SIXTY FIVE ONLY				

BENEFICIARY　ZHEJIANG DIJIA TRAGDING CO.，LTD.

　　　　　　Add：#105 JIAYUAN ROAD HANGZHOU，ZHEJIANG CHINA

　　　　　　TEL：86-571-56251243　　　FAX：86-571-56251240

　　　　　　E-mail：sales. lin@gmail. com

ADVISING　BANK：

　　　　　　HANGZHOU COMMERCIAL BANK

　　　　　　A/C NO.：65508 90276

　　　　　　CHIPS UID NO.：406788；SWIFT CODE：BKNBCN2N

　　　　　　SIGNED BY：ZHEJIANG DIJIA TRAGDING CO.，LTD.

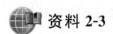 **资料 2-3**

打 样 单

浙江迪佳贸易有限公司

样品打样、调样单

联 系 人：裘慕容	编制日期：2022-06-04	更新日期及版本：　1
联系电话：0571-86251243	传　　真：0571-86251240	E-mail：davis. qiu@zjxr. cn
批 准 人：胡光耐	联系电话：0571-56251241	E-mail：simon. hu@zjxr. cn

供应厂商	绍兴佳苑服装厂				打样编号		HY070520111117-01		
卖方区域					到样时间		2022-06-10		
开票情况	□ 17％　　□ 3％　　□ 不开票				环保要求				
产品相关细节									
NO.	工厂型号	产品名称	材质	颜色	图片	LOGO 要求		数量	合计费用
1		女士夹克衫	全棉	灰色				2	180.00
2									

产品细节	NO.	详 细 描 述
	1	见附件(包括样衣尺码、款式图片、面料/里料/衬布的品号/颜色,以及工艺说明等信息)
	2	

收款账户	开户银行	工商银行
	账　　号	6222 0233 0302 4291 610
	收 款 人	张望

样品费返还要求	☑下单后直接返还 __80__ ％	□ 累计下单量达 _____ 后返还 _____ ％

送样地址	公　司:浙江迪佳贸易有限公司 地　址:浙江杭州家园路105号 联系人:裴慕容　手　机:13566615945

📁 本任务中样品准备步骤及注意事项

如上所述,本任务中共涉及款式样、色样、辅料样、确认样、产前样、出货样(船样)六个样品。

其中,款式样、色样、辅料样、确认样的准备要按照以下步骤进行:①查看样品 PI,熟悉样品要求。外贸跟单员小李要确认客户需要的产品型号、规格、数量等,熟悉客户提出的要求。②填制样品订购单(打样单)。打样单要全面反映客户对样品的各项要求,并注意打样数量上要根据情况有所增加,以备测试或留样等用。③打样跟踪。主要跟踪样品原材料采购与样品的生产进度,以便按质按时交货。④样品验收。样品寄送外商之前做好必要的样品检验,并注意样品寄送外商后,要将留样贴上样品标签保存。

另外两个样品,即产前样和出货样,出现在大货生产初期和大货出货前。准备这两个样品时,一是要注意样品的抽取原则,不能一味选择生产中表现最好的样品,而是要选择客观反映大货质量的样品;二是要注意样品交期,及时寄送样品;三是要注意样品质量的把关,以及留样的保存工作。

任务二　寄送外贸出口样品

小李按照外贸样品要求完成打样操作后，还需将样品及时送达外商。在这一操作过程中，外贸跟单员不仅要熟悉国际快递的种类，而且能根据费用、时效等情况选择合适的国际快递公司寄送样品，需熟悉国际快递寄送的一般步骤，完成寄样操作。

一、样品寄送方式

为提高谈判或交易的效率，一般情况下，样品寄送以空运为主。当寄样时效要求不高时，如生产样的寄送，也可选择水陆等运输方式。实际工作中，下面这些方式是比较典型的样品寄送方式。

微课：外贸样品
寄送物流

（一）国际航空快递

外贸样品寄送通常对时效的要求比较高，特别是在谈判环节，要想在竞争中获胜，就要保证样品寄送的效率。因此，外贸公司通常会选择四大国际快递公司寄送样品，它们是FedEx（联邦快递）、DHL（中外运敦豪）、TNT快递、UPS（联合包裹）等。这些快递公司均有提供不同速度的物流产品，通常2～7天可以到达大部分国家，有时甚至一天就可以到达。但它们的费用也很高，以FedEx国际优先快递服务为例，2021年1月官方公布的部分收费标准如图2-1所示（完整版可扫资费表下方的二维码查看）。除了基本资费，四大国际快递公司还要收取燃油附加费。FedEx国际优先快递服务的燃油附加费百分比按照每周公布的美国墨西哥湾沿岸（USGC）航空燃料指标中每加仑航空燃油的实时价格每周进行调整，通常在10%以上。以这样的标准，在没有任何运费折扣的情况下，寄送一个重量为1kg的样品到美国的费用在500元以上。

外贸公司可以根据国际快递公司的费用、寄送时效及清关优势等情况综合考虑，选择合适的快递公司。例如UPS在美国、加拿大、墨西哥的时效性较好，外贸公司拿到的折扣价格也较低，那么外贸公司寄送这些国家的样品就可以优先考虑用UPS寄送。

国际优先快递出口

FedEx Express 联邦快递

中国快件出口推广价目表
（只适用于广东及福建省）
国际优先快递服务
（此价格不包括燃油附加费和其他附加费）

生效日期：2021年1月4日

人民币 主要目的地	A² 香港,澳门	B 台湾,新加坡,韩国	C 日本	D 印度尼西亚,菲律宾,泰国,越南	E 澳大利亚,新西兰,柬埔寨	F 德国,英国,法国	G 巴西,智利,阿根廷	H 南非,阿拉伯联合酋长国	1 美国西部	2 美国其他地区,加拿大,墨西哥
快递封（FedEx Envelope） 0.5公斤	190.00	197.00	185.00	203.00	289.00	338.00	385.00	417.00	349.00	349.00
快递袋（FedEx Pak） 0.50公斤	197.00	216.00	216.00	251.00	323.00	381.00	395.00	449.00	361.00	361.00
1.00	227.00	295.00	297.00	332.00	425.00	524.00	545.00	618.00	494.00	494.00
1.50	258.00	372.00	373.00	409.00	523.00	661.00	688.00	779.00	627.00	627.00
2.00	289.00	449.00	448.00	483.00	606.00	792.00	828.00	927.00	746.00	746.00
2.50	310.00	525.00	526.00	558.00	702.00	935.00	969.00	1,090.00	874.00	874.00
国际优先快递 International Priority (IP) 0.50公斤	197.00	319.00	302.00	341.00	352.00	457.00	565.00	583.00	389.00	400.00
1.00	235.00	389.00	384.00	418.00	461.00	577.00	710.00	738.00	513.00	524.00
1.50	273.00	459.00	466.00	495.00	570.00	697.00	855.00	893.00	637.00	648.00
2.00	311.00	529.00	548.00	572.00	679.00	817.00	1,000.00	1,048.00	761.00	772.00
2.50	349.00	599.00	630.00	649.00	786.00	937.00	1,145.00	1,203.00	885.00	896.00
3.00	385.00	673.00	700.00	728.00	889.00	1,068.00	1,296.00	1,364.00	1,011.00	1,022.00
3.50	421.00	747.00	770.00	807.00	990.00	1,199.00	1,447.00	1,525.00	1,137.00	1,148.00
4.00	457.00	821.00	840.00	886.00	1,091.00	1,330.00	1,598.00	1,686.00	1,263.00	1,274.00
4.50	493.00	895.00	910.00	965.00	1,192.00	1,461.00	1,749.00	1,847.00	1,389.00	1,400.00

图 2-1　FedEx 国际优先快递服务收费表（部分）

资料来源：联邦快递官方网站，https://www.fedex.com/zh-cn/shipping/rates.html。

（二）中国邮政速递服务

除了国际四大快递公司,中国邮政也有推出时效性较好的国际快递服务,例如国际EMS速递服务。EMS 国际快递与 FedEx、DHL、UPS、TNT 相比,具有以下特色或优势:①EMS 是中国邮政速递公司和全球邮政万国联盟推出的全球特快专递服务,通达世界各个角落,全球无偏远,可通邮全球220 多个国家和地区。②EMS 国际快递属于邮政渠道,与一般的商业快递不同,采取的是批量清关模式,清关效率高,通关能力强。③EMS 运费在规定尺寸范围内不计体积重。这是 EMS 国际快递的显著优势,国际商业快递一般会先计算样品的实际重量和体积重量,取最大值来计算运费。而 EMS 国际快递只收取实际重量,在规定尺寸范围内不考虑体积重,这对于重量较轻、体积却较大的样品来说有一定的费用优势。④EMS 国际快递可以提供免费的海外退件。假如出现样品到达目的国,但在清关问题上发生意外被当地海关拒收的情况,EMS 国际快递可以免费将包裹退回起运地。而同等情况下,国际商业快递则通常会产生较高的退运费用。

FedEx 国际优先
快递服务收费表

因此,有时外贸公司也会选择中国邮政国际 EMS 速递作为样品寄送的方式。目前,中国国际 EMS 速递收费表如表 2-4 所示。以这样的标准,寄送一个重量为 1kg 的样品到美国的费用是 315 元。

表 2-4　中国国际 EMS 速递收费表　　　　　　　单位:元

资费区	国际及台港澳特快专递(EMS)通达国家/地区	起重 500g 及以内		续重每 500g 或其零数
		文件	物品	
一区	中国香港　中国澳门　中国台湾	90	130	30
二区	朝鲜　韩国　日本	115	180	40
三区	菲律宾　柬埔寨　马来西亚　蒙古国　泰国　新加坡　印度尼西亚　越南	130	190	45
四区	澳大利亚　巴布亚新几内亚　新西兰	160	210	55
五区	美国	180	240	75
六区	爱尔兰　奥地利　比利时　丹麦　德国　法国　芬兰　加拿大　卢森堡　马耳他　挪威　葡萄牙　瑞典　瑞士　西班牙　希腊　意大利　英国	220	280	75
七区	巴基斯坦　老挝　孟加拉国　尼泊尔　斯里兰卡　土耳其　印度	240	300	80
八区	阿根廷　阿联酋　巴拿马　巴西　白俄罗斯　波兰　俄罗斯　哥伦比亚　古巴　圭亚那　捷克　秘鲁　墨西哥　乌克兰　匈牙利　以色列　约旦	260	335	100

续表

资费区	国际及台港澳特快专递（EMS）通达国家/地区	起重 500g 及以内		续重每 500g 或其零数
		文件	物品	
九区	阿曼　埃及　埃塞俄比亚　爱沙尼亚　巴林　保加利亚　博茨瓦纳　布基纳法索　刚果（布）　刚果（金）　哈萨克斯坦　吉布提　几内亚　加纳　加蓬　卡塔尔　开曼群岛　科特迪瓦　科威特　克罗地亚　肯尼亚　拉脱维亚　卢旺达　罗马尼亚　马达加斯加　马里　摩洛哥　莫桑比克　尼日尔　尼日利亚　塞内加尔　塞浦路斯　沙特阿拉伯　突尼斯　乌干达　叙利亚　伊朗　乍得	370	445	120

注：1. 本资费分区与标准自 2010 年 4 月 10 日起执行。

2. 邮件体积重量大于实际重量的按体积重量计收资费。体积重量计算办法具体请咨询 11183 或邮件收寄服务人员。

3. 上述费用为服务费用，不含详情单、封套及包装用品费用，其他收费标准详情可咨询当地营业部或邮件收寄人员。

资料来源：http://www.ems.com.cn。

（三）其他

除前述的四大国际商业快递和中国邮政速递服务外，也有其他商业公司提供国际快递业务，例如国内的顺丰、圆通等物流公司都可以提供国际速递业务。这些速递业务共有的特点是速度快、费用高。但有时外贸公司寄送样品对速度的要求并不那么高，例如外贸公司为拓展客户寄送产品宣传样，或寄送生产过程中的生产样时，通常对时间的要求并不是那么高。此时，为节约样品寄送费用，外贸公司也可以选择一些相对比较慢，但价格比较低的方式寄送样品。

以中国邮政为例，它们推出的"中国邮政航空小包""中国邮政航空大包"，以及在两者基础上优化而产生的"国际 e 邮宝（epacket）""e 速宝小包""e 速宝专递"等业务都属于国际经济快件，这些经济型快件的特点是"经济"，即费用低，缺点是速度慢。下面以"中国邮政航空小包""中国邮政航空大包"为例，对这一类快递进行简单的介绍。

1. 中国邮政航空小包（China Post Air Mail）

中国邮政航空小包以航空邮件的形式发到国外，其优势是价格非常低（按克收费，8 元起寄遍全球 200 多个国家）。但 China Post Air Mail 相对 EMS 时效方面慢很多，投递时效在 7～30 天，且单票货物不能超过 2kg。和国际 EMS 一样，中国邮政航空小包在规定体积内不计算体积重量，没有偏远附加费，适合邮寄较轻的产品，尤其是重量轻、体积大的轻抛货。

2. 中国邮政航空大包（China Post Air Parcel 或 China Post SAL）

中国邮政航空大包又叫中国邮政大包、中国邮政国际大包裹、中邮大包等。其发货形式和国际 EMS 类似，直接填写运单发货，且是以国际快递的形式发到国外，其特点是：相对其他国际快递（如国际 EMS、DHL、UPS、FedEx、TNT 等）来说，速度较慢（一般 7～30 天），但有较好的价格优势，可最大限度地降低成本，其最大价格优势是邮寄俄罗斯、乌克兰、白俄罗斯、拉脱维亚等独联体及东欧国家；和小包比，能发超过 2kg 的物品（但不能超过 30kg，部分国家不超过 20kg，每票快件不能超过 1 件）；中国邮政航空大包也不计算体积重量，没有偏远附加费，首重和续重都以 1kg 计费，适合邮寄重量较重，且体积较大的包裹。

当然，除了中国邮政提供的经济型国际快递，其他商业快递公司也有类似的服务。

（四）国际快递比较

在寄送样品的过程中，具体选择什么方式或哪家快递公司，需根据实际情况决定。选择的时候，可参考表 2-5 的国际快递比较。

表 2-5　国际快递比较

快递类型	费　率	速　度	适 用 范 围
国际快递公司，如 FedEx、DHL、TNT、UPS 等	高。如果货物体积重量大于实际重量，则按体积重量计费	速度快，一般 2～5 天	适合寄送对速度要求高的样品
中国邮政国际 EMS 速递	较高。按实重计费，规定尺寸范围内不算体积重	速度较快，一般 3～8 天	适合寄送重量不重（单件不超过 30kg）、体积大，且对速度要求较高的样品
经济型国际快递（如中国邮政航空小包、大包，E 邮宝等）	较低	速度较慢	适合寄送对速度要求不高的样品

本任务中样品寄送方式

本任务中，外商要求用 DHL 寄送样品，这种寄送方式的速度比较快，价格相对比较高。我方接受这种方式主要是考虑样品寄送时效上的要求。外贸跟单员也可以和相同时效的国际快递进行费用上的比较，若发现有价格较 DHL 低且价格差异比较大的，可以和客户协商更换样品寄送方式。

二、国际运费计算

（一）国际速递运费计算

选定样品寄送方式后，外贸跟单员需根据国际快递公司给的报价计算国际运费。以四大国际快递公司为例，国际速递服务的报价通常按区域报价，并以 0.5kg 为首重，每 0.5kg 为续重的方式报价，并且需要收取燃油附加费。就像图 2-1 中显示的，澳大利亚为 E 区，以国际优先快递服务方式寄送样品时，0.5kg 以内的样品需要收取 352 元（不考虑燃油附加费等费用），0.5～1.0kg 内的样品收取 461 元。其他快递公司的报价方法也大同小异。表 2-6 显示的是某快递公司的国际快递资费，也是分区域，按首重续重报价的。

表 2-6　国际快递资费表　　　　　　　　　　　单位：元

区域	寄往的国家或地区	文件首重 0.5kg	包裹首重 0.5kg	续重每 0.5kg	
				文件	包裹
1	中国香港、中国澳门	90	150	20	35
2	日本、韩国、中国台湾	120	210	45	55
3	欧洲	210	320	60	70

续表

区域	寄往的国家或地区	文件首重 0.5kg	包裹首重 0.5kg	续重每 0.5kg	
				文件	包裹
4	南太平洋	180	260	55	65
5	中南美	250	445	80	100

外贸跟单员在计算国际快递费用时需要注意：①通常先计算样品的体积重，和实际重量比较后，选择较重的重量计算运费。②不满首重或不满续重时，都按满首重或满续重算。例如样品重量为 0.3kg，不满一个首重，费用还是按 1 个首重的 0.5kg 算。样品重量为 2.2kg，除去一个首重外，还有 1.7kg 续重，1.7kg 是 3 个续重多一点，不满 4 个续重，但还是按 4 个续重收费。③计算时不要忘记燃油附加费等附加费用。

例如，外贸跟单员要寄送一个重 100g 的样品到澳大利亚，一个重 1.7kg 的样品到美国，资费表如表 2-6 所示，同时要加收 12% 的燃油附加费，则国际运费计算如下。

（1）100g 不足一个首重，但也是按照一个首重算。澳大利亚在南太平洋区，因此寄往澳大利亚的包裹收费为首重 260 元。考虑燃油附加费，可列式如下。

$$260 \times (1 + 12\%) = 291.2(元)$$

由此可知，寄送一个重 100g 的样品到澳大利亚需要 291.2 元。

（2）1.7kg 的样品为 1 个首重，3 个续重。到美国的报价为首重 445 元，续重每 0.5kg 为 100 元。所以国际运费计算可列式如下。

$$(445 + 100 \times 3) \times (1 + 12\%) = 834.4(元)$$

由此可知，寄一个重 1.7kg 的样品到美国需要 834.4 元。

（二）经济型国际快递运费计算

除国际速递业务外，当外贸公司对样品的寄送时效要求不高时，也可以选择经济型国际快递。以邮政 E 邮宝为例，其报价和四大商业快递有相似之处，也是分区域报价，不同的是 E 邮宝业务会按照每包裹收取一个基础的操作处理费（挂号费），并且收费通常以 1g 为单位，而不是按首重续重收费。表 2-7 为 E 邮宝资费表，可以看出 E 邮宝的限重为 2kg，包裹按每 1g 计费收取费用，寄往不同国家或区域有不同的起重（不足起重的包裹按起重算），同时每包裹收取 8～26 元不等的操作处理费。

表 2-7　E 邮宝资费表

国家/地区	起重/g	重量资费/（元/kg）每 1g 计重，限重 2kg	操作处理费/（元/包裹）
美国	50	85.00	25.00
俄罗斯	1	75.00	17.00
乌克兰	10	75.00	8.00
加拿大	1	100.00	19.00
英国	1	65.00	18.00

续表

国家/地区	起重/g	重量资费/(元/kg) 每1g计重,限重2kg	操作处理费/ (元/包裹)
法国	1	60.00	19.00
澳大利亚	1	85.00	19.00
以色列	1	75.00	17.00
挪威	1	65.00	19.00
沙特阿拉伯	1	65.00	26.00

以表 2-7 显示的 E 邮宝报价为例,若外贸跟单员要寄送一个重100g的样品到澳大利亚、两个分别重1.7kg和30g的样品到美国,则国际运费计算如下。

(1) 寄往澳大利亚的包裹起重为1g,包裹按每克0.085元收取费用(每1kg收取85元),每包裹收取19元的操作处理费。100g的样品超过首重,运费可计算如下。

$$100 \times 0.085 + 19 = 27.5(元)$$

由此可知,通过 E 邮宝寄送一个重100g的样品到澳大利亚需27.5元。

(2) 寄往美国的包裹起重为50g,包裹按每克0.085元收取费用(每1kg收取85元),每包裹收取25元的操作处理费。1.7kg的样品超过首重,运费可计算如下。

$$1.7 \times 85 + 25 = 169.5(元)$$

由此可知,通过 E 邮宝寄送一个重1.7kg的样品到美国需169.5元。

(3) 寄往美国的包裹起重为50g,包裹按每克0.085元收取费用(每1kg收取85元),每包裹收取25元的操作处理费。30g的样品没有超过首重,需按首重50g计费,运费可计算如下。

$$50 \times 0.085 + 25 = 29.25(元)$$

由此可知,通过 E 邮宝寄送一个重30g的样品到美国需29.25元。

由上述可知,和四大国际快递的国际速递费用相比,E 邮宝的低价优势非常明显,因此在样品寄送时效要求不高的情况下,可以考虑选择 E 邮宝寄送样品。

本任务中样品运费计算

本任务中没有给出具体的样品重量、体积信息,也没有给出快递公司的报价。但任务中提出要用 DHL 寄送样品。根据四大国际速递的国际运费收费的一般惯例,外贸跟单员在计算样品寄送运费时需注意:①在体积重和实际重量中选取高者算运费;②不满首重或不满续重时都按满首重或满续重算;③不要忘记计算燃油附加费等附加费用。

三、寄样一般操作步骤

外贸公司的样品寄送一般按照以下步骤进行。

(一)寄样前

1. 样品确认及寄样地址确认

外贸跟单员在样品寄送前,首先需对样品做进一步的确认。一是要确认所寄样品在大货生产时是否也能达到相应质量，以避免客户对样品满意下单后，却无法提供相应质量的大货；二是要和客户确认样品的型号/规格、数量、包装等要求。

同时，在样品寄送前，外贸跟单员还需确认客户寄样地址是否正确，以免寄错。

2. 确认相关费用是否到账

外贸样品制作需要一定的费用，样品寄送外商还需要支付国际运费，这些费用往往不低。通常，外贸公司会向外商收取全部或部分费用。外贸跟单员在寄出样品前，需确认这些费用是否到账。

若样品免费，只收运费时，也可选择运费到付的方式让外商支付运费。运费到付时，需向外商索要快递到付账号（Could you please inform us your account number of UPS or FedEx or other express by return? So that we could send samples by your account number）。外贸跟单员在寄送样品时需在运单相应位置填写该账号。国际运费金额较大时，需谨慎使用运费到付选项，因为运费到付遭到客人拒付运费或客人拒收包裹时，会产生较大的损失（资料2-4）。

微课：小额样品费支付跟踪

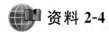 **资料 2-4**

国际运费到付风险

对于运费到付，即"收件人付款"的样品寄送业务，若遇到收件人拒付运费的情况，各快递公司一般规定寄件人需负责支付运费（即其他费用）。以联邦快递为例，在联邦公司官网下载的《联邦快递标准货运条款》显示的运费到付规则如下。

对于"收件人付款"的交易，收件人必须持有有效的联邦快递账号，并填在空运提单上。若收件人或第三方未能支付运费及其他费用，包括但不限于关税和税金等，包裹将被视为无法送达，寄件人最终需要负责支付所有运费和其他费用，包括所有特别处理费、关税和税金等。

联邦快递标准货运条款

这一规则表明，样品寄送采用到付存在一定的风险，若包裹运达但客人拒付运费，快递公司会向我方索要相应的费用。相关案例参考如下（以下案例根据网络资料整理得来）。

案例 1

某外贸公司使用DHL给外商寄件，运费到付。客人收到货后拒付快递费。之后外贸公司收到DHL委托的律师事务所的律师函，要求外贸公司支付快递费6 000余元。

案例 2

国外客户要求寄样品，并口头承诺运费到付。外贸公司寄样共产生费用6万多元，样品送达后客户拒付运费。于是联邦快递要求外贸公司支付，外贸公司拒付，之后联邦快递将外贸公司告上法庭。

案例 3

某外贸公司寄样给土耳其客人，与客人约定运费到付。但货到目的港时，客人由于运费和关税过高拒收包裹,外贸公司与联邦快递客服沟通弃件是否会产生任何费用,客服人员在电话中称不会产生费用。外贸公司于是通知客人同意弃件。一个月后,联邦快递寄来账单,要求外贸公司支付从中国寄到土耳其的运费5 749元。

案例 4

某外贸公司做钥匙扣出口,某年与一澳大利亚客户洽谈生意时,对方要求外贸公司寄样品。当时与客户谈好,样品免费,运费用客户的联邦快递账号到付。因为客户索样很急,公司名也很唬人(Shine Group),外贸公司一看是集团公司,所以就没多考虑拒付的风险。样品送达后,客户也签收了,看上去风平浪静。但一个月后,客户发 E-mail 通知外贸公司他们的集团倒闭了。又过了一个月,突然有律师打电话到外贸公司,说是受联邦委托,称澳大利亚公司没有支付运费,要求外贸公司支付相关费用共计3万余元。

案例 5

某外贸公司经 FedEx 发了一件样品到印度,快递单上勾选的是"收件人付运费",并填上了收件人的 FedEx 账号。但是客户收货之后拒付运费。印度 FedEx 收不到钱就把账单转回中国,FedEx 中国分公司就把账单发给外贸公司。中国 FedEx 发来的账单是1万多元,而根据印度客人的信件得知他没付的金额是600多美元。外贸公司同意代印度客户把600多美元付清。但中国 FedEx 称外贸公司需支付的费用为1万余元,而不是600多美元,原因是外贸公司和印度客人的账户等级不同,收取的费用有差异。若要按600多美元支付,需先把钱支付给印度客商,让其将费用支付给印度 FedEx。

案例 6

某外贸公司与一美国客户 A 签了一个小单(一共5箱货,65kg左右),货值约1 500美元,这个单子的最终买家是C。货物走 UPS 空运,外贸公司给客户报的是运费预付的价格,450美元,但客户说要走到付。

货即将出运时,外贸公司提前与客户 A 确认出货细节,对方说用他的朋友 B 的账号走运费到付,货直接发给客户 C。货物于当月中旬发货,到当月下旬时外贸公司收到客户邮件,说 UPS 向他们收的运费太贵,并附了 UPS 的运费账单一份。账单显示运费达1 700多美元,比当时外贸公司报给客户 A 的预付运费高了3倍还不止。但因为外贸公司报给客户的是运费预付价格,当时是客户自己要走到付,所以外贸公司回复说:"这不是我们的问题,我方拒绝承担这个费用。"之后客户就没了音讯。

3个月后,外贸公司接到 UPS 电话,说客户那边拒付这笔费用,要求外贸公司支付。UPS 称,根据国际快递的货运条款,若客户拒付,就必须由发件人承担责任。并称 DHL、FedEx 等都是一样的条款。外贸公司反驳说:既然客户不付运费,那为什么把货给对方。UPS 回复说因为客户运费月结,所以可以先拿货。

(二)寄样中

1. 填写寄样信息

外贸跟单员首先要填好样品寄送单等单据,根据要求包装样品,并装入指定的快递包装,交送公司规定的寄送箱内。同时外贸跟单员还需要准备好国际快递所需的其他资料,如发票等。

2. 联系投递

上述步骤完成后,外贸跟单员需联系快递公司收取快递,或者等待快递公司人员定点上门取快递。快递公司收走快递后,外贸跟单员需存好快递的底单,以便后续跟踪。

国际快递到付件
拒付或拒收
风险及应对

(三)寄样后

1. 告知客户快递信息

快递寄出后,外贸跟单员要将发样信息,包括样品寄送物流单号、大约何时到达等信息告知客户。

2. 资料整理

寄样完成后,外贸跟单员需做好后期的资料整理工作,主要工作包括:首先,外贸跟单员要制作留样标签,并将留样放置公司指定位置;其次,外贸跟单员要妥善保存好寄样过程中的单据资料;最后,外贸跟单员要在样品管理表内填写寄样信息,并将后期的样品跟踪情况及时填入样品管理表内,包括样品顺利到达与否,以及客户对样品的反馈等。样品管理表的设计可参看表2-8。

 本任务中样品寄送操作

本任务中,外商要求用DHL寄送样品,运费预付。外贸跟单员小李在寄样过程中,可按照以下步骤操作。

1. 寄样前

由于本次样品寄送运费是我方支付,因此外贸跟单员在寄样前无须确认快递费用是否到账或向客户索要快递到付账号,只需做以下寄样前的准备。

(1)样品确认及寄样地址确认。

(2)若样品费由买方承担,需确认费用是否到账。

2. 寄样中

(1)填写DHL运单,将包裹放入指定位置,并准备好寄样所需的其他资料。

(2)联系DHL到公司收取快递,并存好快递底单。

3. 寄样后

(1)告知客户快递信息。

(2)做好后期资料整理工作,包括留样、相关单据等的保存,以及样品管理表的填写等。

(3)样品跟踪,包括样品顺利到达与否、客户对样品的反馈等,相关信息及时填入相应的样品管理表。

样品管理表

外贸样品是公司形象的代表,也是外贸公司能够取得订单,获得稳定客户的关键。外贸跟单员在样品准备工作过程中还要多向前辈取经,多学习经验,工作中多思考,尽自己最大的能力为公司争取利益。

表 2-8 样品管理表样本

样品管理表 Sample Management　　　　年＿＿月＿＿第＿＿周

来样/去样 Sample	公司名称 Company Name	联系人 Recipient	地址 Address	国家 Country	样品名称 Sample Name	样品制作工厂 Manufacture	数量 Quantity	样品制作费 Costs	运费 Freight	快递公司 单号 Courier Name, Courier No.	发样时间 Sending Date	客户收到时间 Arrival Date	跟进情况 Notes

任务三　样品修改意见传达

样品寄送外商后,若客户对样品提出修改意见,外贸跟单员应及时把样品修改意见准确传达给打样间或打样工厂。外贸跟单员要注意样品修改意见的传达不仅是简单的文字翻译工作,为提高工作效率,外贸跟单员需对信息进行必要的加工,在这个过程中,外贸跟单员需注意以下几点。

一、按类别反馈修改意见

收到客人的样品修改意见后,外贸跟单员首先要略览下意见,然后将意见归类整理,反馈给工厂。一般来说,无论是谈判过程中的样品,还是生产过程中的样品,客人对于样品的修改意见主要包含数量、质量等问题。

(一) 样品数量问题

数量不符的问题比较容易解决,通常是因为数量短少了,此时只需按客户要求及时补寄即可。例如,服装在寄销售样的时候,通常每个款会有几十件,有时各个款的数量不一,容易混淆数据。虽然样品数量不符容易解决,但出现这样的问题也会给客人留下不好的印象,尤其是因数量短少给客人带去不必要的麻烦时。因此样品寄出前应仔细核对,尽量避免样品数量短少的情况发生。

(二) 样品质量问题

样品的质量是外贸公司能否拿到订单的关键。客人对质量提出修改意见时,通常意味着有机会签订外贸订单,因此外贸跟单员要特别重视。样品的质量问题可以分为外观质量和内在质量。产品外观质量指的是产品在外形方面满足消费者需要的能力,主要表现为产品的造型、色调、光泽、图案等凭人的视觉和触觉等能感觉到的质量特性。对产品外观质量的评定具有一定的主观性,当外贸跟单员对客人的主观评判意见不是很理解时,需和客人确认后,才能把修改意见传达给工厂,绝不可单凭自己的感觉传达尚未完全理解的客人意见。产品的内在质量通常指的是产品的机械物理性能、化学成分、产品精度或纯度、产品寿命等多个方面,产品的内在质量的考核内容依据产品类别的不同会有较大差异。

以服装为例,客人对服装产品的外观质量意见主要表现在颜色、款式、尺寸、做工等问题上,对内在质量的意见则表现在服装面料成分、缩水率、色牢度、甲醛含量等一般需要测试后才能进行评判的内容上。

本任务中客人邮件的主体内容

As for the approval sample, we ordered size S+M+L, but you sent 2S+M! Please pay special attention to avoid this for future. Besides we find some measurement discrepancies as follows:

measurement	S
1/2 waist width	+1cm

total length c. b. from top waist	+2cm
pocket face height insides	+1cm
1/2 bottom width	−1cm

General workmanship discrepancies as follows:

—loose thread ends must be cut off.

—restarted and slanting seams must be avoided!

Please send out size set samples size S+L via DHL with all alterations done as soon as possible.

阅览内容后可以发现,客人反馈的问题主要有三个方面:一是服装尺寸问题;二是做工问题;三是这次要求寄的修改样的数量和尺码问题。外贸跟单员可以从这三个方面整理出信息给打样工厂。

二、提炼重点,简练表达

客人给的邮件中并不一定都是有效信息,外贸跟单员需能抓住重点,简练表达。

本任务中,客人在邮件开头写道:"As for the approval sample, we ordered size S+M+L, but you sent 2S+M! Please pay special attention to avoid this for future."邮件末尾又写道:"Please send out size set samples size S+L via DHL with all alterations done as soon as possible."这些邮件内容里都提到了样品的尺码,那么哪些是有效信息呢? 有没有必要都翻译过来传达给工厂呢?

仔细查看发现,邮件开头客人提到的是上次样品尺码寄错了的工作失误,邮件末尾讲的是这次该寄什么尺码的样品。外贸跟单员的工作重点是传达样品修改意见,要强调的是这次该做什么。因此,邮件开头的内容一般不建议外贸跟单员直接翻译给打样工厂,邮件末尾的信息才是重点。如果上次样品尺码出错是工厂的失误,外贸跟单员想要在信息传达时表达客人抱怨的尺码错误问题。那么,外贸跟单员可以选择在修改意见中特别强调下打制的样品尺码是什么,而不是做原文翻译。例如,外贸跟单员可以这样表达:S、L码打样各一件(千万不要打错尺码!)。这样不仅清楚表达了这次生产的样品尺码信息,而且也强调了不要有工作失误。倘若翻旧账,逐字逐句翻译传达信息,这样传达信息:上次客人要的是"S+M+L",但你们却生产了"2S+M",这次不要搞错了,这次是"S+L"。这样的信息传达不仅可能因为翻旧账伤了和气,而且一连串的尺码信息也很容易让工厂再次造成工作失误。

总之,外贸跟单员传达信息的重点应该是这次工厂该做什么,抓住重点,简练表达,不仅可以提高工作效率,而且可以降低因信息繁杂冗余导致的工作失误。

三、注意站在打样厂的角度传达信息

外贸跟单员在样品修改意见传达时还要注意站在意见阅读者(打样工厂)的角度传达信息,以提高信息的可读性及信息传达的准确性。

例如,某外贸公司收到客人邮件时提到"We will open L/C when we have received

below samples…"假如直译,应该是"我方收到以下样品时将开立信用证"。如果把这个直译的信息传达给打样工厂,工厂可能会有点不理解,因为信用证业务是发生在外商和外贸公司之间的,而不是工厂和外贸公司之间的。对外贸公司而言,这里需要强调的其实是希望工厂尽快准备好样品,不然会影响我方收到信用证的时间。因此外贸跟单员给打样工厂发送样品意见时,不应该直译,而应该站在打样工厂的角度想一下,我怎么说才能把意思表达到位。例如,外贸跟单员可以这样说:"请尽快打制如下样品:……"

再如,本任务中的邮件末尾,客人提到"Please send out size set samples size S+L via DHL with all alterations done as soon as possible."假如这样直译给打样工厂:"所有内容修改好后请尽快用 DHL 寄出跳码样 S+L 码",那便会产生误会。因为实际上这里是外商对外贸公司提出的要求,希望我们能尽快把修改好的样品用 DHL 寄给他。对工厂而言,我们希望工厂能尽快把修改样打制好,但打制好的样品一般需要再经过我方确认后再寄过来,而且并不一定要用 DHL 寄送。因此外贸公司将这条信息传达给工厂时,需站在打样工厂的角度想一想,以便把信息传达得更准确,更容易让对方理解。

简言之,外贸跟单员需掌握一定的技巧,分类别、准确、简练地传达样品修改意见,以提高工作效率及打样成功率。

 本任务中样品修改意见按类别简练表达

样品修改意见

××订单客户意见反馈如下。

（1）尺寸问题：S 码半腰围偏大 1cm,后中长（到上腰）偏大 2cm,内口袋高偏大 1cm,半下摆围偏小 1cm。

（2）做工问题：线头；接缝要连续,不能有歪斜。

（3）S、L 码各打样一件。（××月××日前做好）

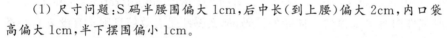 知识巩固与技能拓展

◆ 知识巩固

一、单项选择题

1. 以下（　　）常用凭样品成交。

    A. 服装　　　　　　B. 电视机　　　　　　C. 手机　　　　　D. 计算机

2. 如果凭样品买卖的买方不知道样品有瑕疵,则（　　）。

    A. 损失由买方承担　　　　　　　　B. 损失由卖方承担

    C. 如果瑕疵是隐蔽的,则损失由卖方承担　　D. 损失由两方平摊

3. 生产样的英文是（　　）。

    A. Approval Sample　　　　　　　B. Pre-production Sample

    C. Lab Dip　　　　　　　　　　D. Production Sample

4. 最重要的样品是（　　）。

    A. 参考样　　　　　　　　　　B. 产前样

    C. 确认样　　　　　　　　　　D. 所有样品都重要

5. 国外老客户要求我外贸公司寄送丝绸面料样品,量不多但要求快速,并希望由我方支付运费,你会怎样寄送样品？（　　）

    A. 邮政的航空大包,运费到付　　　　B. 邮政的航空大包,运费预付

C. 航空快递,运费预付   D. 航空快递,运费到付

6. 国际上最常用的色卡是( )。

    A. 美国 Pantone 色卡   B. 德国 RAL 色卡

    C. 瑞典 NCS 色卡   D. 日本 DIC 色卡

7. 欧洲使用最广泛的色卡品牌是( )。

    A. Munsell 色卡   B. 德国 RAL 色卡

    C. 瑞典 NCS 色卡   D. 日本 DIC 色卡

8. 美国政府与工业标准行业用得比较多的色卡是( )。

    A. Munsell 色卡   B. 德国 RAL 色卡

    C. 瑞典 NCS 色卡   D. 日本 DIC 色卡

9. 日本客户通常会要求用( )标准光源作为色样的对色灯管光源。

    A. D65   B. TL84   C. TL83   D. U30

10. 用于检测荧光增白剂的灯管光源是( )。

    A. D65   B. F   C. UV   D. U30

11. 外贸跟单员根据外商要求要在大货生产过程中寄送大货样给德国客户,产品重量约 3kg,体积较大,寄送时间上比较宽裕,这种情况下,外贸跟单员应选择( )寄送方式寄送样品。

    A. FedEx   B. 国际 EMS

    C. China Post Air Parcel   D. China Post Air Mail

二、判断题

1. 在出口贸易中,表示商品品质的方法有很多,为了明确责任,最好采用既凭样品买卖又凭规格买卖的方法。   ( )

2. 产前样是大货生产前,客户为了确认大货生产的原材料、工艺等是否正确,而向卖方提出的基本要求之一。   ( )

3. 为争取获得订单,打样时应尽量打得好一些。   ( )

4. 服装款式样的主要目的是看款式效果,可以用替代面料做。   ( )

5. 服装的销售样一般要求齐色齐码。   ( )

6. 出货样代表大货交货的品质,应该选择大货中质量最好的寄给外商,以通过外商的检查,顺利出货。   ( )

三、简答题

1. 什么是产前样? 产前样有何作用?

2. 简述外贸跟单员联系工厂打制样品的步骤。

3. 简述外贸跟单员向打样工厂传达外商对样品的修改意见时的一般注意事项。

4. 外贸跟单员寄送样品给国外客户时有哪些常见国际快递选择? 请按国际快递特性等分类陈述。

◆ **技能拓展**

1. 浙江迪佳贸易有限公司 Zhejiang DiJia Trading Co.,Ltd. 与德国 AFRO Co.,Ltd. 公司几经磋商,于 2022 年 7 月 15 日签订了一份全棉女士夹克衫的销售合同,合同内对样品的要求如下。

SAMPLES：

Lab Dips and Accessory Material Samples	2 sets respectively for approval, immediately after the contract date
Approval Samples	3 pcs size M, 2 weeks after the contract date
Pre-production Samples	3 pcs size M, to be sent latest 15th August, 2022. Pre-production can be made after the fabric has been tested and passed by SGS shanghai branch
Shipment Samples	2 pcs size M, before delivery

请完成以下操作。

（1）合同中要求你准备哪些样品？有什么要求？请以外贸跟单员的身份将样品条款恰当传达给工厂。

（2）条款中提到的 SGS 是什么？请在资料收集的基础上简单介绍 SGS。

2. 以下是某外贸公司服装出口订单中的部分条款内容。①请找出并翻译样品相关条款；②条款中提到的 Lab Dips 是什么样品？这个样品一般会打几个样让客人选择？

微课：外贸合同中的样品条款解读

```
                              Packed solid col/ assorted size.

NECK LABEL/ HANGTAG:          GYET - See style card for which

SEND FOR APPROVAL ASAP        Lab dips
                              Size set: M/38 + XL/44
                              Care label

SHIPMENTSAMPLES:              1 pcs per colour, random sizes

MARKING/INFO ON:              CARE LABEL: See stylecard +  Supplier Manual
                              HANGTAG: Style no./col./size/EAN
                              POLYBAG: Style no/col./size/EAN
                              MASTERPOLYBAG: Style no/col/EAN
                              BOX    : DK Company A/S
                              Brand:  GYET
                                     Style no:
                                     Assortment number A or B:(if any)
                                     Assortment:
                                     Box no:/Total box:
                                     Order no:
                              ALL CARTONS TO BE MARKED "BONDED WAREHOUS
```

3. 以下是某外商来信提出的样品需求，请以外贸跟单员的身份将样品相关信息传达给工厂。

Buyer will open L/C when we have received the below samples：

（1）Fabric quality for approval

（2）Lab dips and shade band

（3）Strike offs

（4）Labels for approval

（5）Hangers for approval

Thanks.

微课：外贸服装订单及客户信函中的样品信息解读

4. 某公司外贸跟单员以快件方式邮寄重量为 2 050g 测距器样品和 1 760g 服装样品，分别寄往意大利客户和新西兰客户,他选择了某快递公司,其快递资费表如下,请计算两个包裹各需支付多少元运费?

3	欧洲	210	320	60	70
4	南太平洋	180	260	55	65
5	中南美	250	445	80	100

5. 外贸跟单员小王向法国客户寄送一双净重为 1.9kg 的劳保鞋,打包后准备使用 EMS 快递寄往目的地,包装后重量增加了 0.2kg,寄往法国首重费用是 280 元/0.5kg,续重费用是 75 元/0.5kg,可享受五折优惠。试计算该样品需支付多少运费。

6. 某公司拟从北京寄 3.5kg 的样品到意大利,公司选择了某国际物流货运代理,获得的是阶梯报价:第一个 1kg 为 100 元,第二个 1kg 为 70 元,第三个 1kg 为 60 元,3kg 以上部分按照 50 元/kg 收取。试计算该样品寄送运费。

7. 上海飞翔服饰有限公司的跟单员将 1.2kg 服装样品寄给国外客户(OVERSEAS PUBLISHERS REPRESENTATIVES INC.)。请比较 DHL/FedEx/EMS/UPS 四家货运公司将 1.2kg 服装样品发给国外客户的邮资,选出邮资最低的。(请写明依据,如各国际快递费用截图、计算过程或快递资费查询截图、网站链接等。)

上海飞翔服饰有限公司

电　　话:86 21 64102330/64102600

传　　真:86 21 63292010

地　　址:上海市闵行区 梅陇镇春申路 108 号

邮　　编:201100

OVERSEAS PUBLISHERS REPRESENTATIVES INC.

Telephone:1-212-564-3954

Fax:1-212-465-8938

Address:247 West 38th Street, New York, United States

Zip:10018

Country/Region:United States

Province/State:New York

City:New York

项目三

根据外贸合同签订生产合同

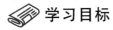 学习目标

知识目标

1. 了解经济合同的主要结构、形式及生效条件。

2. 掌握和后续生产环节息息相关的外贸合同条款的分析要点。

3. 掌握内贸生产合同签订的注意事项。

能力目标

1. 能看得懂外贸合同/订单，并能在外贸合同中提取出和后续生产环节息息相关的外贸合同条款。

2. 能在分析外贸合同相关条款的基础上，签订内贸生产合同。

素养目标

1. 具备善抓重点的工作能力，能找出外贸合同中与后续跟单环节息息相关的重要条款。

2. 具备严谨工作的态度，能从价格、质量、服务等多角度综合比较产品供货商。

3. 具备合同签订过程中的法律意识，和工厂签订内贸生产合同时符合法律、法规要求。

 工作任务

工作任务描述

浙江迪加贸易有限公司(Zhejiang DiJia Trading Co.,Ltd.)与德国 AFRO Co.,Ltd. 公司几经磋商，于 2022 年 7 月 15 日签订了一份全棉女士夹克衫销售合同，见样单 3-1。外贸跟单员小李负责这笔单子的跟踪操作，小李现在的首要工作是看懂这份外贸合同，并在分析合同条款的基础上，选择合适的供应商(工厂)，签订内贸生产或采购合同。

工作任务分解

任务一　分析外贸合同

外贸跟单员小李首先需能看懂外贸合同，并对外贸合同的条款进行分析，尤其是与生产直接相关的条款，以帮助后续的内贸生产合同的签订及生产跟踪操作。请仔细查看"样单 3-1"，帮助小李整理出外贸跟单员尤其要注意的外贸合同条款内容。

任务二　签订生产合同

弄懂外贸合同要求后，外贸跟单员小李需选择或寻找合适的生产企业，签订内贸生产合同。假设目前公司已开发的供应商库中有一些可供选择的生产企业，能否从中选择一家，并与其签订内贸生产合同呢？请以在"项目一 开发供应商"任务中找到的工厂资源为例，通过合理的比较，在这些资源中选一个合适的生产企业，签订内贸生产合同。

【样单 3-1】 外贸销售合同

浙江迪加贸易有限公司

ZHEJIANG DIJIA TRAGDING CO.,LTD.
♯105 JIAYUAN ROAD HANGZHOU CHINA
TEL：86-571-86251243　FAX：86-571-86251240
SALES CONTRACT

MESSRS：

AFRO Co.,Ltd.

30 NEVILLES ROAD, HABURG, GERMANY

NO. :22GMFR032

DATE：15 Jul.，2022

The undersigned Sellers and Buyers have agreed to conclude the following transactions according to the terms and conditions stipulated below：

DESCRIPTION OF GOODS：

LADIES JACKET，style No.：110342

Shell：woven，twill，100% cotton，22S×18S/130×64

Lining：100% polyester，230T

Padding：100% polyester, body 120g/m², sleeve 100g/m²

UNIT PRICE：USD11.80 per piece CIF HAMBURG

QUANTITY：8 000 pcs

TOTAL AMOUNT：USD94 400.00

SHIPMENT FROM：SHANGHAI　　**TO**：HAMBURG

DATE OF SHIPMENT：9 Qct.，2022

PARTIAL SHIPMENT：PROHIBITED

TRANSHIPMENT：ALLOWED

TERMS OF PAYMENT：

By confirmed irrevocable and divisible letter of credit in favour of the Sellers payable 120 days sight，reaching the Sellers 20 days before the month of shipment，remaining valid for negotiation in China for further 21 days after completion of shipment.

INSURANCE：

To be covered by Sellers for 110% of invoice value against ALL Risks as per and subject to the ocean marine cargo clauses of PICC dated 01/01/1981.

SIZE/COLOR ASSORTMENT：

Unit：piece

Color	Size					
	S	M	L	XL	XXL	Total
Grey	600	1 200	1 200	600	400	4 000
Red	600	1 200	1 200	600	400	4 000
Total	1 200	2 400	2 400	1 200	800	8 000

SIZE SPECIFICATION：

Unit：cm

Size Specification	S	M	L	XL	XXL	Tolerance
1/2 chest	60	62	65	68	71	1
1/2 waist	57	59	62	65	68	1

Continued

Size Specification	S	M	L	XL	XXL	Tolerance
1/2 hip	62	64	67	70	73	1
1/2 bottom	64	66	69	72	75	1
Shoulder	85	85	85	88	88	1
Armholes straight	25	26	27	28	29	0.5
Sleeve length	62	62	62	62	62	1
Cuff width	18	18	19	20	20	0.5
Neck width	24	24	25	25	26	0.5

PACKING：

1 piece per polybag with printed warnings statement，10 pieces in one export standard carton，solid color and size in the same carton.

Maximum size of export cartons：

Length	Width	Height
60cm	35cm	38cm

Maximum gross weight of a carton：20kgs

MARKS：

Shipping mark includes AFRO, S/C No., style No., port of destination and carton No.

Side mark must show the shell color, the size of carton and pieces per carton.

SAMPLES：

Lab Dips and Accessory Material Samples	2 sets respectively for approval, immediately after the contract date
Approval Samples	3 pcs size M，2 weeks after the contract date
Pre-production Samples	3 pcs size M，to be sent latest 15th August，2022. Pre-production can be made after the fabric has been tested and passed by SGS shanghai branch
Shipment Samples	2 pcs size M，before delivery
All the samples should be sent by DHL，prepaid	

PURCHASE CONDITIONS：

All garments' manufactures must meet the minimum manufacturing standards，comply with the SA8000. AZO-colors embroidery and nickel accessories are prohibited.

The material composition of each article has to be advised on the sew-in label in following languages：Germany and English. If the labeling of the goods is not correct，we will debit the supplier 3% of the purchase prices.

THE BUYERS	THE SELLERS
AFRO Co.,Ltd.	ZHEJIANG DIJIA TRAGDING CO.,LTD.
JOHNMAGGIE	李明华

任务执行基础知识

在本项目相关任务执行之前,先来了解与本项目相关的经济合同基础法律知识。

合同有很多种类型,其中在交易或采购中比较常见的是经济合同(economic contract)。经济合同是指平等民事主体的法人、其他经济组织,个体工商户、农村承包经营户相互之间,为实现一定的经济目的,明确相互权利义务关系而订立的合同。无论是外贸合同,还是内贸生产合同,都属于经济合同。经济合同涉及经济利益,签订双方均需对经济合同有明确的认识,并在签订合同时仔细阅读相关条款。

一、经济合同的主要条款

1. 合同主要条款

经济合同的主要条款是指经济合同当事人之间的权利和义务,具体到每一个经济民法典律关系中,就是经济合同当事人确定相互权利义务关系的各项条款。根据 2021 年 1 月 1 日生效的《民法典》第四百七十条规定,经济合同的主要条款如下。

微课:外贸
合同的形式及
主要内容

(1)当事人的姓名或者名称和住所。

(2)标的,即合同双方当事人权利义务所指向的对象,如买卖合同中的买卖物,承揽合同中所完成的工作等。

(3)数量。计算数量的标准必须规定合理的磅差。对于有形财产,数量是对单位个数、体积、面积、长度、容积、重量等的计量;对于无形财产,数量是个数、件数、字数以及使用范围等多种量度标准的量化描述;对于劳务,数量为劳动量;对于工作成果,数量是工作量及成果数量。

(4)质量。质量标准必须具体、明确。

(5)价款或者酬金。价款或酬金是取得产品、接受劳务的一方支付给另一方的代价。价款或酬金是以货币数量表示的。合同中还必须明确报酬的支付方式、时间,支付方式必须符合国家有关金融管理制度。

(6)履行期限、地点和方式。一切经济活动都必须有一定的期限,合同必须明确履行期限。合同的履行地点与方式也十分重要,自提产品的要明确规定提货的地点;送货的要规定交货地点,运费的承担、标准和运输方式等。

(7)违约责任。违约责任是指因合同当事人一方或双方的过错,造成经济合同不能履行或者不能完全履行而应承担的法律责任。

(8)争议解决方式。

此外,根据法律规定或者按照经济合同的性质必须具备的条款以及当事人一方要求必须规定的条款,也是经济合同的主要条款,也属经济合同的主要内容。

2. 主要条款不明确时的规定

合同生效后,当事人就质量、价款或者报酬、履行地点等内容没有约定或者约定不明确的,可以协议补充;不能达成补充协议的,可依据《民法典》第五百一十一条的规定。

(1)质量要求不明确的,按照强制性国家标准履行;没有强制性国家标准的,按照推荐性国家标准履行;没有推荐性国家标准的,按照行业标准履行;没有国家标准、行业标准的,按照通常标准或者符合合同目的的特定标准履行。

（2）价款或者报酬不明确的，按照订立合同时履行地的市场价格履行；依法应当执行政府定价或者政府指导价的，依照规定履行。

（3）履行地点不明确，给付货币的，在接受货币一方所在地履行；交付不动产的，在不动产所在地履行；其他标的，在履行义务一方所在地履行。

（4）履行期限不明确的，债务人可以随时履行，债权人也可以随时请求履行，但是应当给对方必要的准备时间。

（5）履行方式不明确的，按照有利于实现合同目的的方式履行。

（6）履行费用的负担不明确的，由履行义务一方负担；因债权人原因增加的履行费用，由债权人负担。

二、经济合同的形式

《民法典》第四百六十九条规定，当事人订立合同，可以采用书面形式、口头形式或者其他形式，实际采取哪一种形式来签订，当事人可依情况选择。

（一）书面形式

书面形式是合同书、信件、电报、电传、传真等可以有形地表现所载内容的形式。以电子数据交换、电子邮件等方式能够有形地表现所载内容，并可以随时调取查用的数据电文，也视为书面形式。当事人协商同意的有关修改合同的文书、电报和图表，也是合同的组成部分。

1. 书面合同的类型

书面形式的合同有不同的表现类型，如合同（contract）、协议书（agreement）、确认书（confirmation）、备忘录（memorandum）、订单（order）等。实践中，以合同和确认书居多。

（1）合同

合同或称正式合同，一般适用于大宗商品或成交金额大的交易，其内容比较全面详细，除包括交易的主要条件（如品名、规格、数量、包装、价格、装运、支付、保险）外，还包括商检、异议索赔、仲裁和不可抗力等条款。合同可分为"销售合同"（sales contract）和"购货合同"（purchase contract）等类别。

（2）成交确认书

成交确认书是合同的简化形式，一般适用于成交金额不大、批数较多的轻工产品或土特产品，或者已订有代理、包销等长期协议的交易。成交确认书也可分为售货确认书（sales confirmation）和购货确认书（purchase confirmation）等类别。无论是合同，还是确认书，在法律上具有同等效力。

2. 书面合同的结构

书面合同一般包括以下三个部分。

（1）约首

约首是合同的首部，包括合同的名称、缔约双方的名称和地址、合同编号、合同签订日期和地点以及序言等内容。序言主要是写明双方订立合同的意义、执行合同的保证，以及合同约束力等。双方的名称应用全称，不能用简称，地址要详细列明，因涉及法律管辖权问题，所以不能随便填写。

（2）主体

合同主体部分规定了合同双方的权利和义务，包括合同的各项交易条款，如商品名称、品质规格、数量包装、单价和总值、交货期限、支付条款、保险、检验、索赔、不可抗力和仲裁条款等，以及根据不同商品和不同的交易情况加列的其他条款，如保值条款、溢短装条款和合同适用的法律等。

（3）约尾

约尾是合同的尾部，包括合同文字的效力、份数、订约的时间和地点、生效的时间、附件的效力以及双方签字等，这也是合同不可缺少的重要组成部分。合同的订约地点往往涉及合同依据法的问题，因此要慎重对待。我国的出口合同的订约地点一般都写在我国境内。有时也会将订约时间和地点在合同约首中订明。

（二）口头形式

口头形式是指当事人只以口头的意思表示达成协议，而不以文字表述协议内容的合同。口头合同简便易行，但在合同发生纠纷时难以取证，不易分清责任。对于不能即时清结的合同和标的数额较大的合同，不宜采用这种形式。

三、经济合同的效力确定

合同生效是指合同具备一定的要件后，便能产生法律上的效力。换句话说，只要是符合法定生效要件的合同，便可以受到法律的保护，并能够产生合同当事人所预期的法律效果。

《民法典》第五百零二条规定，依法成立的合同，自成立时生效，但是法律另有规定或者当事人另有约定的除外。也就是说，合同生效一般包括三种情况：一是依法成立的合同，自成立时生效。这是合同生效时间的一般规定，即如果没有法律、行政法规的特别规定和当事人的约定，合同成立的时间就是合同生效的时间。二是法律、行政法规规定应当办理批准、登记等手续生效的，如根据三资企业法订立的合同需要自批准、登记时生效。三是双方当事人在合同中约定合同生效时间的，以约定为准。

企业签订合同，双方都是为了达到一定的经济目的。但是，只有合法的合同才能受到法律的保护，才能依法实现自己的目的。如果合同违法，就可能被认定为无效，不但不能达到签订合同的预期目的，还可能受到法律的制裁。因此，企业签订合同时要注意合同的有效性。例如，《民典法》第一百四十四条规定，对无民事行为能力人实施的民事法律行为无效；第一百四十六条规定，以虚假的意思表示实施的民事法律行为无效。企业要根据最新的法律、法规要求审查合同的有效性。

任务操作指导

任务一　分析外贸合同

由任务执行基础知识部分可知，经济合同一般由合同首部（preamble）、合同主体（body）和合同尾部（witness clause）三个部分组成。外贸跟单员小李可以将合同分成这三个部分进行分析，其中，合同主体是主要分析内容。

一、合同首部

合同首部一般包括合同的名称、缔约双方的名称和地址、合同编号、合同签订的日期等内容。

（一）合同的名称

在国际贸易中，没有固定形式的书面合同。合同的名称可以是合同（contract）、销货确认书（sales confirmation，S/C）、协议（agreement）、订单（order）或者备忘录（memorandum）等。我国出口企业一般采用合同和销货确认书，两者的法律效力相同。

微课：跟单员
解读外贸合同

"样单 3-1"中合同的名称：

SALES CONTRACT，销售合同。

（二）缔约双方的名称和地址

缔约双方的名称和地址即买卖双方的名称和地址等信息。

"样单 3-1"中合同缔约双方的名称和地址。

1. 买方

（1）名称：AFRO Co.，Ltd.

（2）地址：30 NEVILLES ROAD，HAMBURG，GERMANY

2. 卖方

（1）名称：ZHEJIANG DIJIA TRAGDING CO.，LTD.

（2）地址：♯105 JIAYUAN ROAD HANGZHOU CHINA

（3）电话和传真号码：TEL：86-571-86251243　FAX：86-571-86251240

外贸跟单员要注意外商来自德国。这一信息对外贸跟单员的跟单工作有一定的启示，尤其是在选厂时。例如，一般来说，欧洲的外商对商品品质的要求比较高，可能有产品认证或验厂要求，外贸跟单员在选厂和产品品质跟踪时要明晰外商的相关要求。这一信息还对跟单备货中的服装对色标准光源的选择以及出口包装要求（参考德国或欧洲包装要求）等也有一定的启示。

（三）合同编号

合同编号是合同双方为方便查询管理等而设置的编号，一般根据公司习惯编制。

"样单 3-1"中合同编号：

22GMFR032，其中 22 指的是 2022 年的合同，GMFR 指的是交易对象，GM 指德国，FR 指买方代号，032 指第 32 笔合同。

（四）合同签订的日期

"样单 3-1"中合同签订日期：

15 Jul.，2022，即 2022 年 7 月 15 日。

二、合同主体

合同主体部分规定了买卖双方的权利和义务，包括合同的各项交易条款，如商品名称、品质规格、数量、包装、单价和总值、交货期限、支付条款、运输与保险、检验、索赔、不可抗力和仲裁条款等。

（一）品名品质条款

合同中的品名要正确，品质表示要清晰、恰当。

"样单3-1"中合同品名品质条款规定如下。

品名：LADIES JACKET，style No.：110342（女士夹克，款号：110342）。

品质：Shell：woven，twill，100% cotton，22S×18S/130×64（面料：梭织，斜纹，全棉，经纱单股22支，纬纱单股18支，经纬的密度分别为130和64）

Lining：100% polyester，230T（里料/衬布：全涤纶，经纬密度和230）

Padding：100% polyester，body 120g/m²，sleeve 100g/m²（填充物：全涤纶，大身每平方米120克，袖子每平方米100克）

此外，本合同中还有一张尺寸表（size specification），这张表对服装每个尺码的各个部位尺寸提出了详细要求。

外贸跟单员要注意：①合同履行过程中，产品英文品名一定要和外贸合同中的一致。②品名的中文翻译在整个合同履行过程中要保持一致，以免出现不必要的麻烦。例如，若工厂开的增值税发票上的品名与报关核销单上的品名不一致，会导致出口退税过程中遇到麻烦。③在商品的品质描述上，要注意表述是否准确，是否切合实际，工厂大货加工能力是否能够达到。④产品品质跟踪时要严格按照该品质条款执行。

（二）价格条款

价格条款包括单价（unit price）和总值（total amount）两项内容。

单价包括货币名称、单位价格金额、计价数量单位、贸易术语等。如价格中包含佣金的，单价中应用含佣价表示；如价格中有折扣的，需在合同中明确规定的，也要明确表示。常见的单价条款如下。

(1) USD23.40 per unit CIF London。

(2) USD23.40 per unit CIFC3 London。

(3) USD23.40 per unit CIF London including 3% commission。

(4) USD23.40 per unit CIF London less 3% discount。

总值是单价与数量的乘积，如单价为USD20.00 per unit FOB Ningbo，数量为900pcs，则总值（总金额）为Total Amount：USD18 000.00。

"样单3-1"中合同价格条款如下。

UNIT PRICE：USD11.80 per piece CIF HAMBURG（单价为CIF价每件11.80美元）

TOTAL AMOUNT：USD94 400.00（总金额为玖万肆千肆百美元整）

外贸跟单员要注意外贸合同中的价格条款，并在产品采购过程中注意采购成本的控制。

（三）数量条款

数量条款一般包括数字和计量单位两个部分，有时还包括溢短装条款，或其他数量条件。例如：

500M/T，with 5% more or less at the seller's option.

数量500公吨，卖方可溢出或短少5%。

"样单 3-1"中合同数量条款如下。

QUANTITY：8 000 pcs

SIZE/COLOR ASSORTMENT：

Unit：piece

Color	Size					
	S	M	L	XL	XXL	Total
Grey	600	1 200	1 200	600	400	4 000
Red	600	1 200	1 200	600	400	4 000
Total	1 200	2 400	2 400	1 200	800	8 000

共 8 000 件衣服，其中灰色 4 000 件（S 号 600 件，M 号 1200 件，L 号 1200 件，XL 号 600 件，XXL 号 400 件），红色 4 000 件（S 号 600 件，M 号 1 200 件，L 号 1 200 件，XL 号 600 件，XXL 号 400 件）。

外贸跟单员在查看数量条款时要注意：①不同度量衡之间的单位换算（参见资料 3-1），明确数量要求；②若商品计量单位是重量单位的，还需要注意重量的表示方法，如毛重、净重、公量和理论重量等（参见资料 3-2）；③有无数量机动条款及其他数量相关条款（参见资料 3-3）。

（四）装运条款

装运条款一般包括装运的时间、地点、装运方式、是否允许分批装运和转运等内容。例如：

Shipment from Shanghai to London during March 2022，allowing partial shipments and transhipment.

2022 年 3 月装船，从上海到伦敦，允许分批装运和转运。

"样单 3-1"中合同装运条款规定如下。

SHIPMENT FROM：SHANGHAI　　　　TO：HAMBURG

DATE OF SHIPMENT：9 Oct.，2022

PARTIAL SHIPMENT：PROHIBITED

TRANSHIPMENT：ALLOWED

大意如下。

装运港：中国上海　　目的港：德国汉堡

装运时间：2022 年 10 月 9 日

分批装运：不允许

转运：允许

外贸跟单员需根据这些信息安排生产，跟踪商品生产进度，以及跟踪、协调货物的装运工作等，以保证货物按时、按照合同装运要求交货。信用证结算方式下，外贸跟单员需要尤其注意信用证中关于是否允许分批装运、是否允许转运的相关规定。务必仔细查看相关条款，例如允许分批装运并不意味着可以任意拆解分批装运的数量，因为信用证中可能会有其他要求。相关案例可扫码查看。

分批装运与
分批制单案例

（五）支付条款

1. 汇付方式下的支付条款

汇付（remittance）又称汇款，指付款人主动通过银行或其他途径将款项付给收款人的方式。它分为信汇（mail transfer，M/T）、电汇（telegraphic transfer，T/T）和票汇（remittance by banker demand draft，D/D）三种方式。使用汇付方式支付货款时，合同中的支付条款包括汇款的金额、汇款方式、汇款时间等内容。例如：

The buyer shall pay the total value to the seller in advance by T/T（M/T or D/D）on or before...

买方应于××××年××月××日前预先将全部货款用电汇（信汇/票汇）方式汇付给卖方。

2. 托收方式下的支付条款

托收（collection）是出口商开立汇票，委托本地银行通过它在国外的分行或代理行向进口商代为收款的一种结算方式。根据交单条件不同，它分付款交单（document against payment，D/P）和承兑交单（document against acceptance，D/A）等。

使用托收方式支付货款时，合同中的支付条款包括汇票类型、交单条件、付款时间等内容。例如：

The Buyers shall duly accept the documentary draft by the Sellers at ×× days after sight upon first presentation and make payment on its maturity. The shipping documents are to be delivered against payment only.

买方对卖方开具的见票后××天付款的跟单汇票，于第一次提示时予以承兑，并应于汇票到期日付款，付款后交单。

3. 信用证方式下的支付条款

信用证（letter of credit，L/C）是银行根据进口商的请求和指示，向出口商开立的承诺在一定期限内凭规定的单据支付一定金额的书面文件。相较于汇付、托收支付方式中商业信用的相对不安全性，信用证凭借其银行信用带来的安全、高效的特点被进出口商广泛应用。使用信用证方式支付货款时，合同中的支付条款包括开证申请人、开证行、开证时间、L/C 种类、有效期和有效地点等内容。例如：

The Buyers shall open through a bank acceptable by the Sellers an irrevocable sight letter of credit to reach the Sellers 20 days before the month of shipment，valid for negotiation in China until the 15th day after the date of shipment.

买方应通过为卖方所接受的银行于装运月份前 20 天开立并送达卖方不可撤销即期信用证，有效至装运日后第 15 天在中国议付有效。

"样单 3-1"中合同支付条款如下。

TERMS OF PAYMENT：

By confirmed irrevocable and divisible letter of credit in favour of the Sellers payable 120 days sight，reaching the Sellers 20 days before the month of shipment，remaining valid for negotiation in China for further 21 days after completion of shipment.

大意如下：

用保兑的、不可撤销的、可分割的、以卖方为受益人的、见票后 120 天付款的远期信用证支付,信用证于装运月份前 20 天开立并送达卖方,有效至装运日后第 21 天在中国议付有效。

外贸跟单需要根据支付条款跟踪收汇工作。此外,外贸货款结算的方式也会在一定程度上影响外贸公司与工厂的货款结算方式。若外贸公司与外商间的付款方式中有部分或全部货款提前支付(前 T/T),则外贸公司和工厂谈货款定金的时候压力就比较小。若外贸公司收到外商货款的时间比较晚,外贸公司的资金压力就比较大,应和工厂商量,争取货款在外商支付后结算,以减少垫资成本。

(六) 保险条款

保险条款视贸易术语的不同而不同。

以 FOB、CFR 或 FCA、CPT 成交的合同,应订明保险由买方负责投保。例如:

Insurance：To be covered by the Buyers.

以 CIF 或 CIP 成交的合同:保险条款包括谁负责、保险金额、投保险别、适用的保险条款等内容。例如:

Insurance：To be covered by the Seller for 110% of invoice value against ALL Risks and War Risk as per and subject to the Ocean Marine Cargo Clauses of PICC dated 01/01/1981.

保险由卖方按发票金额的 110% 投保一切险和战争险,以中国人民保险公司 1981/01/01 的海洋运输货物保险条款为准。

"样单 3-1"中合同保险条款规定如下。

INSURANCE：

To be covered by Sellers for 110% of invoice value against ALL Risks as per and subject to the ocean marine cargo clauses of PICC dated 01/01/1981.

大意如下:

保险由卖方按发票金额的 110% 投保一切险,以中国人民保险公司 1981/01/01 的海洋运输货物保险条款为准。

外贸跟单员需要根据保险条款操作或跟踪货物的投保工作。

(七) 包装条款

包装条款一般包括包装材料、包装方式、包装规格等内容。例如:

Packing in cartons of 10 dozen each.

纸箱装,每箱 10 打。

"样单 3-1"中合同包装条款如下。

PACKING：

1 piece per polybag with printed warnings statement，10 pieces in one export standard carton，solid color and size in the same carton.

Maximum size of export cartons：

Length	Width	Height
60cm	35cm	38cm

Maximum gross weight of a carton：20kgs

MARKS：

Shipping mark includes AFRO，S/C No.，style No.，port of destination and carton No.

Side mark must show the shell color，the size of carton and pieces per carton.

大意如下：

包装：每件衣服一个塑料袋装，塑料袋上印上警示语①。10件衣服装一个出口标准纸箱，独色独码装。

纸箱最大尺寸：长≤60cm，宽≤35cm，高≤38cm。

纸箱最大毛重：20kg。

唛头：正唛中需有收货人名称（AFRO）、合同号、款号、目的港和箱号。

侧唛中需显示服装颜色、箱体尺寸和每箱件数。

外贸跟单员需根据此信息进行包装的采购或查验、跟踪操作，并对产品装箱工作进行检查与跟踪（每件衣服用一个塑料袋装，10件衣服装一个纸箱，独色独码装）。

（八）样品相关条款

若商品交易过程中需要寄送样品，则合同中会有样品相关条款。

"样单 3-1"中合同样品相关条款如下。

SAMPLES：

Lab Dips and Accessory Material Samples	2 sets respectively for approval，immediately after the contract date
Approval Samples	3 pcs size M，2 weeks after the contract date
Pre-production Samples	3 pcs size M，to be sent latest 15th August，2022. Pre-production can be made after the fabric has been tested and passed by SGS shanghai branch
Shipment Samples	2 pcs size M，before delivery
All the samples should be sent by DHL, prepaid	

大意如下：

色样、辅料样	各两套，尽快
确认样	3 件 M，两周内
产前样	3 件 M，最晚 8 月 15 日。 产前样必须在面料通过 SGS 测试后才能生产
船样	2 件 M，装运前
所有样品均用 DHL，运费预付	

---

① 通常是塑料袋防窒息警示语，例如"This bag is not a toy. Keep it out of the reach of babies and small children"，大意是"塑料袋不是玩具，不可让婴儿及儿童接触（可能导致窒息）"。客人会在包装资料上详细说明要求。

（九）其他条款

商品的品名、品质、价格、数量、装运、支付、保险、包装是合同的主要条款，此外，合同中还可能有检验、索赔、不可抗力、仲裁等其他条款。

"样单 3-1"中合同其他条款如下。

PURCHASE CONDITIONS：

All garments' manufactures must meet the minimum manufacturing standards, comply with the SA8000. AZO-colors embroidery and nickel accessories are prohibited.

The material composition of each article has to be advised on the sew-in label in following languages：Germany and English. If the labeling of the goods is not correct，we will debit the supplier 3% of the purchase prices.

大意如下：

服装制造厂商的选择需遵照 SA8000，满足生产最低标准。严禁使用偶氮（AZO）染料和含镍的衣着附件。

每件衣服的成分必须在洗水唛中用德语和英语标明。如果洗水唛有错误，那么卖方需将商品价格降低 3% 作为赔偿。

这一条款与产品生产相关，外贸跟单员在选厂和跟踪产品生产过程中，需根据此要求做严格的生产企业选择（遵照 SA8000，满足生产最低标准）和产品生产跟踪［严禁使用偶氮（AZO）染料和含镍的附件；每件衣服的成分必须在洗水唛中用德语和英语标明］。

三、合同尾部

合同尾部一般包括合同的份数、缔约双方的签字、合同适用的法律和惯例等。

"样单 3-1"中合同尾部有买卖双方的签名：

THE BUYERS	THE SELLERS
AFRO Co.，Ltd.	ZHEJIANG DIJIA TRAGDING CO.，LTD.
JOHNMAGGIE	李明华

 本任务中外贸跟单员尤其要注意的条款

本任务中，作为外贸跟单员，后续的主要工作是外贸合同履行，即依据外贸合同签订内贸生产合同，并跟踪产品生产。此时，外贸跟单员应该尤其注意和"工厂、生产、产品"相关的条款，主要如下。

货描/品质条款：生产什么？

数量条款：生产多少的量？有无溢短装或其他相关要求？

运输条款：什么时候交货？（怎么安排生产比较合适？）

包装条款：对包装材料和包装方式有什么要求？

此外，其他和工厂或生产相关的条款也要留意查看。例如，本案例中提到的样品条款，以及外贸合同尾部的和工厂、生产相关的条款都要仔细查看。

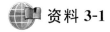

资料 3-1

国际贸易数量条款中的度量衡问题

由于国家之间习惯的不同,常常使用不同的度量衡制度。在国际贸易中,通常采用公制(The Metric System)、英制(The Britain System)、美制(The U. S. System),以及国际标准计量组织在公制基础上颁布的国际单位制(The International of Unit)。不同度量衡下同一计量单位所表示的数量有差异,以重量单位为例,英制的吨是长吨,美制的吨是短吨,具体可参看表 3-1。因此,在贸易合同中需要和客户明确规定是哪一种度量衡制度,以免发生不必要的争端。

表 3-1 常用外贸商品计量单位之间的换算

计量单位类型	单位换算
重量单位	1 ton(公制,公吨)＝1 000kg(千克)＝2 204.62 pounds(磅) 1 long ton(英制,长吨)＝1 016.047kg(千克)＝2 240 pounds(磅) 1 short ton(美制,短吨)＝907.2kg(千克)＝2 000 pounds(磅)
长度单位	1 millimeter(毫米)＝0.039 37 inch(英寸) 1 centimeter(厘米)＝0.393 7 inch(英寸) 1 meter(米)＝1.093 6 yards(码)＝3.280 8 feet(英尺)
容积单位	1 quart(夸脱)＝2 pints(品脱)＝1.136 litres(公升) 1 bushel(蒲式尔)＝35.238 litres(公升) 1 gallon(美制,加仑)＝4 quarts(夸脱)＝3.785 3 litres(公升) 1 gallon(英制,加仑)＝4 quarts(夸脱)＝4.546 litres (公升)
面积单位	1 square meter(平方米)＝10.76 sq. feet(平方英尺)＝1.20 sq. yards(平方码)
体积单位	1 cubic meter(立方米)＝1.31 cu. yards(立方码)＝35.32 cu. inch(立方英寸)

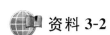

资料 3-2

国际贸易中商品重量的表示方法

在国际贸易中,按重量计量的商品很多。根据一般商业习惯,计算重量的方法有以下几种。

1. 净重与毛重

净重(net weight)是指商品本身的重量,按照国际惯例,如合同中对重量的计算没有其他规定,则应以净重计量。

有的商品需经包装后才能称量,所得重量为毛重。对价值较低的商品,可以在合同中规定以毛重计量,即"以毛作净"(gross for net)。如果需以净重计算,则必须从毛重中减去包装物的重量,即皮重。计算皮重主要有下列几种做法。

(1)实际皮重。称量每件包装物的重量。

(2)平均皮重。在包装物比较统一的情况下,可从全部商品中抽取一定件数的包装物,加以称量,求出平均每件包装物的重量。

(3)习惯皮重。适用于规范化的包装方式。包装的重量已为人所共知,无须称量。

（4）约定皮重。双方事先约定的包装重量。

2. 公量

对于含水率不稳定的商品，如羊毛、生丝、棉花等，国际上通常采用按公量（conditioned weight）计算的方法，即测定商品的实际回潮率（含水率）以计算商品干净重，再换算成公定（标准）回潮率的重量。计算公式如下。

$$公量＝商品的干净重＋商品的干净重×标准回潮率$$

$$商品的干净重＝\frac{商品的实际重量}{1＋实际回潮率}$$

3. 理论重量

对一些具有固定规格尺寸的商品，每件重量基本一致，一般可从件数推算出总重量，即所谓理论重量（theoretical weight），以方便买卖双方交接货物。

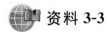 **资料 3-3**

数量机动幅度条款及其他数量相关条款

一、数量机动幅度条款

国际货物买卖合同中规定数量机动幅度有两种具体方法：一是溢短装；二是约量。

1. 溢短装条款（more or less clause）

溢短装条款，即在买卖合同中的数量条款中明确可以增减的百分比，但增减幅度以不超过数量的百分比为限。例如，100 000 码，卖方可溢装或短装 5％（100 000 yards 5％ more or less at seller's option）。这样，卖方交货时就比较灵活，只要在 100 000 码 5％上下幅度范围内，都可以对外交货，而无须硬凑 100 000 码。溢短装条款也可用"增加或减少"（plus or minus）或用±符号代替。

溢短装条款一般规定由卖方决定，是溢装还是短装，即卖方选择（at seller's option）。但是在由买方派船装运的情况下，为了便于适应船的装载能力，也可规定"由买方决定"（at buyer's option）。如在 FOB 合同中，国外买方往往要求在机动幅度内由他们决定多装或少装的数量。在特殊情况下，某些散装货可由船方选择。

2. 约量（about circa, approximate）

约量即在交货数量前加"约"字的规定数量机动幅度方式。这样也可使具体交货数量有适当的机动，可以多交或少交约定数量的一定百分比。但国际上对"约"字的含义解释不一，有的解释为 2.5％，有的解释为 5％。《跟单信用证统一惯例》（UPC 600）则认为，凡"约""大约"或类似意义的词语用于信用证金额或信用证所列数量或单价时，应解释为允许对有关金额、数量或单价有不超过 10％的增减幅度。不同的解释和理解容易引起纠纷，为此，在使用"约"量时，双方应先取得一致的理解，并达成书面协议，通常可以在一般交易条件中列明。

二、其他数量相关条款

有些合同中对数量条款有关于交货数量计量方法的规定，如以装运数量（shipping quantity）计量、以卸货数量（landed weight）计量，或以装卸平均数量（mean of shipping and landed quantity）计量等，不同的方法对数量计量的要求不同，外贸跟单员需特别注意。

任务二　签订生产合同

外贸跟单员在外贸合同分析的基础上,需根据外贸合同要求,在已开发的供应商库中选择合适的工厂,或新寻找合适的供货商,签订内贸供/订货合同,采购相应的产品。

一、选择或寻找生产企业

要找到合适的生产企业签订内贸生产合同,外贸跟单员首先可以在已开发的供应商库中进行选择。如果供应商库中没有合适的,或觉得对方的价格等条件偏高,可以转而寻找新的生产企业。

(一)在供应商库中选择

外贸跟单员在供应商库中选择生产企业的主要判别依据是主营产品、产能、价格和过往品质表现及出口经验等。首先是看该企业能否提供采购的产品,即该企业的主营产品中是否涵盖该类产品;其次是看企业的产能能否满足要求;再次是看企业提供的价格是否合适;最后是看企业产品过往品质表现及出口经验。

例如,某外贸公司与美国客户签订梭织男士裤子 15 000 条,合同于 2022 年 4 月 30 日拟定,7 月 1—5 日要求装运。该外贸公司的供应商库中的企业信息如表 3-2 所示。

表 3-2　企业信息

公 司 名 称	产能/(件/月)	主 营 产 品	主要出口市场	经营时间/年	工价/(元/件)
义乌天宏服装厂	5 000	梭织类夹克、裤子	日本、韩国、东南亚	3	13
萧山环桦服装有限公司	9 000	梭织+针织类外套、裤子、裙子	欧美	5	13
宁波恒意服装有限公司	7 000	针织类裙子、裤子	欧美、日本、韩国	7	14

首先,看主营产品。发现宁波恒意服装有限公司只生产针织类裤子,不符合要求,排除。

其次,看产能。合同于 2022 年 4 月 30 日拟定,7 月 1—5 日要求装运,因此 15 000 条裤子最多只有两个月的生产时间,也就是说产能至少要求 7 500 件/月,义乌天宏服装厂不符合要求,排除。因此只剩下萧山环桦服装有限公司。

最后,看萧山环桦服装有限公司的价格和出口经验,从表格看,比较符合要求。

若以往和萧山环桦服装有限公司合作过程中发现其产品品质表现比较好,则可联系萧山环桦服装有限公司,看能否与其签订供/订货合同。

本案例中,通过比较,很快就在供应商库中选中了一家。但在实践中,往往没有那么顺利,外贸跟单员可能遇到以下各种情况。

1. 有多家满足条件

若出现多家满足条件的情况,外贸跟单员可联系工厂,在产品质量、价格上做进一步比较,同时参看过往合作记录情况。选择其中一家签订供/订货合同。

2. 只有一家勉强满足条件

若出现只有一家勉强满足条件的情况,首先要判断"勉强"满足是否能克服。倘若"勉强"满足是由于生产技术原因可能导致质量无法保证的,考虑质量是"硬条件",短期内企业无法克服,此时建议寻找新厂家合作。倘若是因为产能原因"勉强"满足,考虑产能也许可以通过加班加点等方法克服。因此,转而找别的工厂合作便不是"必须"了,毕竟合作过的工厂更让人放心。倘若时间充裕,外贸跟单员可以尝试寻找更合适的供应商。但若时间紧,短期内无法寻找新的供应商时,外贸跟单员要快速判断该供应商能否通过加班等措施完成此订单。如果工厂可以通过加班等方案弥补产能不足的问题,那么也可考虑与其合作,但外贸跟单员要做紧密跟踪。

例如,某外贸公司与美国客户签订女士短裙 8 000 条,订单比较急,要求 15 天后装船,现有供应商中只有 A 工厂满足条件,但其产能略有不足,按平时的生产情况,A 工厂每月的产能是 13 000~14 000 件。A 工厂生产的具体情况:每周工作 6 天,每天 2 个班次,每个班次 8h,平均每小时有效(合格)生产 35 件。

本案例中,假如让 A 工厂生产 8 000 件短裙,由于交货时间为"15 天后",属于"短单"(交货时间比较短的单)。对于短单而言,在合理、合法的情况下,可考虑连续工作。例如本案中可考虑连续工作 14 天,则 8 000 件衣服每天需要的工作时间是 $8\ 000 \div 14 \div 35 = 16.33(h)$,目前该工厂每天工作 2 个班次,每个班次 8h,共 16h,因此只需要每天每个班次多工作 15~20min 即可。当然,也可以考虑每天每个班次加班 1h,工作 13 天 $[9 \times 2 \times 13 \times 35 = 8\ 190(件)]$。也就是说,通过计算,我们认为 A 工厂可以通过加班措施完成此订单。那么,外贸跟单员可联系该工厂,看其能否与我方签订生产合同。若外贸跟单员在计算判断后,发现工厂无法通过补救完成此订单的,那么也不可存在侥幸心理,需要快速寻找其他供应商合作。

3. 现有供应商中完全没有满足条件的

现有供应商中完全没有满足条件的,外贸跟单员需快速行动,寻找新的供应商。

(二) 寻找新的生产企业

若已开发的供应商中没有满足条件的,或者公司想寻找更好的供应商时,外贸跟单员需寻找新的生产企业。其寻找与筛选的方法与"项目一　开发供应商"任务中的方法类似,只是这一环节的时间紧,不能像平时开发供应商时筛选得那么细致。并且有些供应商寻找途径由于时间原因不一定适用,例如参加商品展销会这一方式需要时间上的配合,通常就很难用上了。

考虑此阶段寻找供应商时采购的产品已经有明确的要求,因此可以利用发布求购信息的方法,获得供应商资源。一般来说,时间紧迫时,发布求购信息往往是最有效、最快速的供应商寻找方法。

🗂 本任务生产企业选择具体要求

项目一完成时,你已经帮助外贸跟单员小李开发了部分女装生产企业,可以在这些供应商中选择一家合适的,或另找一家新的更合适的生产企业作为供货商。当然,生产企业的确定不是一定要在外贸合同签订之后,一般外贸业务员和外商谈判过程中就开始选择并确定产品供货商了。

二、签订内贸生产合同

（一）合同内容

与外贸合同一样，内贸生产合同也分为首部、主体、尾部三个部分。

合同首部一般包括合同的名称、缔约双方的名称和地址、合同编号、合同签订的日期等内容。如"样单 3-2"的内贸生产合同中的合同首部所示，合同缔约双方分别是浙江金源贸易有限公司和蓝天服装厂。

合同主体部分规定了双方的权利和义务，包括合同的各项交易条款，如商品名称、品质规格、数量、包装、单价和总值、交货期限、支付条款、运输与保险、检验、索赔、不可抗力和仲裁条款等。如"样单 3-2"内贸生产合同中的条款 1～7。

合同尾部一般包括合同的份数、缔约双方的签字、合同适用的法律和惯例等。如"样单 3-2"内贸生产合同中的条款 8 等。

（二）合同签订注意事项

外贸跟单员在签订产品供（订）货合同时，首先要有法律意识，知晓合同签订过程中法律意义上的注意事项。

就合同内容上而言，需注意以下事项。

（1）根据外贸合同要求，明确产品的品质和包装要求，若为凭样买卖，需将客户确认的样品交至生产企业，若客户还有其他产品相关资料（如产品工艺单等），需一并交予工厂。

签订合同
注意事项

（2）与生产企业明确原材料、辅料的提供方式，以及双方各自应承担的义务。

（3）向生产企业强调生产过程中的样品提供时间，如大货样提供时间等。

（4）根据加工生产企业的生产能力，结合信用证或合同规定的装运期，与企业商议生产进度，确定合理的交货期。

🗂 **本任务供（订）货合同签订具体要求**

选定供应商后，可参考"样单 3-2　内贸生产合同"的样本，以及"样单 3-1　外贸销售合同"的要求，拟制供（订）货合同一份。

企业供（订）货
合同范例

【样单 3-2】　内贸生产合同

供（订）货合同

需方：浙江金源贸易有限公司　　　　　　合同编号：2022S002
供方：蓝天服装厂　　　　　　　　　　　　签约地点：杭州
签约时间：2022 年 7 月 19 日
（1）品名、规格、颜色、数量、单价、金额。

品名	规格	颜色	数　量	单　价	金　额
短裙	全棉	红色	2 400 件	￥30.00	￥72 000.00
		黑色	2 400 件	￥30.00	￥72 000.00
合计	壹拾肆万肆仟元整（￥144 000.00）				

（2）交货期限和交货方式：2022 年 9 月 1 日交货，供方直接送上海码头需方指定仓库。

（3）质量要求：品质、颜色均按经双方确认的品质样执行，凡与品质样不一致的，一切质量问题均由供方承担。

（4）数量要求：数量控制在±1％之内。

（5）付款方式：先付 30％定金，其余提货时付 40％，余下 30％凭增值税发票在一个月内结清。

（6）包装要求：另附。

（7）解决合同纠纷方式：本合同履行中若发生争议，双方应及时协商解决，协商未果可按《民法典》解决。

（8）其他：

供方：蓝天服装厂	需方：浙江金源贸易有限公司
委托代表人：赵余	委托代表人：范华
地址：浙江省杭州市天保路 1 号	地址：浙江省杭州市天山路 18 号
电话：0571-86666666	电话：0571-88888888
开户行：中国银行浙江省分行	开户行：中国银行浙江省分行
账号：××××××××	账号：××××××××
纳税人识别号：××××××××	纳税人识别号：××××××××

注：1. 本合同经供需双方盖章签字后生效。

2. 本合同一式二份，供需双方各执一份。

3. 本合同有效期：2023 年 1 月 19 日止。

知识巩固与技能拓展

◆ 知识巩固

一、单项选择题

1. 外贸跟单员在外贸合同审查时，以下最需要注意的是（　　）。

    A. 合同签订地点是否合理　　　　B. 合同是否书面

    C. 合同当事人是否为公司法人代表　　D. 合同内容合法

2. 出口生丝计算重量的方法通常是（　　）。

    A. 毛重　　　　B. 净重　　　　C. 公量　　　　D. 以毛作净

3. 假如外贸合同中对重量的计量没有其他规定，通常以（　　）计量。

    A. 毛重　　　　B. 净重　　　　C. 公量　　　　D. 以毛作净

4. 在包装物比较统一的情况下，从全部商品中抽取一定件数的包装物，加以称量，求出平均每件包装物的重量，这是（　　）。

    A. 实际皮重　　B. 平均皮重　　C. 习惯皮重　　D. 约定皮重

5. 《跟单信用证统一惯例》对"约量"的解释为变动幅度不超过（　　）。

    A. 30％　　　　B. 50％　　　　C. 10％　　　　D. 15％

二、多项选择题

1. 由于国家间习惯的不同，常常习惯用不同的度量衡制度。在国际贸易中，通常采用（　　）等度量衡制度。

    A. 公制（The Metric System）　　　B. 英制（The Britain System）

    C. 美制（The U. S. System）　　　　D. 国际单位制（The International of Unit）

2. 接到外贸订单时,外贸跟单员应审核外贸订单中的(　　　)。

   A. 品名规格　　　　　　　　B. 交货数量

   C. 装运条款　　　　　　　　D. 包装方式

3. 我国《民法典》规定,合同的书面形式是指(　　　)。

   A. 合同书　　　　B. 信件　　　　C. 电传　　　　　　D. 电话录音

4. 外贸合同的书面形式可以是(　　　)。

   A. 合同(contract)　　　　　　　B. 销货确认书(sales confirmation)

   C. 协议(agreement)　　　　　　D. 订单(order)

三、计算题

1. 某外贸公司与西班牙公司达成了一笔100t生丝的出口交易,合同中规定以公量计算商品的重量,商品的标准回潮率确定为10%。当外贸公司按合同规定的装运期装运货物时,测得实际回潮率是21%。请问:外贸公司应装运多少才能达到合同规定的公量数?

2. 某外贸公司出口羊毛20t,标准回潮率为15%,实际回潮率从20t羊毛中抽样测算。假设抽样测算实际回潮率时,抽取了羊毛5kg,用科学方法去掉水分后,净剩羊毛4kg。这20t羊毛装船后,外贸公司与外商按公量结算货款,请问这批货应按多少公吨结算?

3. 在某一买卖合同中的数量条件中有如下规定:数量10 000t,可溢出10%。

(1) 假如合同规定按照装运数量计价,但卸货数量短少超过3%时,超过3%的那部分由卖方负担。若卖方装运重量10 000t,实际卸货重量9 900t,请问买方应按多少重量付款? 如果实际卸货重量为9 500t呢?

(2) 假如合同规定按照装运数量计价,但卸货数量短少如超过3%,短少部分全部由卖方负担。若卖方装出重量10 000t,实际卸货重量为9 900t和9 500t时,请问买方各应按多少重量付款?

◆ 技能拓展

1. 小王是A纺织品进出口有限公司的外贸跟单员。A公司接到国外客户下的60万米纯棉布订单,要求订单签后半个月内交货。小王发现现有供应商库中只有B工厂的产能比较符合要求。B工厂的产能情况如下:剑杆织机20台,每台配置车工1人,总人数20人,一般每周工作5天,每天一个班次,每班次8h,每工时能生产纯棉布200m。据此,小王对B工厂的产能进行了计算:正常产能为$200×5×1×8×20=16$(万米/周),$60÷16=3.75$(周),加班后最大产能为$200×7×24×20=67.2$(万米/周),$60÷67.2≈0.9$(周)<7(天)。根据计算结果,小王判断如果加班加点,60万米的棉布订单是可以在15天内完成的,因此,小王选择工厂B作为A公司的供应商。小王选择供应商B是否合理,A公司能在半个月内完成交货吗?

2. 外贸业务员成功签下外贸订单后,外贸跟单员要根据外贸合同寻找合适的工厂备货。以本项目中"样单3-1"的外贸销售合同为例,请回答作为外贸跟单员,哪些条款是跟单员后续备货工作中尤其要注意的呢? 请将它们找到并整理出来。

3. 扫描右侧二维码查看外贸服装出口合同后,回答:①外贸跟单员需要找工厂生产什么产品(产品名称+货描)? 生产多少数量? 什么时候交货? 包装有什么要求?②将合同中外贸跟单员要注意的其他重要信息整理出来。

外贸服装
出口合同

项目四

原材料采购跟单

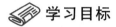学习目标

知识目标

1. 掌握原材料采购跟单的基本要求。
2. 掌握原材料采购跟单的流程。
3. 掌握原材料采购单的填制要点。
4. 掌握服装主要原材料(布料)的基础知识。
5. 掌握催单的方法。

能力目标

1. 给定服装图片及产品信息,能罗列服装生产物料采购清单。
2. 能填制服装主料类、辅料类、标类、包装类等物料的采购单。
3. 能对原材料采购进行跟踪,保障生产顺利进行。

素养目标

1. 面对种类多、细节多的服装原材料采购环节,能冷静、细心,不焦躁。
2. 具备多任务并行处理的能力,能分清不同原材料采购的轻重缓急。
3. 原材料采购数量需提前考虑好损耗,养成风险预判的工作习惯。

工作任务

工作任务描述

项目三中,浙江迪加贸易有限公司与德国客户 AFRO Co.,Ltd. 公司签订了 8 000 件女士夹克的外贸订单。假设浙江迪加贸易有限公司最后选中了杭州云赏服饰有限公司作为女士夹克的生产加工企业,外贸公司的跟单员小李负责生产跟踪。小李首先要做的就是服装原材料采购的跟踪。在大部分情况下,生产是包工包料的,也就是说原材料大多由合作工厂采购,外贸公司跟单员的主要任务是督促工厂按时将原材料采购到位,同时对原材料的质量进行把控,对需要测试的原材料及时安排或督促工厂按要求完成。此时,外贸跟单员的工作内容相对比较简单。

但有些外贸订单产品的生产,部分原材料需要外贸公司采购,也就是有时会出现包工不包料或包工半包料的情况。或者对于一些工贸一体型的出口公司而言,外贸订单可能在自己公司的工厂生产。这些情况下,外贸公司跟单员在原材料采购跟踪阶段的工作不再是督促签约工厂顺利完成原材料采购工作,而是要亲力亲为地协助自己公司的生产车间进行外贸订单生产所需原材料的采购与跟踪操作。假设本项目中 8 000 件女士夹克所需的配套辅料拉链需要浙江迪加贸易有限公司外贸公司跟单员小李进行采购与跟踪。那么,小李需要明确拉链的品种规格,以及具体的采购数量。明确采购要求,选定拉链供应商后,小李需填

制一份拉链采购单,并跟催拉链的到货。

工作任务分解

任务一 明确拟采购拉链的要求

根据客户提供的样品以及项目三外贸订单的要求,明确所需拉链的品种、数量、交货期及其他要求。

任务二 填制拉链采购单

明确拉链采购信息后,外贸跟单员需选定拉链供货商,填制一份拉链采购单(参看样单4-1)。

任务三 跟催拉链到货

采购单签订后,外贸跟单员需跟催拉链及时到货。请根据如下给定情形分析外贸跟单员小李跟催拉链到货的工作是否妥当。

物料采购单
模板(空白)

7月31日,因为第二天就是拉链的到货时间,外贸跟单员小李与拉链供货商上海极地的小林联系,询问拉链备货事宜,结果得知拉链生产延误,要晚一周到货。外贸跟单员小李顿时开始紧张起来,因为拉链不能及时到位将会影响生产的正常进行。小李立即与小林明确合同签订的到货时间,以及晚到货的后果,并且要求小林每日告知生产进度情况。在小李的紧密跟催下,8月3日,拉链备货完毕,并从上海运至浙江迪加贸易有限公司。在验收部门和外贸跟单员小李的共同验收后,拉链进入原材料库,并完成了入库登记。

【样单 4-1】 原材料采购单

×××有限公司

原 材 料 采 购 单

地　址:杭州市江干区九佳路725号　　TEL:0571-×××××××　　FAX:0571-×××××××

供应商:　　　　　　　PO:　　　　　　　订购编号:

联　系:　　　　　　　款　号:　　　　　订购日期:

传　真:　　　　　　　数　量:　　　　　交货日期:

电　话:　　　　　　　品　牌:　　　　　采购员:

编号与原材料名称		规格	单位	数量	单价	金额	备注
尺码							
比例							
数量							

跟单签名:　　　　　　　　　　　主管签名:

供应商签名:　　　　　　　　　　经理签名:

注:1. 以上货物价格包含增值税,月结60天,每月5日前由我司通过进出口公司交付支票或电汇货款。

2. 交货地点:我司。

3. 卖方应自备原材料损耗。

4. 针对上述货品若在材料、颜色、尺寸、交期等实际交易条件与本订购单不符时,我司有权取消本张订单,并保留向贵司索赔之权力。

任务执行基础知识

和工厂签订生产合同后,外贸跟单员的主要工作转移到跟踪产品生产中,目标是保证产品能按质、按量、按时完成。

产品的生产一般都会涉及原材料的采购,如制衣厂需要采购布料、辅料(如拉链、纽扣)等原材料,所以产品进入生产环节时,外贸跟单员的第一项工作是原材料采购跟踪。

外贸企业跟单员在原材料采购跟踪环节的工作主要是监督工厂的采购,一般不实际执行采购工作(包工不包料的情况除外)。相反,生产型外贸企业(工贸一体)的外贸跟单员在原材料采购环节的工作更具体些,常常参与实际的采购工作。为更好地掌握原材料采购环节的知识与技能,本项目站在工贸一体型企业外贸跟单员的角度阐述,即本项目中假设外贸订单由工贸一体型企业自己生产,企业的外贸跟单员要协助公司生产部门亲自采购订单所需原材料,并进行采购跟踪操作。

一、原材料采购跟单要求

原材料、零部件、辅助材料(以下简称原材料)采购跟单的目的在于在规定的期限内,获得符合外贸合同要求的原材料,避免企业停工待料。

采购通常指组织或企业的一种有选择的购买行为,其购买的对象主要是生产资料。它包含两层基本意思:一层为"采",即选择,从许多对象中选择若干个之意;另一层为"购",即购买,通过商品交易的手段把所选对象从对方手中转移到自己手中的一种活动。也就是说,采购是指从合适的货源那里,获得合适数量和合适质量的物资,并以合适的价格递送到合适的收货地点。

具体包含以下基本含义。

(1) 所有采购都是从资源市场获取资源的过程。

(2) 采购既是一个商流过程,也是一个物流过程。

(3) 采购是一种经济过程。

原材料采购跟单的基本要求是合适的交货时间、合适的交货质量、合适的交货地点、合适的分批交货数量及合适的交货价格,称为原材料采购跟单的"5R"要求。

1. 合适的交货时间(right time)

合适的交货时间是指企业所采购的原材料在合适的时间获得有效的供应。它是进行原材料采购跟单的中心任务。企业已安排好的生产计划若因原材料未能如期到达,会引起企业内部生产混乱,即会产生"停工待料"。有可能造成产品不能按计划出货,引起客户不满。但原材料也不是越早到达越好,若原材料提前很长时间就购回放在仓库里"等"着生产,则会造成库存过多,无形中增加了仓储和采购资金积压成本。同时,若生产过程中外商对原材料有新的要求,过早的原材料采购也会形成不必要的浪费。

总结而言,所谓"合适的时间"是指在预定的时间以最低的成本达成生产活动。对预先计划的原材料进货时间而言,迟于该时间固然不好,过多地早于该时间也是不可取的。非合适的交货时间可能产生的影响如下。

（1）延迟交货

① 交货的延迟，会阻碍生产活动的顺利进行，为生产现场及有关部门带来有形、无形的不良影响，增加企业成本。

② 原材料进货的延误，出现生产空等或延误而导致生产效率下降。

③ 为弥补原材料延迟交货导致的生产进度落后现象，需加班或增加临时工，致使人工费用增加，并会在一定程度上影响产品生产质量的稳定。

④ 被迫采用替代原材料，造成产品质量不符合要求，引起纠纷。

⑤ 影响企业员工的工作士气。

（2）提早交货

① 不急于要用到的原材料提早交货，会增加采购方仓储费、短途搬运费等费用。

② 原材料供应商提前交货，采购方提前付款，会增加采购方库存货物的资金占用成本，导致资金使用效率下降。

③ 外商提出原材料更改意见时，因原材料早已采购，更改成本较高。

2. 合适的交货质量（right quality）

在原材料采购跟单中，外贸跟单员不仅看重交货时间，合适的交货质量也应着重跟进。所谓合适的交货质量，是指供应商所交的原材料可以满足企业使用要求，不能"过低"，也不建议"过高"。过低的质量会引起外商的不满，显然是不容许的；过高的质量会导致生产成本提高，利润下降，同样不可取。

当然，相比较而言，原材料采购过程中外贸跟单员需着重注意的还是原材料质量"过低"或不达标的问题。相关案例可参看资料 4-1。

 资料 4-1

原材料质量问题案例：纱线质量不符导致服装出口订单延误

2022 年 11 月 16 日，国内某外贸公司与一意大利客商签订了一个 6 800 件的 POLO 衫订单，要求 2023 年 1 月 25 日交货。订单生产前期外贸跟单员发现纱厂送来的纱线质量较差，但他看了成衣后觉得纱线质量对成衣的影响不大，于是未提出异议。意大利客商上海办事处人员于 2022 年 12 月 10 日按照之前的约定来工厂做产品的中期检查，中期检查时发现纱线质量问题，提交意大利主管审核。主管核查后认为纱线质量不过关导致产品质量不符合要求，要求外贸公司更换纱线，损失由外贸公司承担。外贸公司只好重新安排纱线采购，新采购的纱线 2022 年 12 月 27 日才到，导致这个订单延误交货。

3. 合适的交货地点（right place）

为了节约企业的运输与装卸作业成本，在进行原材料跟单时应要求供应商在合适的地点交货，这些合适的地点可以是港口、物流中心、企业的仓库，甚至是企业的生产线上。只要方便企业装卸运输，可以降低交货成本的地点都是合适的交货地点。

4. 合适的分批交货数量（right quantity）

有些原材料数量比较多，假如一次性交货，会花费较多的仓储费，同时也增加了企业提前购买原材料的资金占用成本。分批交货可能降低企业资金占用、仓储等成本。但每批次的交货数量并不是越少越好，倘若分批交货数量过少，交货次数过多，可能会增加运输成本,并可能增加因某批原材料未按时到位产生停工问题的风险。

合适的分批交货数量是指综合考虑了仓储、资金占用及分批运输成本后,选取的较为经济的分批装运方案。

5. 合适的交货价格(right price)

所谓合适的交货价格,是指在市场经济条件下,对供需双方均较合适的,与交货质量、交货时间及付款条件等相称的价格。

一个合适的价格往往要经过以下几个环节的努力才能获得。

(1)多渠道获得报价

① 除了现有供应商的报价外,还可以寻找一些新的供应商获取报价,询价表如表 4-1 所示。企业与老供应商的合作时间较长,但它们的报价未必是最优惠的。

表 4-1 询价表

致_____公司   编号:

日期:

请将下列各原材料的报价于_____年____月____日前发至本公司采购部邮箱(×××@163.com)。

序号	货物名称	规格	单位	数量	单价	总价	交货时间	交货地点	日期
1									
2									
3									
4									
5									
6									
7									
8									
9									
10									
备注	① 以上各原材料应为全新货品,否则请注明; ② 附件:品质要求文件_____张;图纸_____张;调查表_____张。 ③ 请惠附企业简介、产品特性指标说明和价格构成表等								

② 在询价时应当进行压价和还价,以了解和掌握最低的市场价位。

(2)比价

① 对各供应商提供的报价信息进行比较。由于各供应商的报价单中所包含的条件往往不同,故需将不同供应商报价单中的条件转化为相对一致后,才能进行正确的比较,只有这样,才能得到真实可信的比较结果。

② 对于大批量、大金额的采购,比价环节要做得更细,防止因考虑不周全而出现采购成本过高的情况。

(3)议价

① 经过比价环节后,筛选出价格最合适的两三个报价进入议价环节。要注意的是合适价格,而不一定是最低的价格。

② 随着进一步的深入,不仅可以将详细的采购要求传达给供应商,而且可利用我方优

势进一步"杀价"。

③ 如果原材料为卖方市场,最后所取得的价格可能要比预期的高。此时可以用长期合作作为筹码进行谈判。

（4）定价

经过上述三个环节后,双方均可接受的价格,就是正式采购价。

二、原材料采购跟单的一般流程

原材料采购的一般流程如图 4-1 所示。

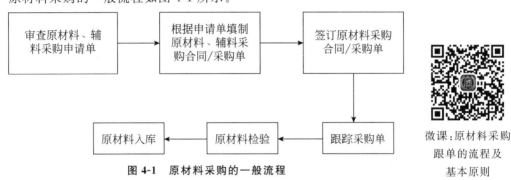

图 4-1　原材料采购的一般流程

微课:原材料采购
跟单的流程及
基本原则

原材料、辅料采购申请单一般由用料部门填制,外贸跟单员的工作则从审查该申请单开始,到原材料入库后结束。具体工作包括审查采购原材料辅料申请单、拟订并发出采购合同/采购单、跟踪采购合同/采购单、原材料检验、原材料接收入库等。

原材料订购
明细单范例

（一）审查采购原材料、辅料申请单

采购原材料、辅料申请单的发出是原材料采购跟单的起点,它通常由
"需用部门"（用料部门）制作。采购原材料、辅料申请单的内容通常有采购原材料的名称、规格、采购数量、需用日期等（表 4-2）。

表 4-2　采购原材料、辅料申请单

编号：　　　　　　　　　　　　　　　申请部门：　　　　　　　　　　　　　年　月　日

序号	物品名称	规格型号	数量	估计价格	用途	需用日期	备注

申请人：　　　　　　　　　　　申请部门经理：　　　　　　　　　　　批准人：

注:本单一式三联,第一联申请部门留存,第二联交采购部,第三联交仓库。备注栏须注明预算内、外。

外贸跟单员在审查采购原材料辅料申请单时,应重点审查以下四个方面。

（1）合适的采购人

采购所需的内容,只有需用部门最为清楚,由需用部门提出采购,最能准确地表达各项

原材料采购的内容与要求。

（2）以书面方式提出

① 有时原材料的采购涉及的内容较复杂，若仅以口头方式提出采购要求及条件，容易发生沟通上的错误，若在交货时发生纠纷，没有书面依据将增加处理难度。

② 以采购原材料辅料申请单等书面形式记载所需原材料的商品名称、规格、商品代号、数量、需用日期等内容，可使采购的内容与要求趋于明确。

（3）确定原材料采购要求

明确原材料的要求，包括原材料的成分、尺寸、形状、精密度、耗损率、合格率、色泽、操作方式、维护及售后服务等内容。

（4）以型号规格表明采购标准

可以用型号规格表示的，尽量用型号规格表示采购标准，例如，厂牌或商标、形状或尺度、化学成分或物理特性、生产方式或制作方法、市场等级、标准规格、样品、图纸、性能、效果、用途等。

（二）拟订并发出采购合同/采购单

1. 熟悉采购原材料的规格等要求

外贸跟单员首先需熟悉采购原材料辅料申请单中列明的原材料采购要求。对于要求不明确的，务必和用料部门沟通，直到没有疑问。

2. 确认质量标准

原材料质量直接影响生产产品的质量，外贸跟单员必须认真检查采购原材料的质量标准或要求，确保采购的原材料符合对外合同的要求。外贸跟单员既可以建立类似表 4-3 的供应商登记卡，平日与不同供应商合作时记录下供应商可供产品信息，也可以在记录卡中对其供货质量进行描述，以方便采购时更精准地找到符合采购要求的供应商。

表 4-3　供应商登记卡

编号：

公司基本情况	名　　称							
	地　　址							
	营业执照号				注册资本			
	联　系　人				部门、职务			
	电　　话				传　　真			
	E-mail				信用度			
产品情况	产品名称		规　格	价　格	质　量	可供量	市场份额	
运输方式		运输时间			运输费用			
备　　注								

3. 确认原材料采购数量

原材料的采购数量应与对外合同、订单总量相匹配,采购时需要考虑损耗。外贸跟单员在采购之前需对用料部门的原材料采购数量进行复核,如发现错误,外贸跟单员应及时提出并协调修改。

4. 询价并挑选供货商

明确原材料采购质量及数量要求后,外贸跟单员可多方询价,挑选出最合适的供货商商谈供货细节。

5. 签订原材料采购合同或采购单

选好原材料供应商,谈好交易细节后,外贸跟单员需拟制并和供货商签订原材料采购合同或采购单。原材料采购合同相对采购单严谨,内容比较全面,除包括主要合同标的物的交易信息外,还包括详细的合同验收标准、合同纠纷处理等内容。相较于采购合同,采购单的内容较为简单,拟制较为方便,因此常被应用于长期合作的供需方。采购单主要内容有原材料名称、

原材料采购
合同模板

价格及付款条件、采购量、质量标准、交货地点等信息(表4-4),另附有必要的图纸、技术规范、标准等。采购单是双方交货、验收、付款的依据,外贸跟单员在拟制过程中要仔细审核。

表4-4 原材料采购单范例

金寰(惠东)服装有限公司
原 材 料 采 购 单

地址:广东省增城新塘镇港口大道155号　　TEL:020-82765969　　　　FAX:020-82765859
供应商:昌盛五金　　　　　　　　　　　　PO:4007　　　　　　　　　订购编号:1095
联系人:罗生　　　　　　　　　　　　　　款号:8010　　　　　　　　订购日期:29-Dec-21
传真:0752-8877803　　　　　　　　　　　数量:6 000　　　　　　　　交货日期:01-Jan-22
电话:0752-8897197　　　　　　　　　　　品牌:　　　　　　　　　　采购员:许克勤

编号与原材料名称	规格	单位	数量	单价	金额	备注
9.5mm 哂色光身反凸珠撞钉		套	6 000	0.033	198.00	
尺码						
比例						
数量						

跟单签名:　　　　　　　主管签名:
供应商签名:　　　　　　经理签名:

注:1. 以上货物价格包含增值税,月结60天,每月5日前由我司通过进出口公司交付支票或电汇货款。

2. 卖方应自备原材料损耗。

3. 针对上述货品若在材料、颜色、尺寸、交期等实际交易条件与本订购单不符时,我司有权取消本张订单,并保留向贵司索赔之权力。

(三) 跟踪采购合同/采购单

采购单跟踪是确保生产顺利开展的重要工作。对于那些长期合作的、信誉良好的原材料供应商,采购单跟踪工作相对简单一些。但对一些新合作的供货商,或有特殊要求的原材料采购,外贸跟单员则应全力跟踪。主要跟踪内容如下。

1. 跟踪原材料的生产加工工艺

原材料生产加工工艺是进行加工生产的第一步,外贸跟单员若发现供应商没有相关加工工艺和能力,或者加工工艺和能力不足,应及时提醒供应商改进,并提醒供应商如果不能保质、保量、准时交货,则要按照采购单条款进行赔偿,甚至取消采购。

2. 跟踪生产用原材料

若原材料生产过程也需采购生产用的原材料,则外贸跟单员也应关注生产所需原材料采购的关键问题。

3. 跟踪加工过程

不同原材料的生产加工过程是有区别的,为了保证货期和原材料的质量,外贸跟单员需要对加工过程进行必要的跟踪。

4. 跟踪组装检测

对于需要组装检测的原材料,外贸跟单员需按要求进行组装检测。

(四) 原材料检验

原材料生产完毕,需对原材料的质量进行检验,该检验工作可以在原材料供应商处进行,也可在采购工厂进行。原材料检验工作一般需经过以下步骤。

1. 确定检验日期

一些原材料、大型零部件如钢材、铜、PVC、机械部件、成套设备部件、大型电子装置部件,往往需到供应商所在地现场检验;有些原材料,如轻小型零部件,供应商可寄送采购方检验。若外商要求第三方检验的,需提交第三方进行检验。外贸跟单员应与供应商商定合适的检验日期及地点,以保证检验效率。

2. 通知检验人员

对于有质量检验专业人员的企业,质检人员应配合外贸跟单员前往检验地点进行原材料、零部件的检验。没有质检人员的企业,外贸跟单员除掌握产品的检验方法外,还要通知供应商质量管理人员一同参与。安排检验要注意原材料、零部件的轻重缓急,对于紧急原材料、零部件要优先检验。

3. 进行原材料质量检验

对于一般原材料,采用正常的检验程序;对于重要原材料,或供应商在此原材料供应上存在质量不稳定问题的,则要严加检验;对于不重要的原材料,或者供应商在此原材料供应上质量稳定性一直保持较好的,则可放宽检验。原材料检验的结果分为两种情况:合格材料、不合格材料。不合格材料的缺陷种类有致命缺陷、严重缺陷、轻微缺陷。检验的结果应以数据检测及相关记录描述为准。

4. 处理质量检验问题

对于有严重缺陷的原材料,外贸跟单员应要求供应商换货;对有轻微缺陷的原材料,外贸跟单员应与质量管理人员、设计工艺人员协商,同时考虑生产的紧急情况,确定是否可以返工返修后使用;对于偶然性的质量问题,外贸跟单员要正式书面通知供应商处理,对于多次存在的质量问题,外贸跟单员应提交企业质量管理部门正式向供应商发出《质量改正通知书》,要求供应商限期改正质量问题;对于出现重大质量问题的,则由采购方企业组织专题会议,参加人员应有设计人员、工艺人员、质量管理人员、跟单员等,一起讨论质量问题的对策,确定是因为设计方案的问题还是供应商的问题。前者要修改设计方案,后者要对供应商进行处理,包括扣款、质量整改、取消供应商资格等。

(五)原材料接收入库

1. 协调送货时间

送货时间需要外贸跟单员与供应商沟通协调确定,如果供应商在没有得到采购方许可的情况下送货,则有可能导致送货操作过程的混乱,或可导致运输费用、仓储费用的增加。相反,如果外贸跟单员在没有提前和供应商沟通协调的情况下,突然通知供应商立即送货,则可能导致"原材料不能按期到达"的后果。

2. 协调接收

企业仓库每天要进出大量的原材料、零部件、产品、半成品等,其过程有卸货、验收、入库信息操作、搬运、库房空间调配等。对于大数量、大体积的原材料,可能因为库房没有接收计划或仓库存储空间不够而临时拒绝接收。因此在供应商送货前,外贸跟单员一定要协调好仓库部门的接收工作。

3. 通知送货

外贸跟单员应在和供货商约定好的送货日期前及时提醒供货商安排送货,供应商在得到送货通知后,应立即组织专职人员进行处理,将原材料送至指定仓库。

4. 原材料入库

(1)检查送货单据及装箱单据。
(2)核对货物型号、数量,并检查包装与外观。
(3)卸货并清点原材料数量,并搬运入库。
(4)填写"原材料入库单据",并将原材料入库信息录入数据库。

三、原材料采购跟催

采购单签订后,外贸跟单员并不能高枕无忧地等着供应商把所采购的原材料按质、按量送达指定仓库。外贸跟单员需跟催原材料交货进度,及时掌握供应商原材料采购情况,碰到问题时尽快采取相应措施处理。

(一)原材料采购跟催的方法

催单的管理方法主要有按交货期跟催、定期跟催两种。

1. 按交货期跟催

按交货期跟催即按交货期提前一定时间进行跟催。通常采用以下方法。
(1)联单法。将采购单按日期顺序排列好,提前一定时间进行跟催。
(2)统计法。将采购单统计成报表,提前一定时间进行跟催。
(3)跟催箱。制作一个30格的跟催箱(图4-2),将采购单依照日期顺序放入跟催箱,每天跟催相应的采购单。

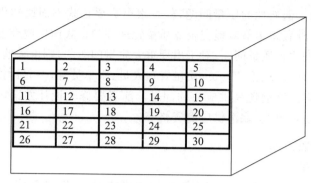

图 4-2　跟催箱

（4）电子提醒法。利用计算机或商务手机的专用软件功能按采购单的交货期进行事先设定，自动提醒跟催。

2. 定期跟催

定期跟催是指每月或每周固定时间跟催，外贸跟单员将要跟催的采购单整理好，打印成报表定期统一跟催。

按交货期跟催和定期跟催适用于一般原材料采购的催单，若是遇到特殊原材料需做紧密跟催的，则要另外设计跟催方案。

（二）原材料采购跟催的规划

外贸跟单员在下达采购单或签订采购合同时，应根据所采购原材料的业务量、重要性与否，决定监控的方式。采取跟催的方式可分为一般跟催、预定进度跟催和驻厂跟催等。

1. 一般跟催

对于数量不多、采购时间比较短的原材料，通常做一般跟催。以服装订单为例，服装需要采购面料和各种辅料，其中的辅料采购一般采购时间比较短，大部分辅料以快递的方式寄送，外贸跟单员只需要在接收快递并登记入库时查看同一生产订单下的辅料是否还有未按期到达的，如果有比较紧急但尚未到达的辅料，再进行跟催即可。

2. 预定进度跟催

预定进度跟催适用于重要原材料采购的跟催。可采用上述按交货期跟催、定期跟催两种方法。

3. 驻厂跟催

对于特别重要的原材料，若供货进度严重落后的，可进行驻厂跟催。

（三）催单工作要点

要进行有效的进度跟催，必须要做好催单的事前规划、事中执行与事后考核。具体工作要点如下。

（1）事前规划

① 确定交货日期及数量。

② 了解供应商生产设备情况。

③ 要求供应商提供生产计划表或交货日程表。

（2）事中规划

① 了解供应商备料情况。

② 了解供应商的生产效率。

③ 加强交货前的催单工作。

④ 及时传达交货期及数量变更的通知。

⑤ 尽量减少规格变更。

（3）事后规划

① 对交货迟延的原因进行分析并做好对策措施准备。

② 分析是否需要更换供应商。

③ 记录供应商表现,实施对供应商的奖惩。

四、原材料采购跟单经常出现的问题

原材料采购跟单是要求依据采购单所载明的原料、品名、规格、数量和交货期等进行跟进,满足加工企业在生产活动中对原材料的需求。在实际业务中,停工待料或原材料瑕疵的现象时有发生,经常出现问题主要有两个方面。

1. 原材料供应商的责任

原材料供应商方面的原因如下。

（1）管理能力方面

生产交货时间计算错误;生产、采购进程管理不健全;质量管理不到位;对再转包管理不严;交货期责任意识不强。

（2）生产能力方面

超过产能接单;临时急单插入;小批量订单需合起来生产;需调度的材料、零配件采购延迟,生产量掌握不准确。

（3）技术能力方面

超过技术工艺标准接单;对新下单产品不熟悉;机器设备故障率高。

（4）其他方面

春节等节假日期间员工流动性大,节后招工不足;企业经营业绩不佳,经营者考虑调整经营方向;新冠疫情等不可抗力导致停工停产。

2. 采购方的责任

采购方企业方面的原因如下。

（1）管理能力方面

① 对原材料供应商的生产能力调查不深入,出现原材料供应商选择失误。

② 客供材料、零部件向生产方的供应延迟,造成生产方生产延误。

③ 对供应商生产工艺等技术指导、图纸接洽、变更说明等不到位,质量要求不明确,造成产品交货不符要求。

（2）信息沟通方面

与供应商沟通存在问题,采购单或指示联络事项阐述不清,联络指示不切实际,单方面指定交货期,业务手续不全造成工作耽误。

（3）其他方面

外贸跟单员经验不足,确保货期意识不强,未能掌握供应商产能的变动,对进度掌握与督促不够。

任务操作指导

任务一　明确拟采购拉链的要求

作为服装出口企业的外贸跟单员,需十分熟悉面料、辅料、标签吊牌等服装原材料的基本专业知识,采购过程中要明确订单产品对原材料的要求。对于服装主料面料的基础知识及跟单要点可参看资料 4-2。

本任务中,根据德国客户的订单数量,假设检查库存后发现配套的辅料拉链需外贸跟单员外购。此时,跟单员需明确所需拉链的品种、数量、交货期及其他要求。

检查外贸订单,发现客户在订单中提到"AZO-colors and nickel accessories are prohibited.",也就是说含有偶氮化合物的染料是被禁止的,且衣着附件不允许含镍。如果长期接触含镍的产品,会对皮肤产生严重的刺激,因此拉链要做抗镍处理。再根据以往对德国客商的供货经验,知晓德国客商对服装及附件的品质要求较高,要求拉链过检针机,以免有断针。根据拉链是用于中长款棉夹克,最后确定为开口右插拉链 5 号古铜自动头(M6)检针抗镍 TL 型上止的金属拉链,如图 4-3 所示。

图 4-3　开口右插拉链 5 号古铜自动头(M6)

考虑不同尺码的衣服所需拉链长度是不一样的,计算采购量列表如表 4-5 所示。

表 4-5　拉链采购需求

原材料名称	女式夹克尺码	拉链长度/cm	颜色	单位	数量
开口右插拉链 5 号古铜自动头 (M6) 检针 抗镍 TL 型上止	S	68.5	古铜	条	1 200
	M	69.5	古铜	条	2 400
	L	71.5	古铜	条	2 400
	XL	72.5	古铜	条	1 200
	XXL	73.5	古铜	条	800
合　计					8 000

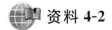 **资料 4-2**

面料基础知识

一、面料种类

1. 按织造方法分类

针织面料（knitted fabric）：由纱线顺序弯曲成线圈，而线圈相互串套而形成织物。针织面料弹性好，有较大的透气性能，手感松软。

梭织面料（woven fabric）：由两条或两组以上的相互垂直纱线，以 90°角作经纬交织而成的织物，梭织面料一般比较紧密、挺硬。

非织造面料（non-woven fabric）：由纺织纤维经黏合、熔合或其他机械、化学方法加工而成，如无纺布等。非织造面料生产工艺流程短，反复洗涤性、拉伸强力和悬垂性等较传统织物差。

2. 按面料成分分类

按面料成分分类，可以分为棉、丝、毛、麻、涤纶、锦纶、氨纶等面料，不同的面料有不同的特性。例如，德国客户 AFRO Co.，Ltd. 公司所订购的 8 000 件女士夹克外料为棉，棉纤维的透气性好，穿着舒适。棉纤维对染料具有良好的亲和力，染色容易，色谱齐全，色泽也比较鲜艳。夹克的里料和填充物都是涤纶，涤纶有结实耐用，耐皱性好等特点。

微课：服装原材料采购跟单之面料入门知识　　服装针织面料专业用语（中英文）　　常见面料介绍　　服装面料纤维成分（中英文）

3. 按后整理的程度分类

按后整理的程度，可以分为坯布（原色面料）、染色面料（匹染或色织）、印花面料、绣花面料、提花面料等。

二、面料基础专业术语

各行各业因为不同的性质、特点、用途，都有自己的一套语言，即专业术语，也称"行话"，做服装行业的外贸跟单员也需掌握服装行业专业术语。下面以梭织面料为例，对面料组织结构、纱支、幅宽、克重、缩水率、色牢度、缩水率等常用专业术语简单介绍如下。

1. 经纱和纬纱

梭织面料由经纱和纬纱织造而成，其中，纵向的纱线叫经纱（warp），横向的纱线叫纬纱（weft）。

2. 纱支（yarn count）

纱支是指织物经、纬纱的粗细，纱支的数字与其粗细成反比，数字越大，则纱线越细。一般表示方法为经纱号数（支数）×纬纱号数（支数）。例如：棉细布 30×36，表示经纱 30 支、纬纱 36 支。我们平时所说的高支棉，就是用比较细的纱线织出来的棉布。

3. 经纬密度(threads per unit length)

经纬密度用于表示梭织物单位长度内纱线的根数,一般为 1 英寸或 10cm 内纱线的根数,我国国家标准规定使用 10cm 内纱线的根数表示密度,但纺织企业仍习惯沿用 1 英寸内纱线的根数来表示密度。如"40×40/128×68"表示经纱、纬纱分别为 40 支,经纬密度为 128×68(128 代表每平方英寸中排列的经纱为 128 根,68 代表每平方英寸中排列的纬纱为 68 根)。

有时面料不分别写明经纬的密度,而是用经纬的密度和来表示织物的密度。例如,8 000 件女士夹克的外贸订单中对夹克里料的描述为"Lining:100% polyester,230T",这里的"230T"指的是里料的经纬线密度和为 230,即每平方英寸中排列的经纱纬纱总根数为 230 根。

4. 幅宽(fabric width)

面料的幅宽又叫门幅,指织物横向两边之间的距离,即布匹的宽度。常见的有 36 英寸、44 英寸、56~60 英寸等,分别称作窄幅、中幅与宽幅,高于 60 英寸的面料为特宽幅。幅宽信息一般跟在面料粗细及密度信息之后,例如:

45×40/128×68　57/60″

这里的 57/60″就是幅宽。

在生产过程中,由于布匹两端常常出现毛边等不能使用的部分,因此一般除去毛边计算可用部分,称为有效门幅。

5. 克重(fabric weight)

克重是指织物单位面积的重量,又称平方米重。对于一些价值较低的面料,规格描述时一般会省略经纬粗细及密度信息,而以简单的克重信息表示采购规格。

6. 组织结构

梭织面料也称机织物,是把经纱和纬纱相互垂直交织在一起形成的织物。其基本组织有平纹(plain)、斜纹(twill)、缎纹(satin weave)三种。其他梭织面料也是由这三种基本组织变化而来,如雪纺(chiffon)、牛津布(oxford)、牛仔布(denim)、法兰绒(flannel)、花缎(damask)等。

平纹、斜纹、缎纹织造示意图及比较

(1) 平纹

平纹组织是最简单的织物组织,由经纱和纬纱一上一下相间交织而成。平纹组织织物特点如下。

① 因平纹组织的经、纬纱线每隔一根就交错一次,因此相同根数的经、纬纱排列面内,交织次数最多,纱线屈曲最多,浮长线最短。使织物坚牢、耐磨、硬挺、平整,但弹性较小,光泽弱。由于经纬纱交织次数多,纱线不易靠得太紧密,因而织物的密度一般不会过大。

② 正反面的外观相同,表面平坦,花纹单调。

③ 在相同规格下,与其他组织织物相比最轻薄。

④ 织物不易磨毛、抗勾丝性能好。

⑤ 可织密度最小(可密性差)、易拆散。

棉府绸、青年布、凡立丁、派力司、电力纺、乔其纱、人棉布(粘纤平布)、涤丝纺等都是常见的平纹织物。

（2）斜纹

经组织点（或纬组织点）连续成斜线的组织称为斜纹组织。根据纹路指向，由左下指向右上者为右斜纹，以↗表示；由右下指向左上者为左斜纹，以↖表示。斜纹织物特点如下。

① 斜纹织物与平纹织物相比，在组织循环内交织点较少，有浮长线，织物的可密性大（也就是斜纹织物较平纹织物而言，经、纬纱密度可大些），织物柔软，光泽较好。

② 正反面外观不同，如正面↗，反面↖。

③ 交织次数比平纹少，织物手感较软。

④ 织物比平纹厚而密。光泽、弹性、抗皱性比平纹好。

⑤ 耐磨性、坚牢度不及平纹织物。

卡其、哔叽、华达呢、啥味呢、真丝斜纹绸、美丽绸等都是常见的斜纹织物。

（3）缎纹

缎纹是三原组织中较为复杂的一种。其组织点间距较远，每间隔四根以上的纱线才发生一次经纱与纬纱的交错，且这些交织点为单独的、互不连续的、均匀分布在一个组织循环内。织物表面具有较长的经向或纬向的浮长线。缎纹织物特点如下。

① 缎纹织物表面平整、光滑，富有光泽。正反面外观不同。因为较长的浮线可构成光亮的表面，它更容易对光线产生反射，特别是采用光亮、捻度很小的长丝纱时，这种效果更为强烈。

② 经纱或纬纱浮线长，易摩擦起毛、勾丝。

③ 经纬纱交织点最少，可织的密度最大，缎纹织物比平纹、斜纹厚实，质地柔软，悬垂性好。

④ 表面平滑匀整，富有光泽。

横贡缎、直贡缎、素绉缎、织锦缎、软缎等都是常见的缎纹织物。

7. 色牢度（color fastness）

色牢度即染色牢度，是指染色织物在使用或加工过程中，经受外部因素（挤压、摩擦、水洗、雨淋、曝晒、光照、海水浸渍、唾液浸渍、水渍、汗渍等）作用下的褪色程度，是织物的一项重要指标。常见色牢度测试包括水洗色牢度（washing fastness）、干洗色牢度（dry-cleaning fastness）、摩擦色牢度（rubbing fastness）、日晒色牢度（light fastness）、汗渍色牢度（perspiration fastness）等。通常根据试样的变色程度和未染色贴衬织物的沾色程度来评定色牢度等级，除耐光色牢度为八级外，其余均为五级。级数越高，表示色牢度越好。

微课：服装原材料采购之面料跟单

8. 缩水率（shrinkage）

织物的缩水率是指织物在洗涤或浸水后织物收缩的百分数。缩水率最小的是合成纤维及混纺织品，其次是毛织品、麻织品，棉织品居中，丝织品缩水较大，缩水率最大的是黏胶纤维、人造棉、人造毛类织物。

面料缩水测试一般交由第三方进行，工厂根据具体情况判断是否需要在服装生产前对布料进行预缩处理。

任务二　填制拉链采购单

根据拟采购拉链的信息,小李向企业的长期供应商——上海极地拉链有限公司(以下简称为上海极地)业务员小林询问是否供应该品种拉链,小林回复可供应。小李又询问了其他供应该品种拉链的厂家,在进行比价后,发现上海极地和其他两家价格相当,上海极地又是长期供应商,因此小李和上海极地的小林继续磋商。在谈妥了价格、数量及交货期后,小李填制了表 4-6 所示原材料采购单,经过经理审批后,通过邮件传送给上海极地的小林。采购单除品名、规格、数量、单价等条款以外,还包括交货方式等一般条款。

(1) 交货方式。新品交货附带备用零件,交货时间与地点等的规定。

(2) 验收方式。检验设备、检验费用、不合格品的退换等规定,多交或少交数量的处理。

(3) 处罚条款。迟延交货或品质不符的扣款、赔偿处理或取消合约的规定。

(4) 履约保证。按合约总价百分之几,退还或没收的规定。

(5) 品质保证。保修或保修期限,无偿或有偿换修等规定。

(6) 仲裁或诉讼。对买卖双方的纷争,约定仲裁的地点或诉讼法院的地点。

(7) 其他。如卖方保证买方不受专利权分割的诉讼等。

采购单填写过程中,外贸跟单员需注意以下问题。

(1) 采购单应写明客户、款号、订单数量及下单日期、交货期等。

(2) 合理设置交货期。交货期一般在下单后 2~10 日内。对于一些交货数量较大,生产时间较长的原材料,在不影响生产进度的情况下,可酌情延长交货期。以服装订单为例,若服装所需腰带需要定制,不能快速交货的,考虑腰带是服装配饰,不影响服装生产进度,可降低采购时间要求。若遇到面料供货量大不能短时间内交货的,考虑面料供应会影响生产开工时间,因此不能晚交货,但可以考虑设置分批交货期。本例中假设拉链到货的最晚时间是 8 月 7 日,根据经验,上海极地存在延迟交货的情况,为预防供应商延迟交货,外贸跟单员小李应在采购单中将交货期提前,如规定 2022 年 8 月 1 日交货。

(3) 拉链不仅要写明型号、长度、颜色、材质,同时还要注明拉链头的代码。本例中的拉链是开口右插金属拉链 5 号古铜自动头(M6)拉链检针抗镍 TL 型上止。如果是纽扣、五爪扣,则要写清材质、尺寸大小、颜色等。

(4) 交货地点写购货公司为宜。

(5) 采购数量要考虑损耗。有时供应商会主动提供备用件以供采购方应对可能的损耗。外贸跟单员应明确供应商是否提供损耗件,若不能提供的,应在考虑损耗后增加采购数量。由于浙江迪加贸易有限公司是上海极地的老客户,所以表 4-6 的采购单中写明了上海极地会提供 3%以内的原材料损耗件。

微课:原材料
采购跟单之服装
物料采购单填制

拉链销售协议范例

表4-6 原材料采购单

浙江迪加贸易有限公司

原 材 料 采 购 单

地址:浙江省杭州市××区××路××号　　TEL:0571-86251243　　FAX:0571-86251240

供应商	上海极地拉链有限公司	PO	JD0519	订购编号	JD051926
联系	林可	款 号	M6	订购日期	25-JUL-22
传 真	021-8877××××	数 量	8 000	交货日期	01-AUG-22
电 话	021-8897××××			采 购 员	李应

编号与原材料名称	长度/cm	颜色	单位	数量	单价/百条	金 额
开口右插金属拉链3号古铜自动头检针抗镍TL型上止	68.5	古铜	条	1 200	425.00	5 100
	69.5	古铜	条	2 400	415.00	9 960
	71.5	古铜	条	2 400	410.00	9 840
	72.5	古铜	条	1 200	404.50	4 854
	73.5	古铜	条	800	399.50	3 196
合计				8 000		32 950

跟单签名:　　　　　　　　　　主管签名:
供应商签名:　　　　　　　　　经理签名:

注:1. 以上货物价格包含增值税,月结30天,每月5日前由我司交付支票或电汇货款。
　　2. 交货地点:我司。
　　3. 卖方供应原材料损耗(不超过3%)。
　　4. 针对上述货品若在材料、颜色、尺寸、交期等实际交易条件与本订购单不符时,我司有权消本张订单,并保留向贵司索赔之权力

任务三　跟催拉链到货

　　浙江迪加贸易有限公司与上海极地拉链有限公司签订拉链采购合同后,外贸跟单员小李负责拉链到货跟催工作。

　　7月31日,因为第二天就是拉链的到货时间,外贸跟单员小李与上海极地的小林联系,询问拉链备货事宜,结果得知拉链生产延误,要晚一周到货。外贸跟单员小李顿时开始紧张起来,因为拉链不能及时到位将会影响生产的正常进行。小李立即与小林明确合同签订的到货时间,以及晚到货的后果,并且要求小林每日告知生产进度情况。在小李的紧密跟催下,8月3日,拉链备货完毕,并从上海运至浙江迪加贸易有限公司。在验收部门和外贸跟单员小李的共同验收后,拉链进入原材料库,并完成了入库登记。

 本任务中外贸跟单员拉链催货工作分析

　　本任务中,外贸跟单员小李只在交货前一天对拉链到货情况做了跟踪,这样的做法不甚

妥当,但这一做法却是外贸服装出口公司实际操作时比较常见的情况。这是因为服装生产所需原材料种类较多,若每一个物料都做紧密跟踪,工作量会非常大。因此,通常只对急用物料做紧密跟踪,其他不紧急的原材料很少做紧密跟踪。本案例中,小李碰到拉链采购不能按约定时间到货时的反应迅速,采取的措施到位,因此拉链最终到货时间并没有拖延很久。

为避免原材料因跟催不到位产生的问题,建议外贸跟单员可以在拟制采购单时将原材料交货时间提前几天,以预留出一定的时间应对原材料交货延迟的情况。若发现物料未按采购单约定时间到货,再去催货也会有一定的延缓时间,不至于因为交货延迟一些而影响产品生产进度。同时,一旦发现原材料该到未到的情况,外贸跟单员就需做好紧密跟踪,以避免因原材料到货太晚造成大的损失。

知识巩固与技能拓展

◆ **知识巩固**

一、单项选择题

1. 以下不属于针织面料特性的是( )。
   A. 弹性好　　　　　　　　　　B. 透气性好
   C. 面料挺硬,适合做外套　　　　D. 手感松软

2. 以下说法正确的是( )。
   A. 纵向的纱线叫经纱　　　　　　B. 横向的纱线叫经纱
   C. 经纱的英文表达是 weft　　　　D. 经纱的英文表达是 yarn

3. 面料描述显示:$45\times40/128\times68\ \ 57/60''$,这里的 $57/60''$ 指的是面料的( )。
   A. 长度　　　B. 粗细　　　　C. 密度　　　　D. 幅宽

4. 以下梭织面料属于典型的平纹织物的是( )。
   A. 牛津布　　　B. 棉府绸　　　C. 卡其　　　　D. 素绉缎

5. 以下梭织面料属于典型的斜纹织物的是( )。
   A. 牛津布　　　B. 棉府绸　　　C. 卡其　　　　D. 素绉缎

6. 以下梭织面料属于典型的缎纹织物的是( )。
   A. 牛津布　　　B. 棉府绸　　　C. 卡其　　　　D. 素绉缎

7. 青年布是用单色经纱和漂白纬纱或漂白经纱和单色纬纱交织而成的棉织物,属于色织布,青年布的英文表达是( )。
   A. broad cloth　　B. taffeta　　　C. chambray　　　D. twill

8. 纱卡是卡其面料的一种,是典型的斜纹织物,其英文表达是( )。
   A. polyester　　B. single-yarn drill　C. cambric　　　D. khaki

二、多项选择题

1. 以下由于采购商原因而引起原材料供应不及时的是( )。
   A. 采购方对原材料供应商的生产能力或技术能力调查不深入,出现原材料供应商选定失误
   B. 客供材料、零部件向生产方的供应延迟,造成生产方生产延误
   C. 采购方与供应商沟通存在问题,采购单或指示联络事项阐述不清,指示联络不切实际,单方面指定货期,业务手续不全造成工作耽误

D. 采购方对供应商生产工艺等技术指导、图纸接洽、变更说明等不到位,质量要求不明确,造成产品交货不符要求

2. 以下属于原材料跟单的基本要求是(　　　)。

A. 适当的交货时间　　　　　　　　B. 适当的交货质量

C. 适当的交货地点　　　　　　　　D. 适当的分批交货数量

3. 如果原材料交货延迟,会产生的影响是(　　　)。

A. 由于原材料进货的延误,出现生产待料空等或延误,导致生产效率下降

B. 为追上生产进度,需加班或增加员工,导致人工费用增加

C. 被迫采用替代品或使用低品质的原材料,造成产品质量不符合要求,引起纠纷

D. 生产不连续,影响员工工作士气

4. 以下属于外贸跟单员对原材料(零部件)进仓应该采取的步骤有(　　　)。

A. 协调送货　　　B. 协调接收　　　C. 货物验收　　　D. 原材料入库

5. 外贸服装订单生产中一般需要采购的原材料(物料)是(　　　)。

A. 面料等主料　　　B. 拉链等辅料　　　C. 标签、挂牌类　　　D. 包装类

三、判断题

1. 采购的原材料的交货时间宜早不宜迟,因此交货期越早越好。　　　　　(　　　)

2. 对于原材料采购的交货地点,只要是方便企业装卸运输的地点都是适当的交货地点。

(　　　)

3. 价格的确定是其他人交代的,是其他人的责任,外贸跟单员不需要进行原材料采购价格的确认。　　　　　　　　　　　　　　　　　　　　　　　　　　　(　　　)

4. 一般而言,长期合作的供应商的报价是最低的。　　　　　　　　　　(　　　)

5.《采购原材料辅料申请单》通常由外贸跟单员制作。　　　　　　　　(　　　)

6. 外贸跟单员应该先与供应商协调送货时间,并跟仓库协调接收后再通知供应商送货,否则会引起货物进仓的混乱。　　　　　　　　　　　　　　　　　　(　　　)

7. 外贸跟单员跟踪原材料主要是督促原材料供应商按时、按质量交货。　　(　　　)

8. 对于重要原材料的采购,除要求供应商按期递送进度表外,必要时外贸跟单员还可以驻厂监督原材料供货进度。　　　　　　　　　　　　　　　　　　　(　　　)

四、简答题

1. 对于原材料能不能按时供应,外贸跟单员应事先预计可能发生的问题,从原材料供应商角度看,一般会出现哪些问题而导致原材料供应发生问题?

2. 对原材料采购单的跟踪,外贸跟单员主要跟踪哪些内容?

3. 对于所采购原材料的接收进仓工作,外贸跟单员应做好哪几方面的工作?

4. 小王是 A 公司新进的外贸跟单员,最近公司接到国外客户的一个大单。业务经理让小王负责这个单子的跟进工作。小王首先要对原材料采购进行跟踪,确保原材料按期到位,以便顺利开工。对于刚毕业没有工作经验的小王来说,这个工作是不小的挑战。你觉得小王应该怎样进行原材料采购的催单规划?

◆ 技能拓展

1. 请根据本书项目三中女式夹克衫出口订单要求,罗列完成该订单产品的生产需采购的物料清单。

2. 请在上述采购清单中选择四种采购物资,填制采购单(要求:主料1个,辅料1个,标签挂牌类物料1个,包装类物料1个)。采购单模板可参考样单4-1。

3. 拟制原材料采购合同。

辅料审批表

操作资料:杭州吴格亚有限公司根据信用证(L/C No. HZ218)和订单(No. 2022215)的要求进行全面弹力牛仔裤原材料面料的采购,按时按质量交货。资料如下。

(辅料采购清单范例)

(1) 采购合同编号:CG22215。

(2) 供应商:浙江温州市纺织厂。

(3) 采购货名:全面弹力牛仔面料。

(4) 采购数量:12 400 条。

(5) 单价:18.5 元/m。

(6) 单耗:1.2m/条。

(7) 交货日期:2022 年 5 月 20 日。

(8) 交货地点:杭州吴格亚有限公司。

(9) 包装条件:卷筒包装。

(10) 付款方式:交货后 15 天凭增值税发票付款。

(11) 不合格产品处理:另议。

(12) 开户行:建设银行萧山支行经济技术开发区分理处;地址:浙江省杭州市萧山区建设一路 79 号;电话:0571-82831491;传真:0571-82831492。

(13) 账号:JHXS0587026128。

操作要求:请以外贸跟单员的身份,结合以上要求,扫码下载模板,拟制原材料采购合同。

物料采购合同

生产进度跟单

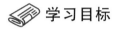 **学习目标**

知识目标

1. 了解外贸企业跟单员与工贸一体型企业外贸跟单员在生产进度跟踪中的异同点。
2. 了解生产通知单的主要内容及审核要点。
3. 了解生产进度跟单的一般要求。
4. 掌握催单规划的原则。
5. 知晓生产进度落后的常见原因及一般处理方法。
6. 知晓生产外包的风险及应对措施。

能力目标

1. 能根据要求,下达生产通知单。
2. 能设计生产进度跟踪表,利用表格对比生产计划,跟踪生产进度。
4. 能及时处理生产异常情况。
5. 能设计合理的进度补救方案。

素养目标

1. 养成守约意识,尽自己最大的能力做好外单产品的进度跟踪,以按期交货。
2. 具备较强的沟通协调能力,能应对生产进度异常的各种情况。
3. 具备吃苦耐劳的精神,必要时勤出差,到工厂现场跟催生产进度。
4. 有工作创新意识,能灵活借助各种管理表或管理软件,提高生产进度跟催效率。

 工作任务

工作任务描述

项目三中,浙江迪加贸易有限公司与德国客户 AFRO Co.,Ltd. 公司签订了 8 000 件女士夹克的外贸订单。若浙江迪加贸易有限公司为工贸一体型企业,8 000 件女式夹克由迪加自己生产的,负责生产进度跟踪的外贸跟单员小李的工作会相对比较轻松。因为生产在自己的公司进行,问题沟通都属于企业内部沟通,工作难度相对会比较小。

本项目中,假设浙江迪加贸易有限公司将 8 000 件女士夹克的订单交给了杭州云赏服饰有限公司生产,其供/订货合同详见样单 5-1,供(订)货合同中未说明的内容参见项目三中的"样单 3-1 外贸销售合同"。项目四中,外贸公司跟单员小李完成了订单所需原材料的采购与跟踪操作。假设产前样顺利被德国客人认可,由此便进入了外贸订单产品的大货生产阶段。此时,外贸公司跟单员小李首先要督促杭州云赏服饰有限公司及时下达生产通知单,并对通知单内容进行审核,接着要跟踪生产进度,即时处理生产进度落后情况。

工作任务分解

任务一　审核生产通知单

杭州云赏服装有限公司和浙江迪加贸易有限公司签订了供（订）货合同（样单5-1）。8月10日，杭州云赏生产的女士夹克衫产前样通过了外商的确认。此时，浙江迪加贸易有限公司的外贸跟单员小李应督促杭州云赏及时下达生产通知单到生产部门，明确产品的名称、规格型号、数量、包装、出货时间等要求。生产通知单模板如表5-1所示（表内"工艺要求"部分是工厂服装生产的一般要求，外贸跟单员可根据实际情况修改）。参照表5-1，杭州云赏填写了生产通知单（表5-3）。请帮助小李结合样单5-1的供（订）货合同及样单3-1的外贸销售合同，审核杭州云赏填写的生产通知单是否有误。

任务二　跟踪生产进度

通知单下达后，外贸跟单员应督促供货工厂根据交货要求制订生产计划。计划制订后，外贸跟单员需根据计划跟踪生产进度。

本任务中，请先帮助生产部根据任务一的生产通知单，拟制生产计划。计划制订好后，外贸跟单员需依据工厂生产计划跟踪进度，以保证按时交货。请帮助小李设计生产进度跟踪表，并依据情况做好生产进度跟踪规划。

任务三　催货及生产进度落后的处理

外贸跟单员跟踪产品生产进度过程中，若发现产品生产出现异常，进而出现明显的进度落后现象时，应及时查清原因，根据问题提出进度补救方案。本任务中，若8 000件女士夹克衫在9月初发现生产进度落后情况，原因是急单插入，外贸跟单员小李应如何应对？

【样单5-1】

供（订）货合同

需方：浙江迪加贸易有限公司　　　　　　　　　　　　合同编号：2022S012

供方：杭州云赏服饰有限公司　　　　　　　　　　　　签约地点：杭州

签约时间：2022年7月19日

1. 品名、规格、颜色、数量、单价、金额。

品名	规　　格	颜色	数量/件	单价	金　额
女士夹克	以确认样为准。 面料：梭织，斜纹，全棉，22 S×18S/130×64。	灰色	4 000	￥42.30	￥169 200.00
	里料：全涤纶，230T。 填充物：全涤纶，大身120g/m²，袖子100g/m²。 （尺寸要求另附）	红色	4 000	￥42.30	￥169 200.00
合计	叁拾叁万捌仟肆佰元整（￥338 400.00）				

2. 交货期限和交货方式：2022年9月28日交货，供方直接送上海码头需方指定仓库。

3. 质量要求：品质、颜色均按双方确认的确认样执行，凡与确认样不一致的，一切质量问题均由供方承担；辅料由供方采购，具体要求参见确认样；大货生产需在外商确认产前样后进行。

4. 数量要求：共8 000件，其中，灰色4 000件（S号600件，M号1 200件，L号1 200件，XL号600件，

XXL 号 400 件);红色 4 000 件(S 号 600 件,M 号 1 200 件,L 号 1 200 件,XL 号 600 件,XXL 号 400 件)。

5. 付款方式:先付 30%定金,其余提货时付 40%,余下 30%凭增值税发票在一个月内结清。

6. 包装要求:另附。

7. 解决合同纠纷方式:本合同履行中若发生争议,双方应及时协商解决,协商未果可按《民法典》解决。

8. 其他。

供方:杭州云赏服饰有限公司	需方:浙江迪加贸易有限公司
委托代表人:赵余	委托代表人:李明华
地址:杭州市江干区九佳路 725 号	地址:杭州市家园路 105 号
电话:0571-85475421	电话:0571-86251243
开户行:工商银行浙江省分行	开户行:中国银行浙江省分行
账号:××××××××	账号:××××××××
税号:××××××××	税号:××××××××

注:1. 本合同经供需双方盖章签字后生效。

2. 本合同一式二份,供需双方各执一份。

3. 本合同有效期:2023 年 1 月 19 日止。

表 5-1　生产通知单模板

品名		款号		P/O#		（款式图）
下单日期		订单数量		出货时间(交货日期)		
客户		车间		目的港		
面料		里料				

数量搭配(颜色、尺码)							
颜色	……	S	M	L	XL	XXL	……
颜色一							
颜色二							
……							

规格表							
部位/尺码	……	S	M	L	XL	XXL	……
半胸围							
半腰围							
……							

面辅料搭配等清单			
种类	材质	颜色	位置或要求
面料			
里料			

续表

填充物			
皮毛			
主标			
尺码唛			
……			

包装要求

工艺要求
① 排料与裁剪要求: 面料是有方向性的,一套服装要保证方向一致,纱向要顺直,在面料长度允许的情况下,衣片一般不得倾斜。裁片要准确,线条圆顺,四周不起毛,经纬纱向对齐,裁片齐全。 经纬纱向技术规定应以产品标准为依据。 ② 缝制要求: 服装各个部位缝纫线要顺直、整齐、平服、牢固;上下线松紧一致,无跳线,袋布的垫料要折光边或包缝;袖窿、袖缝、底边、袖口、挂面里口、大身摆缝等部位叠针牢固;锁眼定位,整齐牢固;纽脚高低适宜,线结不外露;商标、号型标志、成分标志、洗涤标志的位置要端正,清晰准确;各部位缝纫线迹 30cm 内不得有两处单跳和连续跳针,链式线迹不允许跳针。 ③ 整烫要求: 服装各部位熨烫平服、整洁、无烫黄、无水渍、无极光,覆黏合的部位不允许有脱胶、渗胶及起皱。 ④ 外观质量要求: 前身:胸部挺括,对称,面、里、衬服帖,省道顺直。领子:领面平服,领窝圆顺,左右领尖不翘。驳头:串口、驳头顺直,左右驳头宽窄一致,领嘴大小对称。止口:顺直平挺,门禁不短于里襟。袖子:绱袖圆顺,吃势均匀,两袖前后,长短一致。后背:平服,肩缝顺直,左右对称

备注

任务执行基础知识

本项目"工作任务描述"里提到,外贸企业跟单员和工贸一体型企业跟单员在跟踪出口订单生产时,其工作难度是不一样的。本项目主要站在外贸企业(无生产车间)跟单员角度讲述生产进度跟踪。在任务执行之前,首先来认识外贸企业跟单员与工贸一体型企业跟单员在进度跟踪上的工作差异,并着重了解下外贸企业跟单员在进度跟踪工作中的一般程序或步骤,以及在生产进度跟单工作中的一般要求。

一、不同类型外贸跟单员在进度跟单工作上的比较

表 5-2 显示了外贸企业跟单员与工贸一体型企业跟单员在生产进度跟单工作中的异同。

表 5-2　不同类型跟单员在生产进度跟单工作中的异同

异 同	外贸企业跟单员	工贸一体型企业跟单员
不同点	工作的主要内容是进度"跟踪"	除进度"跟踪"外,参与与生产进度相关的操作内容,如生产通知书的下达等
	大部分时候是对工厂生产进度的远程监控,必要时需要出差	自有工厂,与工厂工作人员共同监督生产进程
	遇到进度落后等问题时,需要与工厂沟通处理,对沟通协调方面的能力要求较高,处理难度大	遇到进度落后等问题时,由于是自己的工厂,属于企业内部沟通,处理难度较小
相同点	跟踪的目的都是确保按时、按量交货	
	都需要通过进度跟踪表等对进度进行跟催与管理	
	都会遇到各种各样的进度落后情况	
	进度落后时的处理程序和方法类似	

二、生产进度跟单工作程序

外贸公司在和工厂签订内贸生产合同后,外贸跟单员应督促生产企业尽快下达生产通知单,并要求工厂根据交货期制订合理的生产计划。生产开始后,外贸跟单员需进行生产进度跟踪,其工作程序一般如图 5-1 所示。

图 5-1　生产进度跟单工作程序

为保证生产能按期完成,外贸跟单员需按期从工厂获得产品实际生产的统计数据。例如,要求企业每周交一份"周生产日程表",每月交一份"月生产报表",并将实际生产数据和计划生产数据进行比较,查看是否有明显落后的情况。

外贸跟单员若发现实际进度较计划进度明显落后,应及时查找原因,并采取各种补救措施追赶进度。企业采取补救措施后,外贸跟单员应及时跟踪,观察措施的有效性。倘若效果不佳,外贸跟单员应要求企业再采取其他补救措施,一直到问题得到解决。

若补救后仍无法如期交货时,外贸企业应尽早联络境外客户,争取取得境外客户谅解,协商延迟交货日期。

三、生产进度跟单的一般要求

无论是外贸公司跟单员，还是生产企业跟单员，生产进度跟单的基本要求是使生产企业能按订单要求及时交货。及时交货就必须使生产进度与订单交货期相吻合，不延迟交货。做到及时交货需要注意以下事项。

（1）加强与生产管理人员的联系，明确生产、交货的权责。

（2）减少或消除临时、随意的技术变更，规范技术变更要求。

（3）及时掌握生产进度，督促生产企业按进度生产。

（4）加强产品质量管理，尤其是不合格产品、外包产品的管理。

（5）及时处理生产异常情况等。

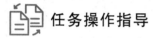 任务操作指导

任务一　审核生产通知单

本任务中，外商于8月10日确认了产前样，杭州云赏服饰有限公司马上开出了生产通知单（表5-3），要求生产部门及时安排生产。

表5-3　生产通知单

品名	女式夹克	款号	110342	P/O#	2022S012	
下单日期	2022.8.10	订单数量	8 000件	出货时间（交货日期）	2022年9月28日	
客户	浙江迪加贸易有限公司	车间	车间一、二	目的港	上海	
面料	全棉	里料	涤纶			
数量搭配（颜色、尺码）						
颜色	S	M	L	XL	XXL	总计
灰色	600	1 200	1 200	600	400	4 000
红色	600	1 200	1 200	600	400	4 000
总计	1 200	2 400	2 400	1 200	800	8 000
规格表						
部位/尺码	S	M	L	XL	XXL	允许误差
半胸围	60	62	65	68	71	1
半腰围	57	59	62	65	68	1

续表

部位/尺码	S	M	L	XL	XXL	允许误差	
半臀围	62	64	67	70	73	1	
半下摆围	64	66	69	72	75	1	
整肩	85	85	85	88	88	1	
夹圈直量	25	26	27	28	29	0.5	
袖长	62	62	62	62	62	1	
克夫宽	18	18	19	20	20	0.5	
领宽	24	24	25	25	26	0.5	

面辅料搭配等清单

种类	材质	颜色	位置或要求
面料	全棉	灰色 红色	梭织,斜纹,22S×18S/130×64
里料	涤纶	配色	230T
填充物	涤纶	配色	大身 120g/m², 袖子 100g/m²
皮毛	见确认样		
主标	见确认样		
尺码唛	见确认样		

包装要求

包装:每件衣服一个塑料袋装,10件衣服一个纸箱,独色独码装。
其他要求另附

工艺要求

① 排料与裁剪要求:

面料是有方向性的,一套服装要保证方向一致,纱向要顺直,在面料长度允许的情况下,衣片一般不得倾斜。裁片要准确,线条圆顺,四周不起毛,经纬纱向对齐,裁片齐全。

经纬纱向技术规定应以产品标准为依据。

② 缝制要求:

服装各个部位缝纫线要顺直、整齐、平服、牢固;上下线松紧一致,无跳线,袋布的垫料要折光边或包缝;袖隆、袖缝、底边、袖口、挂面里口、大身摆缝等部位叠针牢固,锁眼定位,整齐牢固,纽脚高低适宜,线结不外露;商标、号型标志、成分标志、洗涤标志的位置要端正,清晰准确;各部位缝纫线迹 30 cm 内不得有两处单跳和连续跳针,链式线迹不允许跳针。

③ 整烫要求:

服装各部位熨烫平服、整洁、无烫黄、无水渍、无极光、覆黏合的部位不允许有脱胶、渗胶及起皱。

④ 外观质量要求:

前身:胸部挺括,对称,面、里、衬服帖,省道顺直。领子:领面平服,领窝圆顺,左右领尖不翘。驳头:串口、驳头顺直,左右驳头宽窄一致,领嘴大小对称。止口:顺直平挺,门禁不短于里襟。袖子:绱袖圆顺,吃势均匀,两袖前后,长短一致。后背:平服,肩缝顺直,左右对称

备注

参照确认样

本任务中外贸跟单员主要审核生产通知单的内容

（1）产品描述是否有误。

（2）生产数量是否正确。

（3）交货时间是否合理。

（4）面辅料信息是否准确。

（5）工艺要求有无疑问。

（6）包装要求是否明确。

（7）其他和生产相关的问题是否传达到位。

针对以上审核要点，审核表5-3后未发现明显问题。

若出口产品由工贸一体型企业自己生产，则生产通知单的填写、审核及下达工作企业可能会安排外贸跟单员负责。

生产通知单范例

微课：审核生产通知单

任务二 跟踪生产进度

通知单下达后，外贸跟单员应督促生产工厂根据交货要求制订生产计划，接着根据计划跟踪生产进度。

一、制订生产计划（工厂）

生产计划的种类很多，如年度生产计划、季度生产计划、月度生产计划、周生产计划、日生产计划、临时生产计划等。工厂接到外单时，生产部一般会制订一个总生产计划，然后根据总生产计划制订季度、月度或周生产计划。

总生产计划依据订单要求、前期生产记录、计划调度及产能分析而制订；季度生产计划由总生产计划转化而来，规定各月份的计划；月度生产计划表的制订是由季度生产计划转化而来的，是生产安排的依据，也是采购计划制订的依据；周生产计划是由月度生产计划或紧急订单转换而制订的，是具体安排生产及物料控制的依据。这些计划表样板可参见表5-4～表5-7。

表 5-4 某服装厂总生产计划表（样表）

编号：×××××××××× 　　　　　　　年　　月　　日

客户	订单号	款号	品名	生产车间	数量	生产日期		备注
						开工	完工	

制表：　　　　　　　　　　　　审核：

注：本表由生产部填写，生产厂长审批，一式三联。一联生产部留存，一联下达车间，一联报仓库。

表 5-5　某服装厂季度生产计划表（样表）

日期：_____年_____月_____日　　　　　　　　　　　共_____页 第_____页

项　目		月别					
		_____月		_____月		_____月	
产品	品名	批量	数量	批量	数量	批量	数量

表 5-6　某服装厂月度生产计划表（样表）

本月份预定工作日数_____　　　　　　月份_____　　　　　　　共_____页 第_____页

生产批号	产品名称	颜色	数量	金额	制造车间	制造日程		预交货日期	需要工时	估计成本			备注
						起	止			原料	物料	工资	
1													
2													
⋮													

表 5-7　某服装厂周生产计划表（样表）

本周工作天数：　　　　　　　　日期：_____年_____月_____日　　　　　　共_____页 第_____页

部门、客户、产品		星期一	星期二	星期三	……
车间甲	客户名称				
	指定编号				
	品名				
	数量				
	质检要求				
	备注				
车间乙	客户名称				
	指定编号				
	品名				
	数量				
	质检要求				
	备注				

续表

部门、客户、产品		星期一	星期二	星期三	……
⋮	客户名称				
	指定编号				
	品名				
	数量				
	质检要求				
	备注				

 本任务中生产计划的制订

根据任务一中的生产通知单，杭州云赏服饰有限公司可拟制生产计划总表，如表 5-8 所示。表中的生产完工时间为 2022 年 9 月 28 日，这一时间与浙江迪加贸易有限公司和杭州云赏服饰有限公司签订的供订货合同中列明的交货时间一致，但早于浙江迪加贸易有限公司和德国客商签订的外

生产计划表范例

贸合同上的交货期（10 月 9 日）。提前设置工厂交货期是外贸公司比较常见的做法，生产周期较长的订单，外贸公司一般会要求工厂提前 10～15 天交货。这一方面是因为工厂备货完毕后，还可能有验货、安排装运等工作需要耗费时间；另一方面和工厂签约时将交货时间提前也为工厂生产进度延误导致交货延迟等问题预留了一定的应对时间。

表 5-8 生产计划表（总表）

编号：20220811　　　　　　　　　2022 年 8 月 11 日

客户	订单号	款号	品名	生产车间	数量	生产日期		备注
						开工	完工	
浙江迪加	2022S012	110342	女士夹克	车间一（灰）、车间二（红）	8 000	2022.8.12	2022.9.28	

二、设计生产进度跟踪表

对于生产周期较短的订单，可要求工厂提交生产日报表、周报表等，如表 5-9、表 5-10 所示，对于生产周期长的订单，还可要求提交月报表、季度报表等。外贸跟单员可以通过查看生产日报表或周报表等，及时掌握生产数据。

表 5-9　生产日报表（样表）

填表时间：　　　　　　车间：　　　　　　订单号：　　　　　　填表人：

颜色	裁　剪		裁　缝		后　道		包　装	
	当天	累计	当天	累计	当天	累计	当天	累计

表 5-10　生产周报表（样表）

生产部门＿＿＿＿＿＿＿（第几车间）　　第＿＿＿＿＿＿周　　　填表人＿＿＿＿＿＿

批号	客户	订单号	款号	品名	本周产量	累计产量

　　只知道生产数据是不够的，外贸跟单员的任务是判断进度是否按计划执行。为了方便进度跟踪，外贸跟单员可设计生产进度跟踪表，如日进度跟踪表、周进度跟踪表等，以方便生产进度的跟踪。对于生产周期长的订单，还可以设计月度跟踪表。

　　跟踪表设计的目的，是观察实际生产数据与计划生产数据的差距。因此，跟踪表内除实际生产数据外，还需有计划相关数据或显示实际与计划差距的数据。以日进度跟踪表和周进度跟踪表为例，其设计可参考表 5-11、表 5-12。

1. 日进度跟踪表

　　日进度跟踪表一般将同一订单号下的生产进度填在一张表格中，表内可设计生产日期、生产车间、各工序当天生产量及累计生产量等基本栏目。此外，表内还需有计划总量、交期等比较数据，以方便观察进度。

表 5-11　日进度跟踪表（样表）

客户：　　　　　　品名、款号：　　　　　　订单号：　　　　　　填表人：

日期	车间	颜色	裁剪	裁缝	后道	包装	当天	累计	计划总量	交期

　　日进度跟踪表可以看出每天生产数据变化，并及时找到问题发生的时间、地点及工序，

如可以通过表格发现某日（如 9 月 10 日）生产量突然变少、车间一进度放慢或裁缝工序进度放慢等问题。

一般而言，对于急单、短单等需要每日跟进的单子，外贸跟单员需利用"日进度跟踪表"及时跟进。

2. 周进度跟踪表

周进度跟踪表和日进度跟踪表类似，可以将同一订单号下的数据填在一张表格中。表内需要有生产周序（第几周）、周产量、累计产量等基本数据，同时需要有数据表明与计划生产数据的差距或进度情况，如表 5-12 内的"未完成量/订单总量"及"剩余时间/计划生产时间"便可以看出差距或进度，若"未完成量/订单总量"是 40%，但"剩余时间/计划生产时间"只剩下了 20%，那便说明实际进度偏慢，需要调整生产进度。

表 5-12　周进度跟踪表（样表）

客户：　　　　品名、款号：　　　　订单号：　　　　填表人：

第几周	本周产量	累计产量	未完成量/订单总量	剩余时间/计划生产时间	交期
1					
2					
3					
⋮					

由于外贸跟单员同一时间跟踪的订单一般不止一个，为进度跟踪管理方便，外贸跟单员可依据不同生产工厂、不同业务员或不同交货时间分类建档管理。例如，倘若和浙江迪加贸易有限公司经常合作的工厂有很多个，杭州云赏是其中一家。假设云赏目前和浙江迪加签订了 3 个生产合同，外贸跟单员在进度跟踪时，可将所有和杭州云赏签订的生产订单放在一个 Excel 文档下，并用 Excel 里的不同 sheet 命名，以方便跟踪 3 个订单的生产进度数据（如 sheet1 为"德国女士夹克 928"、sheet2 为"美国工装裤 1102"、sheet3 为"美国西裤 1018"）。当外贸跟单员打开这个 Excel 文档进行 9 月 28 日要交货的德国女士夹克的生产进度跟踪时，可同时关注到同是在杭州云赏的另外两个订单的生产情况，由此提高工作效率。当然，外贸跟单员也可以采用一些管理软件进行订单管理。

 本任务中生产进度跟踪表设计

本任务中 8 000 件女士夹克衫的生产时间为 8 月 12 日—9 月 28 日，总计生产时间大约为一个半月，对于这种不短、但也不算太长时间的生产订单，不建议采用月度跟踪表，每日跟踪表则不是很有必要，建议参照表 5-12 设计周进度跟踪表进行生产进度的跟踪。

此外，除了上述的生产进度跟踪表，还可以将生产过程中的关键节点设计到表格中。例如，可以将大货原材料到达情况（如到达时间或其他重要信息等）、生产过程中的样品寄出时间或情况、中期检查时间或情况、尾期检查时间或情况等设计到订单管理表中。

三、生产进度跟踪规划

借助进度跟踪表可以帮助及时跟踪生产进度，但在实际操作过程中，由于工厂生产繁忙及工作习惯等原因，要从工厂处获得每日或每周的生产数据并不容易。从外贸跟单员的角度而言，每日获取数据也是不小的工作量，因此要依据情况做不同的进度跟踪规划，非必要时不规划高频率的进度跟踪。下面是不同情况下的进度跟踪规划建议。

1. 依据外贸订单情况

外商若对交货时间要求十分严格，延迟交货会带来较大损失时，外贸跟单员需做紧密跟踪。例如一些节日主题的订单，若错过了节日时间，产品效用大大降低，客商可能以交货时间违约为由取消订单。

生产进度跟踪表范例

2. 依据生产时间长短

通常只对短单做每日跟踪，生产时间较长的单子通常隔一段时间跟踪一次。

3. 依据合作工厂情况

对于合作较好的工厂，可以在交货前一段时间跟踪生产数据，对于新合作的工厂，需要做紧密跟踪。

 本任务中生产进度跟踪规划

本任务中的生产时间为期一个半月，可以每周跟踪一次。若供货商杭州云赏的过往表现较好，则可以适当降低跟踪频率。

任务三 催货及生产进度落后的处理

外贸跟单员需认识到外贸生产中的生产进度跟单是一项十分重要的工作。外贸订单履行时，若不能及时出货，会造成交货延期导致赔偿，甚至取消订单的后果。若经常出现交货不及时的情况，那么企业的产品价格再便宜，质量再好，客户重复下单的概率也会大幅下降。外贸跟单员跟踪产品生产进度过程中，若发现产品生产出现异常，进而出现明显的进度落后现象时，应及时跟催订单，并设计进度补救方案，及时处理。

一、常见的生产异常情况及对策

生产异常是指因订单变更、交期变更（提前）及制造异常与机器故障等因素造成产品品质、数量、交期脱离原先计划预定的现象。各种生产异常的影响最终体现于生产进度无法按计划进行，进而可能导致无法按时交货。外贸跟单员应及时掌握与记录生产异常情况，适时适当采取对策以实现及时交货。通常的处理对策如表5-13所示。外贸跟单员可参照表内对策，即时对突发状况做出反应。

生产异常及进度落后报告表范例

表 5-13　生产异常对策

异常项目	异常现象	对　策
计划不当(应排未排)	影响生产及交货	① 通知相关部门尽快列入排产计划 ② 告知交货期管理约定
应生产,未生产	影响生产进度及交货	① 通知相关部门尽快列入车间日生产计划 ② 向相关部门发出异常通知 ③ 应至少生产前 3 天催查落实情况
生产进度落后	影响交货	① 通知相关部门加紧生产 ② 查清进程延迟原因,采取对应措施 ③ 进程延迟较严重,应发出异常通知,给予高度重视 ④ 应至少于每天催查生产落实情况
应入库,未入库 应完成,未完成	影响交货	① 查清未入库原因,采取对应措施 ② 通知相关部门加班生产 ③ 发出异常通知,要求采取措施尽快完成
次品、不合格产品多	影响交货	① 通知相关部门检查设备性能是否符合要求 ② 检查模具、工艺是否符合要求 ③ 检查装配流程是否正确 ④ 增补生产备料及生产指令

二、生产进度落后的处理

外贸跟单员在生产进度跟单时,若发现生产进度落后的,需及时查清楚原因,根据问题提出进度补救方案,并做紧密跟催。若补救后仍无法按时交货的,需尽早与外商沟通情况,协商处理。

进度跟踪案例

(一)排查进度落后的原因

表 5-13 中列出的异常现象都可能导致生产落后,因此外贸跟单员应关注生产过程中的每一个环节,督促工厂及时开工,按进度生产,按要求交货。表 5-13 中"生产进度落后"是最常见的可能导致不能及时交货的异常项目,也是外贸跟单员在生产进度跟单中的重点关注内容。外贸跟单员在处理时需先查清进程落后的具体原因,根据实际情况应对。一般来说,生产进度落后的原因可能有以下几个方面。

(1)原材料供应问题。因为原材料质量问题或原材料供应延迟导致生产无法正常进行。

(2)生产计划安排不合理。错误估计了生产能力,实际生产无法按照计划顺利进行。

(3)急单插入。工厂接了其他订单,出于一些原因暂时搁置了我方订单的产品生产。

(4)产品设计与工艺变化过多。生产过程中有过多改动,导致生产无法正常进行。

(5)产品质量控制不好。不合格产品多,成品合格率不高,影响成品交货数量,进而造成无法按时交货。

(6)不可抗力。例如,工厂所在地区发生洪灾等自然灾害或发生新冠肺炎疫情等影响生产正常进行的不可抗力。

(7)其他。例如限电问题,一些地区会在某些用电紧张的月份限制工业用电,电力供应会影响生产正常进行。

（二）设计进度补救方案

表 5-13 中的生产异常处理对策是对异常情况处理的基本思路，并没有给出具体的补救办法。外贸跟单员遇到进度落后的情况时，不能只发出异常通知，要求工厂引起注意，而应和工厂协商具体的补救方案。生产进度落后的补救方法通常有以下途径：①增加班次，或延长员工每班的工作时间；②增加机器设备台数；③增加临时用工；④若是因电力不足导致的产能落后，看是否可以通过自备发电机解决；⑤以上情况均不能解决时，可以考虑生产外包。具体可设计进度补救方案如下。

1. 设计加班方案，本厂补救

生产进度落后最常用的补救方法就是上面提到的"增加班次，或延长员工每班的工作时间"。外贸跟单员需能设计合理的加班方案，并将详细方案与工厂协商补救。

加班方案的设计步骤如下。

（1）计算剩余需生产的数量。

（2）计算按目前生产情况，剩余生产数量需要的生产时间。

（3）计算按期交货需弥补的时间（加班时间）。

（4）设计方案，弥补差距。

（5）给出最后的加班方案，要求工厂填写并下达生产计划变更通知单（参看表 5-14），并遵照执行。

当然，外贸跟单员也可以先计算若按目前的生产情况继续生产，剩余时间可生产多少数量，与目前剩余数量之间有多大的差距，接着按照上面的（3）、（4）、（5）步进行。

例如，海宁的一家针织衫厂与杭州某外贸公司签订了一笔生产儿童针织衫的合同，数量为 26 000 件。工厂从 3 月 1 日（周一）开始生产，要求 4 月 12 日出货（生产时间共约 6 周）。已知该工厂每周工作 6 天，每天工作两个班次，一个班次的工作时间为 8h，每小时可生产衣服 45 件。假设该工厂生产时间利用率百分比为 100%，合格率也是 100%。外贸公司跟单员小李负责对这笔单子的进度跟踪，一开始工厂按计划生产，小李觉得生产正常，之后开始疏于跟踪。到了 3 月 27 日（周六），小李询问生产数据时，发觉生产严重落后，询问工厂后才知道，由于 3 月 22 日（周一）开始，工厂有一笔急单要生产，导致该笔儿童针织衫订单的每日生产量有所降低，每小时从原来的 45 件，减少到 35 件。工厂解释说下周一（3 月 29 日）开始恢复每小时 45 件的产量，且他们正准备在剩下的时间通过加班把落下的进度赶上。请问小李该怎么处理，才能保证这批货在 4 月 12 日出货？

解答：由于时间紧张，小李应该立即给出补救方案，督促工厂按补救方案执行，绝不能只听信工厂口头上的承诺。处理方案上，小李应先看生产进度能否通过加班解决，若不能，再考虑其他方案。

加班方案的设计步骤如下。

（1）计算剩余数量

由案例可知，截至 3 月 21 日（前三周），每小时生产量都是 45 件，之后是每小时 35 件（第四周）。

已经完成数量：$8 \times 2 \times 45 \times 6 \times 3 + 8 \times 2 \times 35 \times 6 \times 1$

$\qquad = (2\ 160 + 560) \times 6$

$=16\,320$(件)

剩余需生产数量:$26\,000-16\,320=9\,680$(件)

(2)计算剩余数量需生产的小时数

$9\,680$件衣服在每小时生产45件的情况下,需要的生产时间是

$9\,680\div45\approx216$(h) (注意:不到1h的以1h计)

(3)计算需要加班的小时数

案例中,到4月12日,按计划还有两周可以生产。

剩余时间:$8\times2\times12=192$(h)

需要加班时间:$216-192=24$(h)

(4)设计方案,弥补差距

一般的加班设计思路:每周工作5天的,先考虑周末加一天班;否则,考虑平时每天每班次加1～2h。

案例中,工厂每周工作6天,因此先考虑每班次加班。需要弥补的时间一共是24h,因此在剩下的12天里,每天需加2h,即每班次加班1h便可以弥补24h。

(5)给出最后的加班方案

通过上述计算,可以给出的参考补救方案为每天每班次加班1h。

外贸跟单员需督促工厂填写并下达生产计划变更通知单,模板见表5-14。

表5-14 生产计划变更通知单(样单)

编号:×××××××× 年 月 日

订单号		
变更前生产计划		变更后生产计划
备注		

制单人: 批准人:

注:本表由生产部填写,生产厂长审批。一式五联。第一联生产部存根,第二联报生产总监,第三联报采购部,第四联报仓库,第五联报销售部。

2. 设计加班外的其他方案,本厂补救

生产进度落后的一般补救方法中,除加班外,还有增加机器设备台数、增加临时用工等方法。这些方法需依据工厂实际情况采用,例如,若工厂有临时工储备,可以通过增加临时用工赶上生产进度的,则可采用此方法。

3. 外包,找其他工厂补救

当上述方法均不能改善进度落后时,可考虑外包。外包的运作一般包括以下几个环节,如图5-2所示。

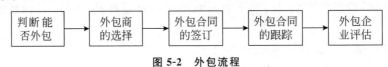

图5-2 外包流程

（1）判断能否外包。当有下列情况之一者，外贸跟单员应建议企业避免外包加工。

① 当所提供的外包加工物料极其昂贵时。

② 当外包厂较远，不方便生产跟踪时。

③ 当外包加工出来的产品品质、交货期不易掌握时。

当有下列情况之一者，外贸跟单员应建议企业不得外包加工。

① 当外包加工有涉及泄漏商业或技术机密时。

② 当外包加工产品品质及交货期不能符合要求时。

③ 当外包加工作业对企业的产品品质有重大不利影响时。

④ 当外包加工产品品质检验困难，管理不易时。

⑤ 当外包加工价格远大于交货延期的违约金时。

（2）外包商的选择。一个合适的外包商能提供合适的品质、合理的价格，并能按时交货和提供良好的售后服务，所以对外包商的选择通常在考虑下列因素后做出决策。

① 外包商自身因素。

a. 管理人员水平。包括：管理人员素质的高低；管理人员工作经验是否丰富；管理人员工作能力的高低等。

b. 专业技术能力。包括：技术人员素质的高低；技术人员的研发能力；各种专业技术能力的高低等。

c. 机器设备情况。包括：机器设备的名称、规格、厂牌、使用年限及生产能力；机器设备的新旧、性能及维护状况等。

d. 材料供应状况。包括：产品所用原材料的供应来源；材料的供应渠道是否畅通；原材料的品质是否稳定；外包加工厂商原料来源发生困难时，其应变能力的高低等。

e. 品质控制能力。包括：品管组织是否健全；品管人员素质的高低；品管制度是否完善；检验仪器是否精密及维护是否良好；原材料的选择及进料检验的严格程度；操作方法及制程管制标准是否规范；成品规格及成品检验标准是否规范；品质异常的追溯是否程序化；统计技术是否科学以及统计资料是否翔实等。

f. 财务及信用状况。包括：每月的产值、销售额；来往的客户；经营的业绩及发展前景等。

g. 管理规范制度。包括：管理制度是否系统化、科学化；工作指导规范是否完备；执行的状况是否严格等。

② 外包交易条件。

a. 价格。在"包工包料"和"包工不包料"的价格中，在不影响成本的前提下，尽可能采取"包工不包料"的价格为妥，因为这种方式不需要确认原材料问题，对品质把控有利。

b. 交货期。在确定交货期时，要考虑适当提前交货时间，用于办理产品检验等事项所需的时间。

c. 数量。根据生产进度落后的实际情况及外包企业的生产能力签订合理的生产数量。

d. 其他交易条件。例如，交货地点、包装方式、付款方式、违约责任等。

（3）外包合同的签订。在确定外包商后，需与其签订外包合同。外包合同的签订与其他经济合同一样，需要有合同首部、主体和尾部三个部分。合同中尤其注意品质条款及违约条款。

（4）外包合同的跟踪。外包合同履行期间，外贸跟单员也要对外包厂进行生产进度及生产品质的跟踪，为保证交货质量的一致性，外贸跟单员尤其要注意对外包工厂的产品品质严格把关，以免出现外包品质与原合作工厂不一致的情况。

（5）外包企业评估。完成外包的跟单任务后，外贸跟单员需要整理相关资料，对外包企业进行评估。对于表现较好的外包企业，可以作为将来合作的供货商。

（三）及时与外商沟通进度

对于生产进度落后的订单，外贸跟单员需评估在进度补救后能否赶上外贸订单交货期。若发现有可能影响交货的，需及时和外商取得联系，沟通交货事宜，以便外商能提前做好一些应对准备。绝不能到最后一刻才和外商沟通，导致外商没有时间应对处理，产生不满。

三、催货注意事项或技巧

催货是生产进度跟单中的主要工作，催货过程中外贸跟单员要掌握一些基本的注意事项或技巧。

（一）催货前

1. 签订生产合同时预留交货时间

生产过程延误的现象并不少见，即使是老供应商，也可能因为各种原因出现生产进度落后的情况，尤其是生产旺季的时候更是如此。因此，外贸跟单员在和工厂确定交期的时候最好留有余地，给工厂的货期要比外贸订单的实际货期提前几天，但不能看起来强人所难。

2. 做好催单规划

外贸跟单员要根据外贸订单及供货工厂的实际情况做好催单规划，知道什么情况下需要做紧密跟踪。对于重要的订单，一定要隔三岔五地与工厂确认生产进度，保证生产在自己掌控之中，必要时甚至可以安排驻厂跟单。

3. 熟悉催单的产品

外贸跟单员需熟悉订单产品的原材料要求、生产流程等专业内容，这样才能在进度跟踪时更好地把握住重点，和工厂交流时也更有底气。例如，对于服装订单，下单以后，就要催紧样板制定。批好样板以后，隔两天就要问工厂是否有在采购面料及辅料，以及具体什么时候能裁货和上车位生产等。接着在工厂说的裁货时间和上车位生产时间的头一天再催一催。做好了这些，服装订单的准时交货率就大幅提高了。也就是说，若熟悉产品生产流程，紧跟流程催单，效果就事半功倍了。

（二）催货中

外贸跟单员在催货时首先要对症下药，如果是物料的问题，就去找物料部门；如果是技术问题，就去问技术部门；如果是生产环节的问题，就要找车间负责人。其次，要注意和工厂的沟通技巧，沟通时不能太柔弱，也不能太强硬。太柔弱了不能引起工厂的重视，太强硬了可能起到反作用。最后，要激发工厂积极配合的态度。例如，若因订单量比较小，工厂不重视，可以告知工厂："这是客户的试单，这个单子不做好，后面的单子谈成的可能性就小了。"让工厂为了后面"将要有"的订单，主动配合，积极安排生产。

（三）催货后

外贸跟单员完成某一订单的催货工作后，需及时记录订单执行情况，并将相关问题反映给相关同事或主管。此外,外贸跟单员还需要养成记录工厂特点的习惯,并据此更改未来的跟单规划。例如,工厂订单执行表现好,沟通较为顺畅的企业,可以适当降低跟催力度。相反,经常出现订单生产落后情况的企业,则要做紧密的跟催规划。

 本任务中生产进度落后应对

本任务中,假设8 000件女士夹克衫在9月初发现生产进度落后情况,原因是急单插入。此时,外贸跟单员小李首先应问清楚目前的生产数据情况,接着根据生产落后情况给出具体的加班方案,要求企业严格按照要求赶上进度。若本厂补救仍无法赶上交期的,可以考虑将部分产品外包生产,但需要注意要对外包产品做紧密的质量跟踪。若外包仍无法赶上进度的,需及时和外商沟通,协商解决。

单一订单的生产进度管理相对而言并不复杂,理论上来说,外贸跟单员只需及时跟踪,发现问题时找出原因,积极应对就可以了。但在外贸公司的实际工作中,相对较为困难的是一个外贸跟单员需要同时管理多个外贸订单的生产。此时,若管理不善,就可能出现部门间信息沟通不及时,互相推诿责任,导致多个订单同时出现状况的问题。因此,外贸跟单员有必要借助生产进度管理表或进度管理软件做好生产订单的管理工作,从而对所有订单的生产进度情况有一个全局的把握。

微课:借助软件
做多订单生产
进度跟踪

知识巩固与技能拓展

◆ 知识巩固

一、单项选择题

1. 外贸跟单员和工厂签订外单产品生产合同后,应督促工厂尽快下达(　　)。

　　A. 生产通知单　　B. 生产计划表　　C. 生产进度跟踪表　　D. 生产日报表

2. 对于生产周期较短的订单,外贸跟单员需做紧密跟踪,一般要求工厂提供生产过程中的(　　)。

　　A. 生产日报表　　　B. 生产月报表　　C. 月度生产计划表　　D. 周生产计划表

二、多项选择题

1. 以下属于外贸企业跟单员与工贸一体型企业跟单员在生产进度跟踪工作中的异同的有(　　)。

　　A. 外贸企业跟单员的进度跟踪工作更为轻松

　　B. 跟踪的目的都是确保按时、按量交货

　　C. 工贸一体型企业将外贸订单放在自己工厂生产时,处理进度落后时主要是企业内部沟通,沟通协调难度相对较小

　　D. 都会碰到各种各样的进度落后情况

2. 以下属于外贸跟单员生产进度跟单一般要求的有(　　)。

　　A. 加强与生产管理人员的联系,明确生产、交货的权责

　　B. 减少或消除临时、随意的技术变更,规范技术变更要求

　　C. 及时掌握生产进度,督促生产企业按进度生产

　　D. 及时处理生产异常情况

3. 生产进度跟踪规划一般依据(　　)设计。

　　A. 外贸订单情况　　　　　　　　　B. 订单利润大小

　　C. 生产时间长短　　　　　　　　　D. 合作工厂情况

4. 以下属于生产进度落后原因的有(　　)。

　　A. 原材料供应问题　　　　　　　　B. 生产计划安排不合理

　　C. 急单插入　　　　　　　　　　　D. 不可抗力

5. 生产进度落后有时可采用生产外包的方式解决,以下不得外包加工的情况是(　　)。

　　A. 当外包加工有涉及泄漏商业或技术机密时

　　B. 当外包加工产品品质不能符合要求时

　　C. 当外包加工交货期不能符合要求时

　　D. 当外包加工价格远大于交货延期的违约金时

6. 外贸跟单员应审核生产通知单中的以下哪些内容?(　　)

　　A. 产品描述是否有误　　　　　　　B. 生产数量是否正确

　　C. 交货时间是否合理　　　　　　　D. 包装要求是否明确

三、简答题

1. 简述外贸企业跟单员与工贸一体型企业外贸跟单员在进度跟踪上的异同。

2. 简述外贸公司跟单员进行生产进度跟单的一般工作程序。

3. 简述常见的生产异常情况及应对方法。

◆ 技能拓展

　　A 工厂从 2022 年 5 月 5 日(星期五)开始生产杭州某外贸公司的女装订单 14 400 件(其中,灰色 5 400 件,棕色 9 000 件),2022 年 6 月 20 日交货。A 工厂生产部每周工作 5 天,每天排班 2 个班次,每个班次工作 8h,下面是生产部每日提交的生产日报表(其中废品已扣除)。

生产日报表

填表时间:2022 年 5 月 5 日晚　　　　订单号:2022M04　　　　　　　　填表人:张可

颜色	裁剪		裁缝		后道		包装	
	当天	累计	当天	累计	当天	累计	当天	累计
灰色(M、L、XL)	450	450	270	270	0	0	0	0
棕色(S、M、L、XL、XXL)	0	0	0	0	0	0	0	0
小　计	450	450	270	270	0	0	0	0

生产日报表

填表时间:2022 年 5 月 8 日晚　　　　订单号:2022M04　　　　　　　　填表人:张可

颜色	裁剪		裁缝		后道		包装	
	当天	累计	当天	累计	当天	累计	当天	累计
灰色(M、L、XL)	450	900	450	720	600	600	600	600

续表

颜 色	裁 剪		裁 缝		后 道		包 装	
	当天	累计	当天	累计	当天	累计	当天	累计
棕色（S、M、L、XL、XXL）	0	0	0	0	0	0	0	0
小 计	450	900	450	720	600	600	600	600

生产日报表

填表时间:2022 年 5 月 9 日晚   订单号:2022M04   填表人:张可

颜 色	裁 剪		裁 缝		后 道		包 装	
	当天	累计	当天	累计	当天	累计	当天	累计
灰色（M、L、XL）	450	1 350	450	1 170	570	1 170	570	1 170
棕色（S、M、L、XL、XXL）	0	0	0	0	0	0	0	0
小 计	450	1 350	450	1 170	570	1 170	570	1 170

生产日报表

填表时间:2022 年 5 月 10 日晚   订单号:2022M04   填表人:张可

颜 色	裁 剪		裁 缝		后 道		包 装	
	当天	累计	当天	累计	当天	累计	当天	累计
灰色（M、L、XL）	450	1 800	450	1 620	450	1 620	450	1 620
棕色（S、M、L、XL、XXL）	0	0	0	0	0	0	0	0
小 计	450	1 800	450	1 620	450	1 620	450	1 620

以后几天都是按这个速度生产,直到 5 月 22 日(周一)。

生产日报表

填表时间:2022 年 5 月 22 日晚   订单号:2022M04   填表人:张可

颜 色	裁 剪		裁 缝		后 道		包 装	
	当天	累计	当天	累计	当天	累计	当天	累计
灰色（M、L、XL）	450	5 400	450	5 220	450	5 220	450	5 220
棕色（S、M、L、XL、XXL）	0	0	0	0	0	0	0	0
小 计	450	5 400	450	5 220	450	5 220	450	5 220

但是从 5 月 23 日开始到 5 月 26 日,由于电力紧张,致使每天只能工作 12h,每日产量从

450 件降为 350 件。

生产日报表

填表时间:2022 年 5 月 23 日晚　　　订单号:2022M04　　　　　　填表人:张可

颜　色	裁　剪		裁　缝		后　道		包　装	
	当天	累计	当天	累计	当天	累计	当天	累计
灰色(M、L、XL)	0	5 400	180	5 400	180	5 400	180	5 400
棕色(S、M、L、XL、XXL)	350	350	170	170	170	170	170	170
小　计	350	5 750	350	5 570	350	5 570	350	5 570

生产日报表

填表时间:2022 年 5 月 26 日晚　　　订单号:2022M04　　　　　　填表人:张可

颜　色	裁　剪		裁　缝		后　道		包　装	
	当天	累计	当天	累计	当天	累计	当天	累计
灰色(M、L、XL)	0	5 400	0	5 400	0	5 400	0	5 400
棕色(S、M、L、XL、XXL)	350	1 400	350	1 220	350	1 220	350	1 220
小　计	350	6 800	350	6 620	350	6 620	350	6 620

　　外贸跟单员 5 月 26 日发现了生产数据异常,询问后发现是电力原因。工厂生产部告知电力一时无法恢复,工厂每天最多通电 12h(包括周末)。请问外贸跟单员应该如何处理,才能保证 6 月 20 日正常交货?

微课:进度落后
案例解析

产品品质跟单

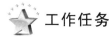 学习目标

知识目标

1. 掌握品质监控过程中生产前、生产初期、生产中期、生产尾期检查的重点。

2. 了解全数和抽样检验的含义及适用范围。

3. 掌握抽样检验常用术语的含义。

4. 了解 ISO 9000 及 ISO 14000 等常见的国际质量标准体系。

5. 了解产品合格认证和强制认证的区别。

6. 掌握面料检查的重点。

7. 掌握服装技术准备的检查重点。

8. 掌握抽样检验的步骤及抽样结果的判别方法。

9. 熟悉服装尾期检查的主要查验内容。

能力目标

1. 能跟踪服装生产前、生产初期、生产中期、生产尾期检查。

2. 能看懂产品质量检验指导书中关于抽样检验的专业术语描述。

3. 能根据给定条件,查表给出正常一次抽样检验方案。

4. 能根据抽样检验方案,进行抽样检验操作及检验结果的判断。

5. 能列出服装质量检查的主要内容,看懂服装查货报告。

6. 能按要求准确测量服装主要部位的尺寸,并填写尺寸反馈表。

素养目标

1. 严格要求产品品质,具备工匠精神。

2. 熟悉出口产品的国际认证要求,具有国际视野。

3. 养成严谨的工作作风,严格按照检验指导书要求实施产品抽样检查。

⭐ 工作任务

工作任务描述

浙江迪加贸易有限公司与德国客户 AFRO Co.,Ltd. 公司签订了 8 000 件女士夹克的外贸订单,该订单产品由杭州云赏服饰有限公司负责生产。服装生产过程中,浙江迪加贸易有限公司的外贸跟单员小李除要对产品生产进度进行跟踪外,还要对产品质量进行跟踪。

在质量跟踪环节,外贸跟单员首先要在生产初期拟制产品品质监控规划(计划),接着依照计划进行品质跟踪,跟踪过程中,需要有一定的专业检验知识(例如如何进行抽样检验,检验结果如何判断等),并需要熟悉产品,能检验判断产品是否合格。

工作任务分解

任务一 制定服装出口品质跟踪规划

为了做好产品质量跟踪工作,外贸跟单员需要在生产初期对相关产品的品质跟踪做简单规划,并依照规划有序对产品品质进行跟踪。请帮助外贸跟单员小李制定德国客户AFRO Co.,Ltd. 公司 8 000 件女士夹克订单的质量跟踪规划。

提示: 可参考"任务执行基础知识"中的"品质监控规划"制定规划。并在网络资料搜索及调研的基础上,整理服装品质监控各个阶段的监控内容。

任务二 出口服装抽检操作

在产品检验过程中,外贸跟单员需要掌握一定的检验专业知识(见"任务执行基础知识"中"品质检验的方法")。其中,抽样检验是最常用的检验方法。

本任务中,浙江迪加贸易有限公司与杭州云赏服饰有限公司在产品检查基准书中约定,8 000 件女士夹克出货时,采用正常一次抽样检验,双方约定 AQL=0.40,检验水平(IL)为Ⅱ级。请根据此条件,给出抽样方案,并根据方案对该批服装进行抽样模拟操作。

任务三 出口服装质量检验

抽样检验时抽出来的服装产品,需要逐件进行检验。不同类型的服装,检验的内容会有一定的差异。表6-1、表6-2为某服装订单的查货报告及尺寸要求表。① 请根据表6-1的查货报告罗列服装质量检查的一般内容;②请依据表6-2的尺寸要求,动手量一量自己身边的衣服,并选择部分尺寸信息填写尺寸检查反馈表。

表 6-1 服装查货报告(样例)

GY COMPANY   **INSPECTION REPORT**

SEASON: MERCHANDISER: Knit/Woven:

Style Name:	Brand:	Ins Date:
Article:	Supplier:	Packing %: %
P.o. No.:	Factory:	Shipment Qty:
Order Qty:		
Kind of Inspection: ○In-line ○Final ○First ○Second	Method of shipment: ○Sea ○Air ○Flat ○Hanging	Inspection Result: ○Shipment acceptable ○Shipment reject
Ctns inspected:	Qty inspected:	
Fabric	Accessories	Packing
1) Colour ○Yes/○No 2) Colour shading ○Yes/○No 3) Weight ○Yes/○No 4) Smell ○Yes/○No 5) Moisture ○Yes/○No	6) Label & Hangtags ○Yes/○No 7) Zipper ○Yes/○No 8) Button & rivets ○Yes/○No 9) Embroidery ○Yes/○No 10) Padding ○Yes/○No	11) Packing ○Yes/○No 12) Carton markrs ○Yes/○No 13) Assortment ○Yes/○No

Workmanship					
Defects Description	Major	Minor	Defects Description	Major	Minor

Continued

Workmanship					
Material defects			Broken stitches		
Stains/oil/smell			Twist seam		
Color shade variation			Puckering		
Flaw			Skipped stitches		
			Uneven		
			Hi-Low Pocket		
Insecure Btn/Snap			Overlap stitching		
Damaged trim			Untrimmed thread ends		
Rust					
AQL:2.5/4.0 ACCEPTABLE NUMBER:MAJOR MINOR NUMBER OF DEFECTIVE: MAJOR MINOR					
Remark/Comment:					
Remark:the sample used for inspection is sale-sample/sizeset/PP sample/app-sample/shipping.					
Inspected:		Supplier:		Approved:	

表 6-2　服装尺寸要求表（样例）

Code	Description	Toll.	34	36	38	40	42	44	46
A	1/2 Chest width	1	50	52	54	56	58	61	64
B	1/2 Waist width, at belt	1	48	50	52	54	56	59	62
D	1/2 Bottom width	1	57	59	61	63	65	68	71
E	Length, at HPS back	1	94	95	96	97	98	100	102
E	Length,at HPS front	1	88	89	90	91	92	94	96
F	Empireline height,HPS to CB	0.5	41	42	43	44	45	46.5	48
F	Empireline height,HPS to CF	0.5	41	42	43	44	45	46.5	48
H	Shoulder to shoulder	1	38	39	40	41	42	43.5	45
1	Front width,13cm from HPS	1	34	35	36	37	38	39.5	41
J	Back width,13cm from HPS	1	37	38	39	40	41	42.5	44
K1	Neck width, seam to seam	0.5	20	20.5	21	21.5	22	22.5	23
L	Neck drop,back	0.5	2.5	2.5	2.5	2.5	2.5	2.5	2.5
M	Neck drop front	0.5	9.4	9.7	10	10.3	10.6	10.9	11.2
N	Collar band height	0.3	6	6	6	6	6	6	6

Continued

Code	Description	Toll.	34	36	38	40	42	44	46
R	Armhole	0.5	22	22.5	23	23.5	24	24.75	25.5
S	Sleeve length	1	65	65.5	66	66.5	67	67.5	68
T	1/2 Upper sleeve	0.5	17.5	18.25	19	19.75	20.5	21.5	22.5
U	1/2 Elbow width*	0.5	15.3	15.9	16.5	17.1	17.7	18.45	19.2
V	1/2 Cuff width	0.5	11	11.5	12	12.5	13	13.5	14
W	Cuff hight	0.3	3.5	3.5	3.5	3.5	3.5	3.5	3.5
Y	Hood hight,incl collar band heig	0.5	37	37	37	37	37	37	37

任务执行基础知识

在产品生产过程中,外贸公司或生产企业外贸跟单员除要对产品进度进行跟踪外,还要跟踪产品质量。产品质量的好坏,直接关系到企业的形象和信誉,更会影响产品的交付。外贸跟单员在出口产品品质跟单时应以订单质量要求为原则,符合外商对出口产品的质量要求。

要做好外贸产品品质跟单,外贸跟单员不仅要了解和掌握品质监控的一般规划(计划安排),并能够进行品质检验操作,同时还要对国际质量标准体系有一定的了解,这样才能做好出口产品的品质跟单工作。

一、品质监控规划

生产企业的活动是一个复杂的过程,产品质量往往受人、机、料、环境、生产方法及检测等主客观因素的影响有一定的波动,甚至会出现不合格品。为保证出口产品质量,必须对整个生产过程进行监控,品质监控规划可参考各阶段的检查重点来安排。

(1)生产前检验

生产前检验主要是对原材料、辅料的检查。同时,还要对质量特性起到重要作用的辅助工具、设施和环境条件等进行检查,如生产制造用的水电,工作环境温度、湿度、清洁度等。

(2)生产初期检验

生产初期检验主要是对生产技术准备的检查,以及产前样的检查。

(3)生产中期检验

生产中期检验又称过程检验或工序检验,是对生产过程的监控,目的在于防止加工过程中出现大批不合格品,避免不合格品流入下道工序。一般来说,中期检验有三种形式:首件检验、巡回检验及末件检验。

① 首件检验。每个生产班次刚开始加工的第一个工件,或加工过程中因换人、换料、换原材料,或调整设备等改变工序条件后加工的第一个工件。

首件检验一般采用"三检制",即操作者自检、班组长或质量员复检、检验员专检。

② 巡回检验。检验人员按照检验指导书规定的检验频次和数量进行巡回质量检验。其内容一般包括：

a. 工序异常原因的检验。

b. 上次巡回检验后到本次巡回检验前所有的加工工件的全部重检或筛选。

③ 末件检验。对本班次生产线或生产设备的末件进行检验，确保生产结束后产品质量仍在合格状态，同时保证了下一个班次首件生产的顺利进行。

（4）生产尾期检验

生产尾期检验主要考核成品质量及包装质量，一般安排在货物总量的80%～90%成品率或装箱率时。尾期检验可以进行全数检验，也可以进行抽样检验，应视产品特点及工序检验情况而定。

二、品质检验的方法

企业在生产过程中，为了确保其生产的产品品质满足客户的要求，必须采取一定的方法对生产所用的物料或所生产的产品品质进行检验，以判定其品质特性，而检验的方法主要有两种，全数检验与抽样检验。

（一）全数检验法

全数检验是将送检批的产品或物料全部加以检验而不遗漏的检验方法，又称全面检验或100%检验。全数检验适用于数量较小、检验简单且费用较低的送检批。若检验批数量大，检验项目多或检验较复杂时，进行全数检验势必要花费大量的人力和物力，此时全数检验便可能不适用了。此外，当质量检验具有破坏性时，例如灯泡寿命试验、材料产品的强度试验等，全数检验也不适用。

（二）抽样检验法

微课：抽样
检验入门

抽样检验不逐个检验所有单位产品，而是按照规定的抽样方案和程序从待检验的产品中随机抽取部分单位产品组成样本，根据对样本逐个测定的结果，并与标准比较，最后对检验批做出接收或拒收判定的一种检验方法。简言之，按照规定的抽样方案，随机从一批待检验产品中抽取一些个体进行的检验称为抽样检验。抽样检验是产品检验最常用的方法。

1. 抽样检验的适用范围

（1）破坏性检验，如产品的可靠性、寿命、稳定性、耐久性等质量特性的试验。

（2）产品批量太大，无法进行全数检验时。

（3）检验项目多、检验周期长的产品。

（4）希望节省检验费用时。

（5）督促生产、改进质量为目的时。

2. 抽样检验标准

我国目前有许多针对不同情况的抽样检验国家标准，如 GB/T 2828、GB/T 4891、GB/T 6378、GB/T 8054、GB/T 10111、GB/T 13264 等，其中最常用的是 GB/T 2828。

3. 抽样检验基本术语

(1) 单位产品

为了实施抽样检查而对产品划分的基本单位。单位产品可按自然划分,如一批灯泡中的每个灯泡称为一个单位产品。有些时候必须人为规定,如一米布、一匹布等。

(2) 批

相同条件下制造出来的一定数量的产品,称为"批"。在生产条件和产品原材料等基本相同的情况下连续生产的一系列批称为连续批;不能定为连续批的称为孤立批。

(3) 批量和样本大小

批量是指批中包含的单位产品个数,以 N 表示。样本大小是指随机抽取的样本中单位产品个数,以 n 表示。

(4) 两类风险 α 和 β

由于抽样检验的随机性,将本来合格的批,误判为拒收的概率,这对生产方是不利的,因此称为第 I 类风险或生产方风险,以 α 表示;而本来不合格的批,也有可能误判为可接受,此时将对使用方产生不利,该概率称为第 II 类风险或使用方风险,以 β 表示。

(5) 接收质量限(AQL)

AQL 是 Acceptable Quality Limit 的缩写,意为接收质量限,即当一个连续系列批被提交验收时,可允许的最差过程平均质量水平。GB/T 2828 中用不合格品百分数或每百单位产品不合格品数表示,数值从 0.010~1 000 按 R_5 优先数系分为 26 级,其公比大约为 1.5 (表 6-8),用于确定样本量和抽样方案的接收数 Ac 和拒收数 Re。

(6) 检验水平(IL)

检验水平(IL)是抽样方案的一个事先选定的特性,主要作用在于明确 N 和 n 间的关系。当批量 N 确定时,只要明确检验水平,就可以检索到样本量字码和样本量 n。批量 N 和样本量 n 之间的关系更多的是靠经验确定的。它的确定原则是批量 N 越大,样本量 n 也相应地高一些,但是样本量绝不与批量成比例。一般来说,N 越大,样本量与批量的比值 n/N 就越小。也就是说,检验批量越大,单位检验费用越小,所以方案的设计鼓励在过程稳定的情况下组成大批交验。

GB/T 2828 对检验水平分为两类:一类是一般检验水平,分为 I、II、III 三级。其中,第 II 级检验水平最常用,第 III 级代表的检验最严(同等批量情况下抽取的样本数量最多)。另一类是比一般检验水平更宽松的特殊检验水平,分为 S-1、S-2、S-3 和 S-4 共四级。特殊检验水平又称小样本检验水平,可用于必须使用相对小的样本量并且允许有较大抽样风险的情形。

(7) 检查严度

抽检方案的严度是指采用抽检方案的宽严程度。GB/T 2828 中规定有正常检查、加严检查、放宽检查、特宽检查和暂停检查五种不同严度的检查。其中正常检查最常用,其次是加严检查和放宽检查。

检验的严度是指检验批接受检验的宽严程度。在 GB/T 2828 中规定了三种严格程度不同的检验:正常检验、加严检验和放宽检验。

① 正常检验。正常检验是指当过程平均优于 AQL 时,所使用的一种能保证批以高概率被接收的抽样方案的检验。正常检验可以较好地保护生产方的利益。

② 加严检验。加严检验是指使用比相应的正常检验抽样方案接收准则更为严厉的接收准则的一种抽样方案的检验。当连续批的检验结果表明过程平均可能劣于 AQL 值时,应进行加严检验,以更好地保护使用方的利益。与正常检验相比,加严检验方案原则上不变动样本数量,但是接收数减小。

③ 放宽检验。放宽检验是指使用样本量比相应的正常检验抽样方案的样本量小,接收准则和正常检验抽样方案的接收准则相差不大的一种抽样方案的检验。当连续批的检验数据表明过程平均明显优于接收质量限时,可进行放宽检验。放宽检验的样本量一般为正常检验样本量的 40%,可节省检验成本。

在检验开始时,一般采用正常检验。而后根据转移规则将检验调整到加严检验或放宽检验(图 6-1)。

图 6-1　检验的严度调整

GB/T 2828 中规定的转移规则如下。

① 从正常检验到加严检验。当正在采用正常检验时,只要初次检验中连续 5 批或少于 5 批中有 2 批不被接收,则转移到加严检验。

② 从加严检验到正常检验。当正在采用加严检验时,如果初次检验中接连 5 批被接收,应恢复正常检验。

③ 从正常检验到放宽检验。当正在采用正常检验时,如果下列各条件均满足,应转移到放宽检验:a. 当前的转移得分至少是 30 分;b. 生产稳定;c. 负责部门同意使用放宽检验。

其中,转移得分的计算一般是在正常检验开始时进行的。在正常检验开始时,转移得分设定为 0,检验完每个批后更新转移得分。一次抽样方案的转移得分的计算方法如下。

当接收数等于或大于 2 时,如果当 AQL 加严一级后该批被接收,则给转移得分加 3 分;否则,将转移得分重新设定为 0。

当接收数为 0 或 1 时,如果该批接收,则给转移得分加 2 分;否则,将转移得分重新设定为 0。

④ 放宽检验到正常检验。如在较宽松的检验中,产品却出现通不过的现象,则认为产品可能存在质量不稳定等问题,需要转为较为严格的正常检验。

当正在执行放宽检验时,如果初次检验出现下列任一情况,应恢复正常检验:a. 一个批未被接收;b. 生产不稳定或延迟;c. 认为恢复正常检验是正当的其他情况。

(8) 抽检样本次数

抽检样本次数可分为一次抽检、二次抽检、多次抽检和序贯抽检。GB/T 2828 规定,抽取样本的次数一般为一次、两次或 5 次(GB/T 2828 解释"多次"为 5 次),其样本大小一般存在以下关系:$n_1 : n_2 : n_5 = 1 : 0.63 : 0.25$。

序贯抽样检验(sequential sampling inspection)是指每次从批中抽取一个产品或一组产品,检验后按某一确定规则做出关于接收该批或拒收该批,或再检验一个产品(或一组产品)

的决定的抽样检验。每次抽一个的检验,称为逐个序贯抽样检验。而每次抽一定个数的检验,称为逐组序贯抽样检验。以逐个序贯抽样检验为例,每次从批中抽取一个产品检验后,若按照规则能做出接收或拒绝该批的决定,则检验终止;反之,则继续从批中抽取一个产品检验,直到得出检验结果为止。序贯抽样检验特点是样本量不固定,但平均抽样个数较其他方案少得多,特别适用于破坏性检验和检验费用昂贵的场合。

（9）计数型检验与计量型抽样检验。

抽样检验是从一批产品中抽取部分单位产品,进而判断产品批是否接收的活动。依据判别方法的不同,可以分为计数型抽样检验和计量型抽样检验。

计数型抽样检验把样本中的每个单位产品区分为合格品、不合格品,计算样本中出现的不合格品数或不合格数,并与抽样方案的接收数对比,判断检验批是否接收。此法适用于结构简单、不合格品可用合格品替换的场合。

计量型抽样检验是根据不同质量特性值的样本均值或样本标准差来判断一批产品是否合格。例如,检查某种电池的启动电压,规定电池电压1.80V以上,抽取10只电池的电压值在1.58V以上判定检验批合格,1.58V以下判定检验批不合格。

与计数型抽样相比,计量型抽样检验所需的样本量少,获得的信息多。但是,对样本质量特性的计量和测定要比检查产品是否合格所需的时间长、工作量大、费用高,并需要具备一定的设备条件,判断程序比较复杂。当检验指标较多时,采用计量抽样检验是不合适的,因为每个特性值都需要单独考虑。因此,对大多数检验指标采用计数型抽样检验,仅对一两个重要指标采用计量型抽样检验,两者配合,是企业更常用的做法。

（三）理化检验与感官检验

理化检验是应用物理或化学的方法,依靠量具、仪器及设备装置等对受检物进行检验。理化检验是各种检验方式的主体。

感官检验是依靠人的感觉器官对质量特性或特征做出评价和判断。如对产品的形状、颜色、气味、伤痕、污损、老化程度等,往往依靠人的感觉器官来进行检查和评价。这种检验方式是质量检验方式的一种选择或补充。

（四）破坏性检验与非破坏性检验

破坏性检验是指在产品检验过程中可能导致受检产品形态等发生变化,产品使用功能或性能遭到一定程度破坏的检验形式或者方法。

非破坏性检验又称无损检验,是指检验时产品不受到破坏,或虽然有损耗,但对产品质量不发生实质性影响的检验。如机械零件的尺寸检验等都属于非破坏性检验。随着科技的进步,无损检验得到了长足发展,非破坏性检验的范围逐渐扩大。

三、国际质量标准体系与产品认证

国际贸易中,产品的质量往往参照一些国际标准,产品出口不仅要了解这些国际标准,以做产品发展的长远规划,而且要了解进口国参照这些国际标准的具体产品认证要求。

微课:国际质量
标准体系与
产品认证

（一）主要国际标准组织

国际标准组织是指国际标准化组织（ISO）、国际电工委员会（IEC）和国际电信联盟（ITU），以及 ISO 为促进《关贸总协定——贸易技术壁垒协议》及标准守则的贯彻实施所出版的《国际标准题内关键词索引（KWIC Index）》中所收录的其他国际组织。根据 ISO 第2 号指南的定义，均属于国际标准化机构，但它们所发布的文件并不一定都可作为国际标准，只有经 ISO 认可并收入 KWIC Index 索引中的标准文件才被确认为国际标准。主要国际标准组织如下。

（1）国际标准化组织。一个由国家标准化机构组成的世界范围的联合会。我国于 1978 年重新加入 ISO 组织。

（2）国际电工委员会。作为世界上成立最早的一个标准化国际机构，主要负责制定电工和电子产品的国际标准。我国于 1957 年加入 IEC。

（3）国际电信联盟。一个联合国系统内的国际组织，主要职责是完成国际电信联盟有关电信标准化的目标。我国于 1920 年加入 ITU。

（4）其他国际组织。除上述国际标准组织外，还有国际标准组织确认并公布的其他国际组织，他们制定的标准也可能影响国际贸易。如国际人造纤维标准化局（BISFA）、食品法典委员会（CAC）、国际照明委员会（CIE）、国际毛纺组织（IWTO）、国际葡萄与葡萄酒局（OIV），这些组织可能影响相关产品的进出口业务。

（二）国际质量标准体系

1. ISO 9000（质量管理体系国际标准）

ISO 9000 质量管理体系是国际标准化组织制定的国际标准之一，是指由 ISO/TC 176（国际标准化组织质量管理和质量保证技术委员会）制定的所有国际标准。该标准可帮助组织实施并有效运行质量管理体系，是质量管理体系通用的要求和指南。我国在 20 世纪 90 年代将ISO 9000 系列标准转化为国家标准，随后，各行业也将 ISO 9000 系列标准转化为行业标准。目前，ISO 9000 系列标准已被世界上 110 多个发达国家和发展中国家所广泛采用。

ISO 9000 不是一个标准，而是一个系列标准的统称。

（1）ISO 9001。设计、开发、生产、安装和服务的质量保证模式。当需要证实供方设计和生产合格产品的过程控制能力时，应选择和使用此种模式的标准。

（2）ISO 9002。生产、安装和服务的质量保证模式。当需要证实供方生产合格产品的过程控制能力时，应选择和使用此种模式的标准。

（3）ISO 9003。最终检验和试验的质量保证模式。当仅要求供方最终检验和试验符合规定要求时，应选择和使用此种模式的标准。

（4）ISO 9004。用于指导组织进行质量管理和建立质量体系。

2. ISO 14000（环境标准体系）

ISO 于 1993 年 6 月成立了第 207 技术委员会（TC207），主要目的是支持环境保护，改善并维持生态环境质量，减少人类各项活动所造成的环境污染，使之与社会经济发展达到平衡。ISO 14000 环境标准体系出现后，很多国家，尤其是发达国家纷纷参照 ISO 14000 标准，对产品设定了和环境、人类身体健康等相关的各类标准。ISO 14000 系列标准号分配如表 6-3 所示。

表 6-3   ISO 14000 系列标准号分配

项　目	名　　称	标准号
SC1	环境管理体系（EMS）	14001～14009
SC2	环境审核（EA）	14010～14019
SC3	环境标志（EL）	14020～14029
SC4	环境行为评价（EPE）	14030～14039
SC5	环境周期评估（LCA）	14040～14049
SC6	术语和定义（T&D）	14050～14059
WG1	产品标准中的环境指标	14060
	备用	14061～14100

（三）产品质量认证及分类

参照国际质量标准体系，出现了很多产品认证机构及产品认证标志，如美国保险商实验室（UL）安全试验和鉴定认证、欧盟 CE 认证、VDE 德国电气工程师协会认证、中国 CCC 强制性产品认证等。出口到这些国家的产品如果没有取得相关认证，进入时就缺乏竞争力，甚至根本无法进入这些国家的市场。

如果一个企业的产品通过了国际知名认证机构的产品认证，就可获得相关认证机构颁发的"认证证书"，并允许在认证的产品上加贴认证标志。这种被国际上公认的、有效的认证方式，可使企业或组织通过产品认证树立起良好的信誉和品牌形象，同时消费者也可通过认证标志来帮助判断商品的质量好坏、安全与否等。

概括来说，这些产品质量认证主要包括合格认证和安全认证，并可按照其是否强制获得分为强制与非强制认证。

1. 合格与安全认证

（1）合格认证

产品合格认证（product conformity certification）是指由第三方认证机构证实，某一经鉴定的产品符合特定标准或其他技术规范的活动。标准是产品认证的基础，为了描述产品的基本性能而制定的标准，是评价产品各方面性能而提出的技术要求，以此种标准为基础实施的产品认证，称为"产品合格认证"。通常，产品合格认证属于自愿性认证，其主要作用是指导消费者选购性能良好的商品，全面提高产品的性能和提高企业持续稳定地生产符合标准要求的能力。产品合格认证根据行业，可分为机械电子产品国际标准检测认证、食品医疗产品国际标准检测认证及纺织服装产品国际标准检测认证等类别。

（2）安全认证

凡根据安全标准进行认证或只对商品标准中有关安全的项目进行认证的，称为产品安全认证。它是对商品在生产、储运、使用过程中是否具备保证人身安全与避免环境遭受危害等基本性能的认证。目前，安全认证的国际标准体系主要有三个，分别是欧洲安全认证体系、北美安全认证体系和日本安全认证体系。常见的国际安全认证标志如表 6-4 所示。

表 6-4　常见的国际安全认证标志

标　　志	国别	标　　志	国别
	中国		日本
	加拿大		韩国
	美国		美国
	德国		德国
	欧盟		法国
	芬兰		挪威
	俄罗斯		澳洲
	瑞典		丹麦

2. 强制性产品认证与自愿认证

　　强制性产品认证是政府组织实施的一种强制行为,凡列入强制性产品认证目录的产品,没有获得指定认证机构的认证证书,一律不能进入市场。一般而言,列入强制认证目录的都是涉及人身安全和健康、环境保护、国家安全的产品。

　　自愿认证是企业根据自愿原则向认证机构提出产品认证申请,由认证机构依据认证基本规范、认证规则和技术标准进行的合格评定。经认证合格的,由认证机构颁发产品认证证书,准许企业在产品或者其包装上使用产品认证。出口产品若获得进口国的一些自愿认证,有利于产品进入该国市场,但自愿认证往往费用较高,短期内产品价格竞争力会受到一定的影响。

安全认证中的 CE 认证与 GS 认证是典型的强制与自愿认证。CE Marking(CE 标示)在欧盟市场上是属于强制性认证标志,是产品进入欧盟境内销售的通行证。GS 认证以德国产品安全法为依据,按照欧盟统一标准 EN 或德国工业标准 DIN 进行检测的一种自愿性认证。以 CE 与 GS 认证为例,可以发现自愿与强制认证的主要区别(表 6-5)。

表 6-5　CE 与 GS 认证区别

比较项目	CE 认证	GS 认证
是否自愿认证	强制性认证	自愿认证
适用法规	适用欧洲标准(EN)进行检测	适用德国安全法规进行检测
发证部门	在具备完整技术文件(包含测试报告)的前提下可自行宣告 CE	由经德国政府授权的独立的第三方进行检测并核发 GS 标志证书
有无年费	无年费	需缴纳年费
审查周期	无工厂审查	每年至少一次工厂审查
发标志部门	工厂对产品符合性的自我宣告,公信力及市场接受度低	由授权测试单位来核发 GS 标志,公信力及市场接受度高

任务操作指导

任务一　制定服装出口品质跟踪规划

为做好产品质量跟踪工作,外贸跟单员需提前做好产品品质跟踪规划,并依照规划有序跟踪。从任务执行基础知识可知,品质跟踪一般可以根据生产进程分为生产前检验、生产初期检验、生产中期检验和生产尾期检验。

德国客户 AFRO Co.,Ltd. 公司 8 000 件女士夹克订单的质量跟踪,可规划如下。

一、生产前检验

企业服装生产
过程控制程序

生产前检验(pre-production inspection)主要是对原材料、辅料进行的检查,尤其是外购原材料、辅料的检查。对于 8 000 件女士夹克来说,其生产前检验主要是对女士夹克的主要原材料面料的检查,以及拉链、纽扣等辅料的检查。

(一)面料检查

面料检查主要包括:①外观质量检查,如破损、污迹、织造疵点、色差等;②内在质量检查,如面料种类(如针织、梭织等)、组织结构(如梭织布的平纹、斜纹、缎纹等)、纱支、经纬密度、幅宽、克重、缩水率、色牢度、甲醛含量、偶氮染料、撕破强度、抗拉强度等。

订单中对女士夹克外面料的要求是：

Shell：woven，twill，100% cotton，22S×18S/130×64。

大意为：

外面料：梭织，斜纹，全棉。经纱 22 支，单股；纬纱 18 支，单股；经纱纬纱的密度分别是 130 和 64。

上述信息主要是对面料内在质量要求的表述，除这些要求外，面料通常还有甲醛含量、色牢、缩水等性能方面的要求，这些都属于内在质量要求。对于这些内在质量要求，外贸跟单员很难通过简单的眼观、触摸等方法判断，而是将面料提交专业机构进行检验。

纺织测试
申请表

（二）辅料检查

服装辅料检查主要包括色差、色牢度、松紧带缩水率、拉链润滑程度、黏合剂的黏合牢度、金属配件是否含镍、塑料类配件是否含镉等。

订单中对女士夹克辅料的要求有：

AZO-colors and nickel accessories are prohibited.

大意为：

严禁使用偶氮（AZO）染料和含镍的衣着附件。

面料外观
检验标准

和前述的面料检查类似，服装辅料的检查也分为内在质量和外观质量两部分，其中内在质量主要交给第三方机构检测，外贸跟单员做的主要是简单的外观质量检查。

总结而言，生产前检验阶段，外贸跟单员的工作主要是申请第三方面料和辅料测试，并对面辅料外观质量进行必要的检查。

服装辅料测试
申请表

二、生产初期检验

生产初期检验（early inspection/initial inspection）主要是对生产技术准备，以及产前样的检查。对服装而言，主要是对生产技术准备中服装样板制定的检查，以及服装产前样的检查。

（一）服装样板制定检查

服装技术准备期一项非常重要的工作内容是样板制定，样板的好坏直接关系到服装制作质量的高低。在样板制定的基础上，企业还会形成一份工艺单或工艺说明书。企业服装样板制定的一般流程如下。

辅料测试报告
范例：拉链
测试报告

1. 分析订单

一是对面料的分析，如缩水率、热缩率、倒顺毛、对格对条等。

二是对规格尺寸的分析，如具体测量的部位和方法、小部件的尺寸确定等。

三是工艺分析，如裁剪工艺、缝制工艺、整烫工艺、锁眼钉扣工艺等。

四是款式图分析，如根据订单上的服装结构图，大致了解服装的结构构成。

2. 分析样品

从样品中了解服装的结构、制作的工艺、分割线的位置、小部件的组合，各部位尺寸大小和测量方法等。

3. 确定中间规格

针对中间规格进行各部位尺寸分析，了解它们之间的相互关系，有的尺寸还需细分，从中发现规律。

4. 确定制板方案

根据款式特点和订单要求，确定是用比例法还是用原型法，或用其他的制板方法等。

5. 绘制中间规格的纸样

绘制中间规格的纸样有时又称封样纸样，客户或设计人员要按照这份纸样缝制的服装进行检验并提出修改意见。

6. 封样品的裁剪、缝制和后整理

封样品的裁剪、缝制和后整理过程要严格按照纸样的大小、纸样的说明和工艺要求进行操作。

7. 依据封样意见共同分析和会诊

依据封样意见共同分析和会诊，从中找出产生问题的原因，进而修改中间规格的纸样，最后确定投产用的中间规格纸样。

8. 推板

利用中间规格纸样，根据一定规则推导出其他规格的纸样。

9. 检查全套纸样是否齐全

在裁剪车间，一个品种的批量裁剪铺料少则几十层、多则上百层，而且面料可能还存在色差。如果缺少某些裁片就开裁面料纸样，若后期出现问题，再找同样颜色的面料来补裁就比较困难（因为同色而不同匹的面料往往有色差）。而且服装工业生产非常注重省料，这也要求所有的衣片与零料要一起划好，全套纸样齐备，再一起排料下裁。

10. 制订工艺单和绘制排料图

服装工艺单或工艺说明书是服装缝制应遵循和注意的必备资料，它是服装加工中的指导性文件。工艺单中对服装的规格、缝制、整烫、包装等都提出了详细的要求，对服装辅料搭配、缝迹密度等细节问题也有所明确。因此，工艺单是保证生产顺利进行的必要条件，也是质量检验的标准之一。而排料图是裁剪车间画样、排料的技术依据，它可以控制面料的耗量，对节约面料、降低成本起着积极的指导作用。

外贸跟单员需关注企业样板制定的流程是否规范，过程资料是否齐备，最后的样板是否符合要求。同时要检查工艺单或工艺说明书是否清晰、详尽。

（二）产前样检查

1. 产前样的作用

（1）帮助及时发现版型穿着效果是否存在不足之处，以及大货版型尺寸与样衣是否相吻合。

（2）帮助及时发现面辅料搭配是否合理，大货生产工艺是否可行。

（3）帮助及时发现工艺单、样板是否存在漏洞（如转角不到位、刀口不对位、样板与工艺单尺寸是否吻合），以及大货特殊工艺是否与样衣吻合（如印花、绣花、压折、水洗效果等）。

（4）若样衣上有调整或修改的，产前样生产时能及时发现样板是否有跟进修改，供应单有无备注生产缝制质量的确定及改进。

（5）对生产过程中的品质问题能做到及时发现并给予改进，确保大货生产不会出现相同的品质问题。

2. 产前样生产流程

产前样生产流程见表 6-6。

表 6-6　产前样生产流程

流　　程	责任人	使用表单	说　　明
资料接收	厂长	生产单 工艺单	接收技术部提供的生产单、工艺单、样板、样衣
产前样裁剪	裁床组长	生产单 工艺单	按生产工艺单上的要求排版、裁剪，裁 1～2 件中码规格
产前样制作	厂长 裁床组长	生产单 工艺单	裁床将整件样衣的裁片交给缝制车间，厂长安排生产组长依据样板、样衣和缝制工艺要求进行操作，并在 1～2 天内完成
后整操作	后整组长	生产单 工艺单	后道工序要求在 1～2 天内完成，整件衣服生产时需认真操作，要求凤眼、枣位正确，线头去除，整烫平挺（含水洗）
样衣完成，组织评审	厂长 缝制组长 品管部	口头通知	组织人员对产前样每道工序进行分析，分析如下。 ① 各部位的尺寸是否与工艺单尺寸相符。 ② 试穿后，版型的效果是否良好，有无变形。 ③ 面布与里布的松紧度是否适当。 ④ 工艺要求是否严格执行。 ⑤ 整体外观、缝制上的分析评价。如果合格，就下生产通知单做大货准备；若不合格，应认真分析原因，就存在问题与技术部及时沟通。生产部针对员工操作上的失误应加强辅导，直至员工理解。不合格的样衣需重新返工或重新下单制作。 ⑥ 产前样确认合格后，送技术部再次确认，技术部在 4h 内答复确认结果

3. 产前样检查要点

产前样是大货生产中很重要的样品，客户一般会要求产前样通过后再生产大货。产前样的生产与审核可以帮助提前发现问题，避免在批量生产过程中造成损失。外贸跟单员在产前样的跟踪中要确保产前样用了正确的大货原材料和工艺，产前样生产流程正确，资料齐全，产前样质量过关。

三、生产中期检验

生产中期检验（in-line inspection/inter inspection）又称过程检验或工序检验，是对生产过程的监控，目的在于对大货生产规范及产品生产质量的把关，防止加工过程中出现大批不合格品，避免不合格品流入下道工序。一般来说，大货有 10％成品时就可以进行服装中期检验。中期检查过程中要对半成品、已生产的成品进行质量把关，并关注生产部对不合格品的管理与处置情况。

服装半成品、成品的质量把关是成衣跟单的基础，对服装半成品和成品及时、准确地跟进直接影响服装的总体质量，因此具有非常重要的意义。中期跟单的主要内容包括服装款式的核对、服装外观质量检查和不合格品的管理与处置。

（1）服装款式的核对。服装款式的核对一般分为以下五个步骤进行。

① 根据工艺文件的款式图进行核查。核查的内容包括缝纫形式、服装结构是否与工艺文件一致等。核查的方法可以采取"打钩法"，即对工艺文件中的款式图进行打钩，把已经核查的和核查以后是正确的地方打上"√"，核查的顺序可以按照从左到右、从上到下、从前到后的原则。

② 根据工艺文件的款式描述进行核查。款式描述核查可以和款式图相结合。

③ 根据工艺文件的工艺描述进行核查。核查的内容主要包括印绣花以及服装的特殊工艺制作等，核查的方法同上。

④ 根据工艺文件的服装辅料搭配进行核查。核查的内容主要包括辅料的颜色搭配以及辅料装订的位置是否和工艺文件一致等。

⑤ 根据工艺文件的服装规格指示进行规格的核查。规格核查主要是针对服装主要部位进行服装规格尺寸的核查。例如上衣核查的部位包括胸围、腰围、下摆、衣长、袖长等，裤子核查的部位包括腰围、臀围、横裆、脚口、裤长等。

（2）服装外观质量检查。服装半成品或成品的外观质量检验内容包括部件外形、外观平整度、缝迹质量、整烫质量等。

① 部件外形。领、袖、袋等部件成型后，形状是否符合要求，应与标准纸样进行对照检查等。

② 外观平整度。缝合后外观是否平整，缝缩量是否过少或过量等。

③ 缝迹质量。缝迹的形式及缝迹的光顺程度是否符合质量规定。

④ 整烫质量。半成品整烫成型质量是否符合要求，有无烫黄污损现象。要注意不同产品的缝制、整烫质量要求是不同的。

（3）不合格品的管理与处置。一般情况下，对不合格品进行严格管理与处置的工厂或生产部门，制造工作严谨，外贸跟单员进行生产跟踪时相对会比较顺利。比较合理的不合格品管理方法是发现时先标识，后隔离（放入"不合格品"的周转箱），接着处置。处置的方法一般是先记录，后评价，最后根据评价结果进行返工返修、降级使用或报废等处置。

除上述检查外，外贸跟单员在服装生产中期检验阶段还需对已到厂的大货包装物料（如胶袋、纸箱等）进行检查。如核对包装资料是否完整，包装刷唛信息是否正确，可试装一箱确认包装方法是否正确及包装效果是否良好。中期检查结束后，外贸跟单员需要写中期检查报告，指出需要改善的问题。

四、生产尾期检验

生产尾期检验（final inspection）是全面考核服装成品是否满足交货要求的重要手段。本案例中，对8 000件女士夹克做尾期检查的时间安排要注意：不能等到产品全部生产完毕时检查，而是要提前安排，一般在货物总量80%～90%成品率或装箱率时进行。服装订单尾期检验的主要检查内容包括以下几项。

1. 服装产品

服装尾期检查通常采用抽样检验,需按照检验指导书要求抽取检验样本。一般来说,每个颜色、每个尺码,箱号的头、中、尾都要抽到,例如服装订单共有 100 箱,若要抽取 5 箱检查,可抽取头、中、尾第 3 箱、第 23 箱、第 47 箱、第 76 箱、第 95 箱,抽取时注意不同颜色、尺码的服装尽量都抽到。服装尾检包括以下内容。

服装订单中
期检查(中查)
报告范例

(1) 对款式(style)。大货的款式与样衣、样衣评语及相关资料比较,看是否一致,主唛、洗水唛等辅料是否正确。(如果中期检查已经核对过,此步可省略)

(2) 对资料(information)。所有的验货资料都要逐句检查一遍,看大货和资料是否有不符点。(中期检查核对过的部分可跳过)

(3) 对颜色(color)。大货面辅料颜色与色样对比,看是否有色差。(中期检查核对过的尾期还要再核对一遍,因为面料颜色会有缸差)

(4) 摸手感(hand feel)。大货手感与手感板对比,看是否偏硬、偏软、太干、太滑等。(中期检查摸过的尾期还是要再摸,因为每缸洗出来的效果不同)

(5) 量尺寸(measurement)。每色每码量一件以上。

(6) 查做工(workmanship)。如检查面料是否有疵点、线头、跳针,对称部位是否对称等。

2. 包装

尾期检查除了要检查服装质量,还要检查包装情况。包装(packing)检查主要包括箱唛(shipping mark)、包装方法(packing method)、包装物料(packing material)、装箱状况(carton condition)、颜色尺码数量分配(assortment)等的检查。尤其要注意中期验货报告中提出的问题是否已全部改善。

服装尾查
报告范例

尾期检查结束后需要有尾检报告,尾检通过可安排大货的运输工作。

任务二　出口服装抽检操作

本任务中,浙江迪加贸易有限公司与杭州云赏服饰有限公司在产品检查基准书中约定,8 000 件女士夹克出货时,进行正常一次抽样检验,要求 AQL＝0.40,检验水平(IL)为Ⅱ。需要给出抽样方案,并根据方案对该批服装进行抽样模拟操作。因此,外贸跟单员首先需要根据检验基准书中的信息,查表给出抽样方案;接着根据方案做抽样模拟操作,包括抽出相应数量的服装样本,模拟检验操作,并根据模拟结果,做出接收或拒绝该批货物的判断。

一、抽样方案

抽样方案是进行抽样操作与抽样检验结果判断的依据,需要包含批量(N)、样本数(n)、合格判定数(Ac)、不合格判定数(Re)等信息。

抽样方案依据产品检查基准书中约定的条件得来,一般步骤如下:先找到对应的抽样检验表,GB/T 2828 规则①下正常一次抽样检验的表格如表 6-7、表 6-8 所示;接着根据给定的批量大小(N)及检验水平(IL)信息,在表 6-7 中找出样本量字码;然后在表 6-8 中找到样本量字码对应的样本数(n),并根据 AQL 值查到对应的合格判定数(Ac)及不合格判定数(Re)数据;最后写出抽样方案:$N=?$ $n=?$ Ac$=?$ Re$=?$

例如,某五金制品厂外贸跟单员小郭接到莱特电子装配厂送来一份检查通知书,内容是收到电子装配厂交来保护板 100 件(N),双方约定做正常一次抽样检验,约定的 AQL 为 4,检验水平(IL)为Ⅱ级,请根据这些条件给出抽样方案。小郭可操作如下。

第一步:找到抽样检验表,因为是正常一次抽样检验,所以检验表为表 6-7、表 6-8。

第二步:本例中的批量 $N=100$,在表 6-7 中属于 91～150 范围,其所在的行与检验水平Ⅱ级所在的列交叉格中的样本量字码为 F。

第三步:在表 6-8 中,由样本量字码 F 所在行向右,在"样本量"栏内读出 $n=20$,即抽检样本的个数为 20;由 F 所在行与案例中给定 AQL 值(AQL$=4$)所在列的交叉格中,读出 $[\text{Ac},\text{Re}]=[2,3]$。

第四步:得出正常检验一次抽样方案为($N=100,n=20,\text{Ac}=2,\text{Re}=3$)。其含义是从批量 100 件的交验批产品中,随机抽取 20 件样本检验。如果发现这 20 件产品中有 2 件及以下为不合格品的,可接收这批货;若发现有 3 件及以上为不合格品的,则判为该批产品不合格,予以拒收。

 本任务中抽样方案

依照上述方法,可以得出 8 000 件女士夹克的抽样方案为($N=8000,n=200,\text{Ac}=2,\text{Re}=3$)。

需要注意的是,抽样方案是依据双方事先约定就 AQL 和检验水平(IL)数据获得的,外贸跟单员需要就 AQL 和检验水平(IL)数据对检查严格度的影响有一个把握。例如,根据表 6-7 可以发现,检验水平中一般检验水平严于特殊检验水平(同批量情况下,一般检验水平要抽取的样本数要求高),一般检验水平中,Ⅲ级最严格;根据表 6-8 可以发现,AQL 越小越严(样本量字码确定时,AQL 越小,对应的 Ac 和 Re 数量越小,也就是说不合格品数要小于一个较小的数,才能检验通过,即 AQL 越小越严)。因此,外贸跟单员与工厂事先约定 AQL 和检验水平(IL)时,要注意严格度的把握,对于外商要求比较严格的订单,需要工厂制定比较严格的 AQL 和检验水平(IL),以对产品进行较为严格的检验。当然,也不是什么情况下都越严越好,因为检验越严,检查费用也越高,厂方一般会要求外贸公司负担其中的一部分成本。因此,在没有必要的情况下,无须采用过于严格的检验。

二、抽样模拟操作

抽样方案给定后,需根据方案,抽出产品,进行逐个检验。

 本任务中服装抽样模拟操作

微课:服装抽样
检验任务讲解

本任务中,根据抽样方案($N=8\ 000,n=200,\text{Ac}=2,\text{Re}=3$),应该从 8 000 件衣服中抽取 200 件服装样品,抽样过程中需要注意每色每码都要有抽到(模拟操作

---

① 若无特别说明,本书中的抽样检验均采用 GB/T 2828 规则。

时可以在纸上写下可能被抽到的箱数及箱内的服装颜色、尺码情况)。200件样品需要逐一进行检查,检查内容包括面料、辅料、包装、做工、各部位尺寸等,模拟操作时可写出具体检查内容(参看表6-1、表6-2、资料6-1)。

三、结合检验结果,接收或拒绝检验批

抽样检验方案中的 Ac 和 Re 是对抽样结果做接收或拒绝的重要依据,若抽出样本中,不合格产品数小于或等于 Ac,则接收这批货;若不合格产品数大于或等于 Re,判为该批产品不合格,予以拒收。

 本任务中服装抽样检验结果判断

本任务中,根据抽样方案(N=8 000,n=200,Ac=2,Re=3),若抽出的 200件女士夹克样本中,不合格服装数小于或等于2,则接收这批货;若不合格服装数大于或等于3,判为该批产品不合格,予以拒收。模拟操作时可假设检查中出现的不合格品的数量,根据假设数量及抽样方案做出该批产品接收或拒绝的结论。

服装抽样检查
基本流程

GB/T 2828 规则下的正常一次抽样检验用表如表6-7、表6-8所示。

表 6-7 批量范围、检验水平与样本量字码之间关系

批量范围	特殊检验水平				一般检验水平		
	S-1	S-2	S-3	S-4	Ⅰ	Ⅱ	Ⅲ
2～8	A	A	A	A	A	A	B
9～15	A	A	A	A	A	B	C
16～25	A	A	B	B	B	C	D
26～50	A	B	B	C	C	D	E
51～90	B	B	C	C	C	E	F
91～150	B	B	C	D	D	F	G
151～280	B	C	D	E	E	G	H
281～500	B	C	D	E	F	H	J
501～1 200	C	C	E	F	G	J	K
1 201～3 200	C	D	E	G	H	K	L
3 201～10 000	C	D	F	G	J	L	M
10 001～35 000	C	D	F	H	K	M	N
35 001～150 000	D	E	G	J	L	N	P
150 001～500 000	D	E	G	J	M	P	Q
≥500 001	D	E	H	K	N	Q	R

表6-8　GB 2828一次正常检查抽样方案，正常检查一次抽样方案(辅助主表)

接收质量限 4.4ML

下表各接收质量限（AQL）列均含 Ac（接收数）与 Re（拒收数）两栏，单元格内数值按"Ac Re"顺序排列。

样本量字码	样本量	0.010	0.015	0.025	0.040	0.065	0.10	0.15	0.25	0.40	0.65	1.0	1.5	2.5	4.0	6.5	10	15	25	40	65	100	150	250	400	650	1000
A	2	↓	↓	↓	↓	↓	↓	↓	↓	↓	↓	↓	↓	↓	↓	0 1	1/3	1/2	1 2	2 3	3 4	5 6	7 8	10 11	14 15	21 22	30 31
B	3	↓	↓	↓	↓	↓	↓	↓	↓	↓	↓	↓	↓	↓	0 1	1/3	1/2	1 2	2 3	3 4	5 6	7 8	10 11	14 15	21 22	30 31	44 45
C	5	↓	↓	↓	↓	↓	↓	↓	↓	↓	↓	↓	↓	0 1	1/3	1/2	1 2	2 3	3 4	5 6	7 8	10 11	14 15	21 22	30 31	44 45	↑
D	8	↓	↓	↓	↓	↓	↓	↓	↓	↓	↓	↓	0 1	1/3	1/2	1 2	2 3	3 4	5 6	7 8	10 11	14 15	21 22	30 31	44 45	↑	↑
E	13	↓	↓	↓	↓	↓	↓	↓	↓	↓	↓	0 1	1/3	1/2	1 2	2 3	3 4	5 6	7 8	10 11	14 15	21 22	30 31	44 45	↑	↑	↑
F	20	↓	↓	↓	↓	↓	↓	↓	↓	↓	0 1	1/3	1/2	1 2	2 3	3 4	5 6	7 8	10 11	14 15	21 22	30 31	44 45	↑	↑	↑	↑
G	32	↓	↓	↓	↓	↓	↓	↓	↓	0 1	1/3	1/2	1 2	2 3	3 4	5 6	7 8	10 11	14 15	21 22	30 31	44 45	↑	↑	↑	↑	↑
H	50	↓	↓	↓	↓	↓	↓	↓	0 1	1/3	1/2	1 2	2 3	3 4	5 6	7 8	10 11	14 15	21 22	30 31	44 45	↑	↑	↑	↑	↑	↑
J	80	↓	↓	↓	↓	↓	↓	0 1	1/3	1/2	1 2	2 3	3 4	5 6	7 8	10 11	14 15	21 22	30 31	44 45	↑	↑	↑	↑	↑	↑	↑
K	125	↓	↓	↓	↓	↓	0 1	1/3	1/2	1 2	2 3	3 4	5 6	7 8	10 11	14 15	21 22	30 31	44 45	↑	↑	↑	↑	↑	↑	↑	↑
L	200	↓	↓	↓	↓	0 1	1/3	1/2	1 2	2 3	3 4	5 6	7 8	10 11	14 15	21 22	30 31	44 45	↑	↑	↑	↑	↑	↑	↑	↑	↑
M	315	↓	↓	↓	0 1	1/3	1/2	1 2	2 3	3 4	5 6	7 8	10 11	14 15	21 22	30 31	44 45	↑	↑	↑	↑	↑	↑	↑	↑	↑	↑
N	500	↓	↓	0 1	1/3	1/2	1 2	2 3	3 4	5 6	7 8	10 11	14 15	21 22	30 31	44 45	↑	↑	↑	↑	↑	↑	↑	↑	↑	↑	↑
P	800	↓	0 1	1/3	1/2	1 2	2 3	3 4	5 6	7 8	10 11	14 15	21 22	30 31	44 45	↑	↑	↑	↑	↑	↑	↑	↑	↑	↑	↑	↑
Q	1250	0 1	1/3	1/2	1 2	2 3	3 4	5 6	7 8	10 11	14 15	21 22	30 31	44 45	↑	↑	↑	↑	↑	↑	↑	↑	↑	↑	↑	↑	↑
R	2000	1/3	1/2	1 2	2 3	3 4	5 6	7 8	10 11	14 15	21 22	30 31	44 45	↑	↑	↑	↑	↑	↑	↑	↑	↑	↑	↑	↑	↑	↑

注：
↑ ——使用箭头上面的第一个抽样方案。
↓ ——使用箭头下面的第一个抽样方案，如果样本量等于或超过批量，则执行100%检验。
Ac ——接收数。
Re ——拒收数。

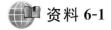

资料 6-1

某外贸公司对出口服装产品质量的要求

一、总体要求

（1）面料、辅料品质优良，符合客户要求，大货得到客户确认或得到权威认证机构的检验报告。

（2）款式配色准确无误。

（3）尺寸在允许的误差范围内。

（4）做工精良。

（5）产品干净、整洁、卖相好。

（6）包装美观、配比正确、纸箱大小适合、适于长途运输。

二、面料

（1）若外商没有特殊要求，我司要求货品至少达到的色牢度如下。

① 水洗色牢度。

A. 单洗牢度（color change）　3～3.5 级。

B. 粘色牢度（color stain）　3～3.5 级。

② 摩擦色牢度。

A. 干擦（dry）　3～3.5 级。

B. 湿擦（wet）　2.5～3 级。

③ 光照色牢度：4 级。

（2）对色准确，大货布的颜色和确认色的色差至少应在 3.5 级之内，并需经客户确认。

（3）面布与里布同色的，色差不低于 3.5 级。

（4）面料要求成分配比准确，纱支密度均匀，梭织面料要达到客人要求的密度，针织面料要求克重误差范围在 ±5％ 以内。

（5）尺寸变化，若无具体规定，要求所有面料应控制如下：5 次普洗后，每一方向最大误差在 3％ 以内；3 次干洗后，每一方向最大误差在 2％ 以内。

（6）阻燃性，对于纯人造纤维面料可以免测，动植物纤维面料必须进行测试。用 $16\mu m$ 火焰接触 2 英寸×6 英寸的面料 1s，计算燃烧时间，超过 7s 不延燃，则可以接受，少于 7s 则不合格。

（7）出口订单的材料均要求不含偶氮染料，应对工厂根据订单要求进行逐笔或阶段性测试。

三、辅料

（1）金属扣及鸡眼不得用铁质，所有金属配件不含镍，塑料类配件不含镉。

（2）织唛、提花织带类，要求图案清晰、切边整齐、不抽纱。

（3）印刷品要求清晰、不透底、不脱胶。

（4）喷漆制品喷漆牢固、无破损。

（5）松紧带、弹力绳弹性良好。

四、款式

严格根据客户的样衣或款式图查看所有细节（此工作由外贸跟单员在产前样检验时完

成)，跟单员应要求技术部或工厂在大货生产之前把所有色组的产前样交给我司批办后方可生产。

五、外观要求

（1）门襟顺直、平服、长短一致。前袖平服、宽窄一致、里襟不能长于门襟。有拉链唇的应平服、均匀不起皱、不豁开。拉链不起浪。纽扣顺直均匀、间距相等。

（2）止口丝路顺直、不反吐、左右宽窄一致（特别要求除外）。

（3）开叉顺直、无搅豁。

（4）口袋方正、平服，袋口不能豁口。

（5）袋盖、贴袋方正平服，前后、高低、大小一致。里袋高低、大小一致、方正、平服。

（6）领缺嘴大小一致，驳头平服、两端整齐，领窝圆顺、领面平服、松紧适宜、外口顺直不起翘，底领不外露。

（7）肩部平服、肩缝顺直、两肩宽窄一致。拼缝隙对称。

（8）袖子长短、袖口大小、宽窄一致，袖绊高低、长短宽窄一致。

（9）背部平服、缝位顺直、后腰带水平对称、松紧适宜。

（10）底边圆顺、平服、橡根、罗纹宽窄一致，罗纹要对条纹车。

（11）各部位里料大小、长短应与面料相适宜，不吊里、不吐里。

（12）车在衣服外面两侧的提花织带、提花背带，两边的花纹要对称。

（13）填充物平服、压线均匀、线路整齐、前后片接缝对齐。

（14）面料有绒（毛）的，要分方向，绒（毛）的倒向应整件同向。

（15）热封条平整、不起皱、黏合牢固。

（16）面料是涂白胶的，针孔处不能有白胶渗出，车缝线要湿线油（最好的方法是用一小块棉湿好线油、夹在机台上的过线孔处，让线从棉里面滑过）。

（17）从袖里封口的款式，封口长度不能超过8cm，封口一致，牢固、整齐。

（18）要求对条纹、对格的面料，条纹要对准确。

六、尺寸

若无特殊规定，衣服平放于桌面自然状态下度量，允许的误差范围如表6-9所示。

表6-9 衣服允许的误差范围

上 衣		
类别、部位	允许误差范围	
	童装	成 人
后中长/衣长	±1.0	+1.5/−1
肩宽	±0.5	±1.0
1/2胸围/摆围	±1.0	+1.5/−1
1/2腰围	±1.0	+1.5/−1
袖长	±1.0	+1.5/−1
袖长（短袖）	±0.5	±0.5
1/2夹圈/袖宽	±0.5	±1.0

上 衣		
类别、部位	允许误差范围	
	童装	成 人
1/2 袖口松量/拉量	±0.5	±1.0
1/2 无松紧袖口	±0.5	±0.5
领围	±1.0	±1.0
口袋开口	±0.5	±0.5
帽高/帽宽	±1.0	+1.5/−1

裤 子		
类别、部位	允许误差范围	
	童装	成 人
1/2 腰围松量/拉量	±1.0	±1.5
1/2 无松紧腰围	±0.5	±1.0
裤外长(长裤)	±1.0	±1.5
裤内长(长裤)	±1.0	+1.5/−1
裤外长(短裤)	±1.0	±1.0
1/2 臀围	±1.0	+1.5/−1
1/2 腿围	±1.0	+1.5/−1
前浪	±1.0	±1.0
后浪	±1.0	±1.0
1/2 脚口	±0.5	±1.0
1/2 内胆脚口	+1.5/−1	+2/−1.5
口袋开口	±0.5	±0.5

注:如果在生产前发现有较大的误差,要想一切办法改善,使误差范围降到最小。

七、各类布料缝制的针迹密度

各类布料缝制的针迹密度如表 6-10 所示。

表 6-10 各类布料缝制的针迹密度

序号	项 目	尼龙布、桃皮绒、汗布	尼龙涂胶、T/C 涂胶	牛津、桃皮绒、T/C 涂 PVC	备 注
1	明线	11~12 针/inch	11~12 针/inch	10~11 针/inch	
2	暗线	10~11 针/inch	10~11 针/inch	9~10 针/inch	
3	三线包缝	9 针/inch	9 针/inch	8 针/inch	
4	四线/五线包缝	11 针/inch	10 针/inch	9 针/inch	
5	下兰机	8 针/inch	8 针/inch	8 针/inch	
6	平眼	10~13 针/cm	9~12 针/cm	8~11 针/cm	
7	凤眼	粗线 8~10 针/cm	粗线 7~10 针/cm	粗线 7~9 针/cm	细线每 1cm 加两针
8	钉扣	每孔 8 根以上	每孔 8 根以上	每孔 8 根以上	

八、成品面料疵点检验标准

成品面料疵点检验标准如表 6-11 所示。

表 6-11　成品面料疵点检验标准

序号	疵点名称	各部位允许程度			备　注
		1 号部位	2 号部位	3 号部位	
1	粗于原纱一倍的纱	0～1cm	0～2cm	0～4cm	1. 上衣领面不允许有任何疵点存在
2	粗于原纱两倍的纱	不允许	0～1cm	0～2cm	2. 每一独立部位只允许存在一处,一件内不超过三处
3	浅油纱	0～1cm	0～2cm	0～4cm	
4	色档、横档	不允许	不允许	0～2cm	
5	斑渍(以最长向计)	不允许	不允许	0～1cm	
部位划分	1 号部位:衣身上部分、袖子的上部分、袖子中间、袖口;裤子上部分				
	2 号部位:衣身下部分、袖子下部分;裤子下部分				
	3 号部位:衣身侧缝、袖底缝及裤子内裆缝边各 5cm,内里				

九、包装

(1) 线头、污渍要清理干净。

(2) 衣服缝要熨烫平服,不得起烫痕,熨烫后应待水蒸气散尽后才能入袋。

(3) 若用有水分的擦布擦过衣服后,要将衣服晾干后才能入袋。

(4) 全棉面料的衣服要加拷贝纸,有印花的衣服印花处要加拷贝纸。

(5) 吊牌按指定的位置挂上,不干胶贴纸按指定的位置粘贴。

(6) 塑料袋不得破损。

(7) 配比正确、不混装、短装。

资料来源:http://wenku.baidu.com/view/09ed470016fc700abb68fcdf.html.

任务三　出口服装质量检验

抽样检验时抽出来的服装产品,需要逐件进行检验。不同类型的服装,检验的内容会有一定的差异。本任务中,要求外贸跟单员根据表 6-1 的服装查货报告,罗列服装检验的内容,并根据表 6-2 的服装尺寸要求,动手量一量类似的衣服,并选择部分尺寸信息填写尺寸检查反馈表。

一、服装质量检查

服装质量检查的内容主要包括面料、辅料、包装、做工等的检查,具体可参见表 6-12。其中,对于面料的检查主要包括颜色、重量、气味等外观检查;辅料检查包括对标签吊牌、拉链、纽扣、填充物等的检查;包装检查则包含包装物料、箱唛、装箱配比等的检查;做工问题是服装质量检查的重点,不同的做工问题根据重要性被分为"Major(重要缺陷)"和"Minor(次要缺陷)"两个类别。对于"Major"项目,通常会采用较严的抽样检查(设定较小的 AQL);"Minor"则设定相对较大的 AQL。

表 6-12 服装质量检测内容

Fabric		Accessories		Packing	
1) Colour(颜色) ○Yes/○No		6) Label & hangtags(标签吊牌) ○Yes/○No		11) Packing(包装) ○Yes/○No	
2) Colour shading(缸差) ○Yes/○No		7) Zipper(拉链) ○Yes/○No		12) Carton markr(箱唛) ○Yes/○No	
3) Weight(重量) ○Yes/○No		8) Button & rivets(纽扣及铆钉) ○Yes/○No		13) Assortment(配比) ○Yes/○No	
4) Smell(气味) ○Yes/○No		9) Embroidery(绣花) ○Yes/○No			
5) Moisture(潮湿) ○Yes/○No		10) Padding(填充料) ○Yes/○No			
Workmanship					
Defects description(疵点描述)	Major	Minor	Defects description(疵点描述)	Major	Minor
Material defects(面料疵点)			Twist seam(起纽)		
Stains/oil/smell(污渍/油渍/气味)			Puckering(打褶)		
Color shade variation(缸差/色差)			Skipped stitches(跳针)		
Flaw(钩丝)			Uneven(不对称)		
Insecure btn/snap(纽扣不牢)			Hi-low pocket(口袋高低)		
Damaged trim(辅料破损)			Overlap stitching(接线不好)		
Rust(生锈)			Untrimmed thread ends(线头)		
Broken stitches(断线)					

📂 本任务中服装质量检查

本任务中,可参照表 6-12 的内容,重点模拟服装做工问题的检查,并填写服装查货报告,记录检查情况。考虑服装种类不同,做工检查的内容和标准也不尽相同,本任务中模拟检验的服装可参照项目三中外贸订单情况选择秋冬夹克。若选择其他类别的服装,也可扫二维码查看资料内不同类别服装做工问题的检查内容。服装检查完成后,需要出具查货报告。

另外,需要注意的是,如果是国家法定商检产品,应在发货一周之前从工厂处获取商检换证凭单。这类商品在和工厂签订购货合同时便要向其说明商检要求,告知工厂将来产品的出口口岸,并提供出口合同、发票等商检所需资料,便于工厂及时办理商检。

不同类别服装
检查标准

二、尺寸检查

尺寸检查前,首先需要熟悉尺寸的英文表达(表 6-13),明确各尺寸所指的部位。同时需注意各部位尺寸的测量规范,例如,测量衣长时,需明确是从肩膀最高处往下量,还是肩膀最低处往下量。为确保尺寸测量工作的顺利进行,企业可制作尺寸测量示意图,如图 6-2 所示。

服装检验
报告范例

表 6-13　服装尺寸信息(带中文标注)

Code	Description	含　义	Toll.	34	36	38	40	42	44	46
A	1/2 Chest width	1/2 胸围	1	50	52	54	56	58	61	64
B	1/2 Waist width,at belt	1/2 腰围	1	48	50	52	54	56	59	62
D	1/2 Bottom width	1/2 下摆	1	57	59	61	63	65	68	71
E	Length,at HPS back	后衣长,肩点量	1	94	95	96	97	98	100	102
E	Length,at HPS front	前衣长,肩点量	1	88	89	90	91	92	94	96
F	Empireline height,HPS to CB	后腰节高,肩点量	0.5	41	42	43	44	45	46.5	48
F	Empireine height,HPS to CF	前腰节高,肩点量	0.5	41	42	43	44	45	46.5	48
H	Shoulder to shoulder	肩宽	1	38	39	40	41	42	43.5	45
I	Front width,13cm from HPS	前胸宽,肩下 13cm	1	34	35	36	37	38	39.5	41
J	Back width,13cm trom HPS	后肩宽,肩下 13cm	1	37	38	39	40	41	42.5	44
K	Neck width,seam to seam	领宽,缝至缝	0.5	20	20.5	21	21.5	22	22.5	23
L	Neck drop,back	后领深	0.5	2.5	2.5	2.5	2.5	2.5	2.5	2.5
M	Neck drop front	前领深	0.5	9.4	9.7	10	10.3	10.6	10.9	11.2
N	Collar band height	领座高	0.3	6	6	6	6	6	6	6
R	Armhole	袖笼	0.5	22	22.5	23	23.5	24	24.75	25.5
S	Sleeve length	袖长	1	65	65.5	66	66.5	67	67.5	68
T	1/2 Upper sleeve	1/2 袖肥	0.5	17.5	18.25	19	19.75	20.5	21.5	22.5
U	1/2 Ebow width	1/2 肘宽	0.5	15.3	15.9	16.5	17.1	17.7	18.45	19.2
V	1/2 Cuff width	1/2 克夫	0.5	11	11.5	12	12.5	13	13.5	14
W	Cuff hight	克夫高	0.3	3.5	3.5	3.5	3.5	3.5	3.5	3.5

 本任务中尺寸检查

本任务中,可参照上述尺寸要求模拟进行测量,也可针对不同的服装制作尺寸要求表,而后进行测量和反馈。尺寸反馈表可参照表 6-14,被测量的服装为 38 码,"Diff."栏目显示了测量结果和标准尺寸之间的差异,其中减号表示被测量服装的尺寸较标准小了,加号则相反。

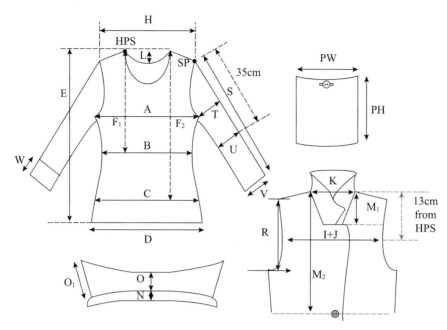

图 6-2 尺寸测量示意图

表 6-14 服装尺寸检查反馈表

Code	Description	Toll.	34	36	38	40	42	44	46	38	Diff.
A	1/2 Chest width	1	50	52	54	56	58	61	64	54.0	0
B	1/2 Waist width,at belt	1	48	50	52	54	56	59	62	51.5	−0.5
D	1/2 Bottom width	1	57	59	61	63	65	68	71	64.0	3
E	Length,at HPS back	1	94	95	96	97	98	100	102	95.0	−1
E	Length,at HPS front	1	88	89	90	91	92	94	96	90.5	0.5
F	Empireline height,HPS to CB	0.5	41	42	43	44	45	46.5	48	45.0	2
F	Empireline height,HPS to CF	0.5	41	42	43	44	45	46.5	48	43.0	0
H	Shoulder to shoulder	1	38	39	40	41	42	43.5	45	42.0	2
I	Front width,13cm from HPS	1	34	35	36	37	38	39.5	41	38.0	2
J	Back width,13cm from HPS	1	37	38	39	40	41	42.5	44	41.5	2.5
K	Neck width,seam to seam	0.5	20	20.5	21	21.5	22	22.5	23	21.5	0.5
L	Neck drop,back	0.5	2.5	2.5	2.5	2.5	2.5	2.5	2.5	2.5	0
M	Neck drop front	0.5	9.4	9.7	10	10.3	10.6	10.9	11.2	10.0	0
N	Collar band height	0.3	6	6	6	6	6	6	6	6.0	0
R	Armhole	0.5	22	22.5	23	23.5	24	24.75	25.5	24.0	1
S	Sleeve length	1	65	65.5	66	66.5	67	67.5	68	65.5	−0.5
T	1/2 Upper sleeve	0.5	17.5	18.25	19	19.75	20.5	21.5	22.5	19.0	0
U	1/2 Elbow width	0.5	15.3	15.9	16.5	17.1	17.7	18.45	19.2	17.2	0.7
V	1/2 Cuff width	0.5	11	11.5	12	12.5	13	13.5	14	12.0	0

知识巩固与技能拓展

◆ **知识巩固**

一、单项选择题

1. 下述检验水平中,最严的一级是(   )。

　　A. Ⅰ级　　　　　　B. Ⅱ级　　　　　　　C. Ⅲ级　　　　　　D. 特殊检查一级

2. AQL 的确定,一般来说(   )。

　　A. 由外贸公司定

　　B. 由产品生产工厂定

　　C. 单位产品失效后会给整体带来严重危害的,AQL 值宜选用较大数

　　D. 外商对产品要求较高时,AQL 值宜选用较小数

3. 我国 GB/T 2828 规定,计数多次抽样检查的抽检次数为(   )。

　　A. 4　　　　　　　　B. 5　　　　　　　　　C. 6　　　　　　　　D. 7

4. 以下说法正确的是(   )。

　　A. 为保证产品质量,抽样检查越严越好

　　B. AQL 主要是用于明确批量 N 和样本量 n 间关系的

　　C. 抽检样本次数越多越严格,即二次抽样检验要比一次抽样检验严格

　　D. 抽样检验具有随机性,有时会将本来合格的批,误判为拒收

5. 调整型抽检方法(   )。

　　A. 适用于孤立批产品的质量检验

　　B. 调整型按转移规则更换抽检方案,即正常、加严或放宽抽检方案的转换

　　C. 不考虑产品批的质量历史

　　D. 以上说法都不对

6. 下图 A、B、C、D 处填写正确的是(   )。

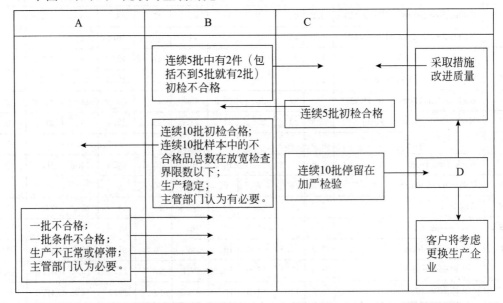

　　A. 正常检验　　　B. 加严检验　　　C. 放宽检验　　　D. 暂停检验

7. 全数检验适合(　　　)。

  A. 电视机的寿命试验   B. 钢管的强度试验

  C. 冰柜的制冷效果   D. 大量螺母的螺纹

8. 若抽样方案是($N=500, n=20, \text{Ac}=1/2, \text{Re}=1/2$),则(　　　)。

  A. 应该抽 500 件产品,检查后若不合格品数为 1,则检查通过

  B. 应该抽 500 件产品,检查后若不合格品数为 1,则检查不通过

  C. 应该抽 20 件产品,检查后若不合格品数为 1,则检查通过

  D. 应该抽 20 件产品,检查后若不合格品数为 1,则检查不通过

9. 以下属于德国安全认证的是(　　　)。

  A. CE   B. UL   C. PSE   D. GS

10. 以下属于日本安全认证的是(　　　)。

  A. CE   B. UL   C. PSE   D. GS

11. 以下属于美国安全认证的是(　　　)。

  A. CE   B. UL   C. PSE   D. GS

二、多项选择题

1. 以下属于产品质量相关国际标准组织的有(　　　)。

  A. 国际标准化组织(ISO)   B. 国际电工委员会(IEC)

  C. 国际电信联盟(ITU)   D. 世界贸易组织(WTO)

2. 生产前检验是对(　　　)的检验。

  A. 生产所需原材料   B. 生产所需辅料

  C. 生产辅助设施   D. 厂房环境条件

3. 抽样检验方案中需涵盖的信息有(　　　)。

  A. 批量(N)   B. 样本数(n)

  C. 合格判定数(Ac)   D. 不合格判定数(Re)

4. 以下属于自愿认证特点的是(　　　)。

  A. 一般由第三方检测机构检测并核发证书

  B. 相对强制认证容易获得

  C. 相对强制认证更难获得

  D. 一般需要缴纳年费

5. 服装生产前检验的内容包括(　　　)。

  A. 面料内在和外在质量检验   B. 辅料检查

  C. 机器设备检查   D. 工作人员资质检查

6. 服装生产初期检验内容包括(　　　)。

  A. 服装样板制定   B. 生产工艺单或工艺说明书

  C. 产前样   D. 大货样

7. 服装尾检的内容包括(　　　)。

  A. 服装色差检查   B. 服装尺寸检查

  C. 服装做工检查   D. 包装检查

三、判断题

1. 不合格品的管理仅指对不合格品本身的管理,不包括对生产过程的管理。　　(　　)
2. 生产批量少的大型机电设备产品一般采用全数检验的方法进行质量检验。　(　　)
3. 批合格就是指该检查批中每个产品都合格。　　　　　　　　　　　　　　(　　)
4. 检验费用较高时,宜用较严格的抽样检查。　　　　　　　　　　　　　　(　　)
5. 破坏性检验一般适用于抽样检验方式。　　　　　　　　　　　　　　　　(　　)
6. AQL 越小,检验越严格。　　　　　　　　　　　　　　　　　　　　　　(　　)

四、简答题

1. 简述产品合格认证和强制认证的区别。
2. 成衣检验一般分几个阶段,各有什么要求?
3. 应该如何对不合格品进行管理与处置?
4. 简述抽样检验的步骤。

◆ **技能拓展**

1. 某外贸公司外贸跟单员小刘接到某制冷机械设备厂送来的一份交货检查通知书,内容是这该制冷机械设备厂按期完成交货合同,共交货 400 台大型冰柜,需要外贸跟单员尽快进行货物交货检查。小刘取出该出口大型冰柜的检查基准书,其中列明了 AQL＝0.65,检验水平(IL)为Ⅱ级,并要求为正常检验一次抽样。

(1) 帮小刘给出本次抽样的抽样方案。

(2) 若检查后发现有 2 台冰箱不合格,那么小刘应该得出怎样的检查结论?

2. 浙江理想进出口公司外贸跟单员小张接到江苏某服装厂送来的一份交货检查通知书,内容是服装厂已按合同要求完成出口服装 18 000 件的生产,要求外贸跟单员小张进行交货检查。检查基准书中列明了 AQL＝0.04,检验水平(IL)为Ⅰ级,要求为正常检验一次抽样。这次检查的抽样方案如何? 应该抽几件衣服? 怎样算通过检查呢?

3. B 外贸公司外贸跟单员小刘接到 A 服装生产企业送来的一份交货检查通知书,内容是该服装生产企业按期完成交货合同,交来第一批生产好的 4 600 件衣服,请外贸公司外贸跟单员进行货物交货检查。

(1) 若产品的质量抽检使用 GB/T 2828 正常一次检查,且 Major 和 Minor 的 AQL 分别是 1.0 和 4.0,检验水平(IL)为Ⅰ级,请分别给出 Major 和 Minor 的样品量字码及抽样方案。

(2) 如果实际抽检中 Major 和 Minor 的不合格产品数量分别为 3 件和 6 件,Major 和 Minor 检验能否通过? 说明原因。

(3) 这批货是否能接受? 说明原因。

(4) 对检验时发现的不合格品,一般有哪几种处置方式?

产品包装跟单

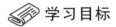 学习目标

知识目标

1. 知晓常见的出口用包装材料。

2. 了解木质包装箱的用材选择,掌握出口木质包装箱的一般要求。

3. 了解瓦楞纸板的常见规格、形状及用纸层数,掌握出口包装瓦楞纸箱的种类、箱型结构。

4. 掌握出口纸箱包装的选择方法。

5. 了解出口纸箱包装检验的内容与一般标准。

6. 掌握服装纸箱装箱单色或混色、单码或混码的英文表述。

能力目标

1. 能依据进口国检疫要求,对出口产品木质包装箱进行审核。

2. 能根据要求,选择合适的出口包装纸箱。

3. 能根据外贸合同要求,进行服装装箱作业的跟踪。

素养目标

1. 熟悉出口包装的环保要求,有强烈的环保意识。

2. 知晓出口木质包装箱存在的生物安全风险,熟悉出口目的地相关法规,有国际标准意识及遵纪守法意识。

3. 养成工作细致、认真的习惯,跟踪服装装箱作业时能确保箱内服装尺寸、颜色无误。

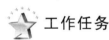 工作任务

工作任务描述

浙江迪加贸易有限公司与德国客户 AFRO Co.,Ltd. 公司签订的外贸合同中,对 8 000 件女士夹克的包装要求如下。

PACKING:

1 piece per polybag with printed warnings statement,10 pieces in one export standard carton,solid color and size in the same carton.

Maximum size of export cartons:

Length	Width	Height
60cm	35cm	38cm

Maximum gross weight of a carton:20kgs

MARKS:

Shipping mark includes AFRO, S/C No., style No., port of destination and carton No.

Side mark must show the shell color, the size of carton and pieces per carton.

浙江迪加贸易有限公司的外贸跟单员小李负责产品包装跟踪操作。本工作任务中，请帮助小李根据合同要求，选择合适的服装出口纸箱包装，并跟踪该批订单的产品装箱作业。

工作任务分解

任务一　按要求选择货物出口包装纸箱

根据合同中对包装纸箱的要求（长小于60cm，宽小于35cm，高小于38cm），并结合女士夹克的尺寸及试装箱情况，小李最后准备采购53cm×29cm×37cm的纸箱进行包装。此外，德国AFRO Co.,Ltd.公司还要求纸箱需满足以下技术要求：耐破强度900kPa，边压强度6 800N/m，戳穿强度为80kg/cm。请根据这些要求及合同中对纸箱的其他要求（见本项目"工作任务描述"部分），选择最合适的纸箱。

注意：纸箱选择过程请参考"任务执行基础知识"中的"表7-3　我国瓦楞纸箱分类"及"表7-4　各类纸箱对瓦楞纸板的技术要求"。

任务二　跟踪出口服装装箱作业

合同中对服装的装箱作业要求是：1 piece per polybag with printed warnings statement，10 pieces in one export standard carton, solid color and size in the same carton.

请根据此要求跟踪服装装箱作业，包括装箱、封箱等操作。

任务执行基础知识

产品包装是为了在流通过程中保护产品、方便储运、促进销售而按一定技术方法采用的容器、材料及辅助物等的总称。产品包装一般包括销售包装和运输包装。本项目中的包装跟单主要指产品的运输包装跟单。

运输包装方式种类繁多，包装材料的特点也各不相同。在出口过程中，如不对包装给予充分重视，一旦出现包装问题，将会引起索赔，甚至退货，进而给出口方带来损失。因此，做好符合境外客户要求的出口产品包装跟踪工作，是外贸跟单员应熟练掌握的基本业务技能之一。

按包装材料的特点，产品包装可分为木质包装箱、纸箱、塑料包装箱、金属包装、陶瓷包装等，其中木质包装箱、纸箱在出口运输包装中较为常用，下面重点对这两种包装箱进行介绍。

一、出口木质包装箱

木材作为包装材料，具有悠久的历史，虽然它的主导地位正逐渐被塑料制品包装、纸制品包装等取代，但由于它具有分布广、可就地取材、质轻且强度高、有一定弹性、能承受一定的冲击和振动、容易加工、耐用性高等优点，因此在工业、机械等产品包装领域仍起着不可替代的重要作用。

某企业出口
商品木箱
包装规程

（一）木质包装箱的用材选择

出口常用的木制品包装按结构有常规木箱、框架木箱、异形木箱等。较为笨重的五金、机械和怕压、怕摔的仪器、仪表以及纸张等商品大多使用木质包装。木制包装用木材根据出口产品包装的内装物不同有不同的要求。《出口商品运输包装木箱检验检疫规程》(SN/T 0273—2014)规定,出口木质包装箱在选材上主要受力构件应为落叶松、马尾松、紫云松、白松、榆木材以及物理机械性能相似的其他树种。木材的密度、硬度和握钉力等性能是选做包装用材的重要依据。木制包装箱的用材选择如下。

(1)一般包装箱。以中等硬度以下容易钉钉的木材为佳。可选树种较多,如红松、马尾松、杉木、白松、梧桐、刺槐、橡胶树、黄桐等。

(2)机电产品等重型包装箱。主要考虑木材强度。可选树种主要有龙脑香、白蜡木、水青冈、野桉、枫香、松树及柏木等。

(3)茶叶包装箱。茶叶最忌讳异味和污染。目前公认枫香树材最适合包装茶叶,其次有枫杨、刺桐、蓝果木、黄梁木、橄榄木、木棉等。杉木因有香气会污染茶叶,不宜作为茶叶包装箱的用材。

(4)食品包装箱。其用材除与茶叶包装箱要求相近外,还有无臭、无味和色浅等要求,主要有枫香、枫杨、刺桐、蓝果木、黄梁木、橄榄木、木棉、桦木、七叶树、冷杉、鸡毛松等。椴木是食品包装箱的忌用木材。

此外,为了维护生态平衡,有时出口木质包装箱也使用人造板材,即利用采伐或加工过程中的枝杈、截头、板皮、碎片、刨花和锯木等剩余物进行加工而制造成的人造板材。人造板材主要有胶合板、纤维板和刨花板等种类。其具有强度高、性能好且经济的特点。例如,$1m^3$ 的人造板材相当于数立方米的木材;3mm 厚的纤维板、胶合板相当于 12mm 厚的板材;$1.3m^3$ 废木材制成 $1m^3$ 刨花板,相当于 $2m^3$ 木材。

（二）出口木质包装箱的一般要求

用于出口产品包装的木包装箱要符合《出口商品运输包装木箱检验检疫规程》(SN/T 0273—2014)的规定,主要应满足以下要求。

1. 材质要求

受力构件的主要受力部位不允许有死节,材长 1 000mm 中,节子的个数不得超过 5 个,最大节子直径不得超过材宽的 20%(死节必须修补),直径不足 5mm 的节子不计。箱板最大活节直径不得超过板宽 40%,最大死节直径不得超过板宽的 25%(死节必须修补),直径不足 5mm 的节子不计。主要受力构件和箱板的裂纹长度不得超过材长的 20%。主要受力构件钝棱最严重部分的缺角宽度不得超过材宽的 30%,高度不得超过材厚的 1/3;箱板最严重部分的缺角宽度不得超过材宽的 40%,高度不得超过材厚的 1/2。不允许有腐朽、贯通裂纹、夹皮、霉变等缺陷。

2. 工艺要求

包装箱箱板对口接缝不大于 3mm,组合板面色泽基本一致,表面平整,板面间应垂直无错位。布钉应采用锯齿形均匀布钉,侧面与端面、底面、端面与底面连接组装用钉应采用倒刺钉或螺纹钉。加固带不得少于 2 道,必须用打包机抽紧。印刷标记应清晰、准确、无污染。

3. 进出口检验检疫要求

木质包装以其强度高、韧性好、可回收再重复使用等优点,成为国际货物运输的主要承载、支撑物。但是,木质包装也是林木有害生物跨境传播的主要载体,可以传播松材线虫、天牛、白蚁、蠹虫、树蜂、吉丁虫、象甲等众多有害生物。1998 年开始,一些主要贸易国家要求出口国官方对出境木质包装实施检疫并出具植物检疫证书。

由于国际贸易中的木质包装涉及众多货物种类及相关企业,批次量很大,按照常规检疫做法对每批木质包装实施检疫和出具证书将耗费大量行政资源。为此,IPPC(International Plant Protection Convention,国际植物保护公约)成员国经协商,最终达成第 15 号国际植物检疫措施标准,国际贸易中的木质包装,只要经过除害处理并加施标识,不再需要对每批木质包装实施检疫和出证;各成员国对标识互认,在进境时只需查验 IPPC 标识(图 7-1),无须查验植物检疫证书。

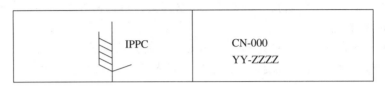

图 7-1　出境货物木质包装除害处理合格凭证

IPPC—《国际植物保护公约》的中文缩写;CN—国际标准化组织规定的中国国家编号;000—出境货物木质包装生产企业编号;YY—除害处理方法,如溴甲烷熏蒸(MB),热处理(HT);ZZZZ 或 ZZ—各直属检验检疫局 4 位数代码(如江苏局为 3200 或写为 32,浙江为 3300 或写为 33)

IPPC 标识的颜色通常采用黑色,因此又叫作"黑色标识"。标识的大小有 3cm×5.5cm、6cm×11cm 及 12cm×22cm 三种,标识的大小对进出口并没有影响,所以生产企业可以根据出口木托盘的大小需要进行灵活选择,特殊尺寸的木质出口物品可以按照一定的比例进行标识大小的确定。虽然样式不同,标识内容上都应该有 IPPC 符号、国家代码、处理企业编号、处理方式代码等。另外,标识所盖的位置应当显著,且清晰易辨。

制定 IPPC 的目的是防止有害物种随进出口相关产品出境,进而对动植物产生不可抑制的危害,是一种对动植物的保护措施。贴有 IPPC 标识的木质包装意味着该包装已经经过除害处理,不会携带外来生物,进境后是没有危害的。

当然,若木质包装的生产工艺已达到除害处理条件,便不再需要专门实施除害处理。例如全部由胶合板、刨花板、纤维板等人造板制成的木箱、木托等。或者全部由厚度小于 6mm 的薄板(包括刨花、木屑等)制成的,或者在生产过程中经过处理的木质包装,例如装葡萄酒的酒桶、木制礼品盒等。除这些木质包装外,其他用于承载、包装、铺垫、支撑、加固货物的木质材料,如木板箱、木条箱、木托盘、木框、木桶(盛装酒类的橡木桶除外)、木轴、木楔、垫木、枕木、衬木等,由于还有携带有害生物的可能,在出境前均需经过除害处理并加施 IPPC 标识。外贸企业在出口过程中,若没有满足出口目的国木质包装的检验检疫要求,可能会遭到产品退运处理,因此需格外引起注意。相关案例可参看资料 7-1。

目前,对我国出口木包装箱提出需进行检验或检疫处理,并出具相关检疫证书要求的出口目的国或地区有澳大利亚、新西兰、美国、加拿大、巴西和欧盟(奥地利、比利时、丹麦、芬兰、法国、德国、希腊、爱尔兰、意大利、卢森堡、荷兰、葡萄牙、西班牙、瑞典、英国等成员国)。具体要求如下。

(1) 澳大利亚、新西兰的检疫要求

出口木箱在中国出境前经检疫处理的,须提供中国官方出具的《熏蒸/消毒证书》,方可入境。在中国出境前未能取得中国官方出具的《熏蒸/消毒证书》的,该批货物木质包装也可以在输入国口岸的检疫部门监督下,拆除木包装进行处理,或连同货物一并处理。

（2）美国、加拿大、巴西的检疫要求

出口木箱使用木质包装的，必须在中国出境前经检疫处理，并取得中国官方出具的《熏蒸/消毒证书》，方可入境；否则，将被退货或其他检疫处理。出口木箱未使用木质包装的，出口企业可以自行出具无木质包装的证明或在装箱单、提单、发票上注明该批货物无木质包装的声明，便可入境。

（3）欧盟的检疫要求

1999 年 6 月 10 日起实施的紧急法令（简称 1 号法令）规定："木质包装不得带有树皮，不能有直径大于 3 毫米的虫蛀洞；或者必须对木质包装进行烘干处理，使木材含水率低于 20％"。由于该法令未要求出具官方检疫证书，因此，只要出口企业所使用的木质包装符合上述标准，便可直接出口。但是，在入境时被输入国检疫部门抽查发现所使用的木质包装不符合上述标准的，将被退货或做其他检疫处理。为了出口木箱在输入国顺利通关，出口企业最好提前向检验检疫机构申请检疫处理并出具《熏蒸/消毒证书》。

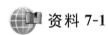 **资料 7-1**

木质包装无 IPPC 标识造成国外退运案

一、案情介绍

甲国 A 进出口公司向乙国出口 7 个集装箱装运的钢丝绳。在货物出运前，公司新进上岗的装卸工人因考虑到该批货物重量较大，为了方便客户利用铲车卸货，在夹板盘上加钉了未进行除害处理、未加施 IPPC 标识的实木条。A 公司在货物出口时也未就该木质包装向检验检疫局报检。货物到达目的国后，乙国海关在查验过程中发现包装物中混有实木包装且未加施 IPPC 标识，便强制要求将全部货物做退运处理。

A 公司的行为违反了《中华人民共和国进出境动植物检疫法》第二十条第一款的规定，又根据《中华人民共和国进出境动植物检疫法》第三十九条第一项和《中华人民共和国进出境动植物检疫法实施条例》第五十九条第一项的规定，检验检疫局对 A 公司处以 5 000 元以下罚款。

二、分析

《出境货物木质包装检疫处理管理办法》第四条规定，出境货物木质包装应当按照《出境货物木质包装除害处理方法》列明的检疫除害处理方法实施处理，并按照《出境货物木质包装除害处理标识要求》加施专用标识。

本案中，A 公司装卸工人加装实木条，完全是出于方便收货人卸货的考虑，并不存在逃避检验检疫监管的主观故意，但最终导致了货物被强制退运的结果，使企业蒙受了巨大的损失，也给中国出口企业造成了不好的国际影响。产生这一不利后果的主要原因是企业的内部管理不规范，岗位交接时培训工作不到位，造成相关岗位工作人员对检验检疫法律、法规、规章和木质包装检疫的专业知识了解不够。

进出口商品
木质包装检验
检疫案例

出口企业应当从这一案件中充分吸取教训，采取相应的措施，避免类似的案件再次发生。首先，企业要及时了解最新的检验检疫法律、法规、规章，加大对工作人员的宣传教育培训；其次，企业要加强与检验检疫机构的沟通，了解相关规定的最新动向，有疑难问题及时向检验检疫机构咨询；最后，企业要严格遵守有关法律、法规、规章的规定，进一步规范各项业务活动，加强对自身内部工作的监督管理，做到知法、懂法、守法。

二、出口纸箱包装

出口包装纸箱最常见的是瓦楞纸箱，瓦楞纸箱的主要原材料为瓦楞纸板，因此出口纸箱跟单过程中，外贸跟单员首先需了解瓦楞纸板知识，同时掌握出口纸箱箱型结构知识。

（一）瓦楞纸板

瓦楞纸板是由瓦楞纸与两面箱纸板融合制成的纸板，其类别主要是依据构成瓦楞纸板的瓦楞规格、瓦楞形状和用纸层数三个方面的情况来区分的。

微课：瓦楞
纸板知识

1. 瓦楞规格

瓦楞规格是指用不同的瓦楞型号轧制的瓦楞纸板。不同的瓦楞型号具有不同的瓦楞高度（楞谷和楞峰之间的高度）、不同的瓦楞数（楞与楞之间的疏密程度）和不同的瓦楞收缩率。瓦楞规格的型号分别以瓦楞轮廓的大小粗细程度为序依次列为 K、A、C、B、D、E、F 等七种型号，其中 A、C、B、E 四种型号使用比较普遍。目前世界各国对瓦楞型号种类的代号称谓比较统一，但对每一种瓦楞型号的技术要求并不完全一致，如表 7-1 所示。

表 7-1　各国瓦楞规格型号特征

型号	瓦楞高度/mm				瓦楞数/（楞/330mm）				收缩率（理论值）
	中国	日本	美国	欧洲	中国	日本	美国	欧洲	
K			6.5	6.6～7				35	1.53
A	4.5～5	4.5～5	4.8	4.7	34±2	34±2	34±3	42	1.46
C	3.5～4	3.5～4	3.6	3.6	38±2	40±2	38±2	50	1.36
B	2.5～3	2.5～3	2.4	2.5	50±2	50±2	46±2	50	1.36
D			1.8	1.8～2			68	68	1.31
E	1.1～2	1	1.2	1.2	96±4	96	96±4	95	1.25
F			0.8	0.9			110	105	1.22

2. 瓦楞形状

瓦楞形状是指瓦楞齿形轮廓的波纹形状，主要区别在于瓦楞波峰与波谷圆弧半径大小。瓦楞形状主要有 U 形、V 形、UV 形，其性能特点如表 7-2 所示。

表 7-2　不同瓦楞形状性能特点

瓦楞形状	平面抗压力	缓冲弹性	受压后回复能力	黏合剂耗用	瓦楞辊磨损	黏合剂耗用
U	弱	好	强	多	慢	多

续表

瓦楞形状	平面抗压力	缓冲弹性	受压后 回复能力	黏合剂耗用	瓦楞辊磨损	黏合剂 耗用
V〰〰〰	强	差	弱	少	快	少
UV〰〰〰	较强	较好	较强	较少	较慢	适中

综观 U、V、UV 三种瓦楞形状的优缺点,U 形和 V 形的利弊均显而易见,UV 形的优点显然不是最理想,但缺点也不突出,综合性能比较能适应大多数瓦楞包装的普通要求,因此,UV 形瓦楞在世界各国比较广泛地得到采用。当然,有些需要特别强调缓冲性能和减震作用的包装,或者对于某些硬度或抗压能力要求特别高的瓦楞包装容器,则应选用在这些方面具有某种特殊效果的 U 形或 V 形瓦楞来满足那些特定内容物的包装要求。

3. 用纸层数

按照制成瓦楞纸板的用纸层数可把瓦楞纸板分为以下四种:二层瓦楞纸板(又称单面瓦楞纸板);三层瓦楞纸板(又称双面瓦楞纸板或单瓦楞纸板);五层瓦楞纸板(又称双瓦楞纸板);七层瓦楞纸板(又称三瓦楞纸板)。不同层数纸张构成瓦楞纸板的基本组合形式,如图 7-2 所示。

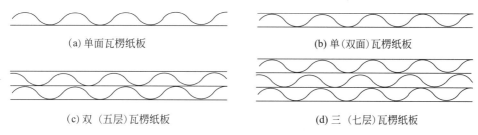

(a) 单面瓦楞纸板　　　　　　　　(b) 单(双面)瓦楞纸板

(c) 双(五层)瓦楞纸板　　　　　　(d) 三(七层)瓦楞纸板

图 7-2　瓦楞纸板种类

(1)二层瓦楞纸板通常是作为包装衬垫物料使用。多数用瓦楞高度较低的 C、B、E 型瓦楞和弹性比较好的 U 形或 UV 形瓦楞来制作。

(2)三层瓦楞纸板。通常是用来制作中、小型瓦楞纸箱或衬板。三层中、小型瓦楞纸箱大多采用 A、C 等瓦楞高度较高和物理性能适中的 UV 形瓦楞来制作;用来制作瓦楞纸盒内包装的三层瓦楞衬板则多采用 B、E 等瓦楞高度较低、印刷效果较好的瓦楞型号和物理性能适中的 UV 形瓦楞来制作。

(3)五层瓦楞纸板。通常用来制作包装容积较大、内容物较重的大型或中型的瓦楞纸箱,以及材板或其他瓦楞包装构件。五层瓦楞纸板应根据其包装功能的要求,选择适宜的瓦楞型号和瓦楞形状的配置,一般多选用厚度较高的 A、C 或 B 型瓦楞来制作。在实际使用过程中,往往要根据包装功能的需要和流通运作的特点,考虑以缓冲性能较佳的 A 和 C 型瓦楞来制作里层的芯纸,而用 C 或 B 平压强度较高的楞型作为外层瓦楞。由于设备和工艺上的局限,瓦楞形状的配置较难按理想要求随意搭配,所以一般采用 UV 形的瓦楞来制作。如果条件允许,尽可能考虑采用不同楞形和其他型号的瓦楞来制作,以便达到更加理想的包装效果。

（4）七层瓦楞纸板。一般用以加工制作成大型及特大型的瓦楞纸箱,也可以结合木质托盘或者与其他材料构件配套制成超重型的瓦楞包装容器,它具有很高的承重抗压性能。七层瓦楞纸箱或容器的内容物大多是体大量重的货物。一般可考虑采用 B＋A＋B 的瓦楞结构来制作瓦楞纸板,这种结构方式既可保证纸板有一定的总厚度和负载力,又能使纸板的里、外层都具有一定的平面耐压强度,使箱体的表层和里层都具有承受来自外部冲撞和内容物挤压的相应抗强能力。在某种特定要求的情况下,也可采用 B＋A＋C、C＋A＋C、B＋A＋A、A＋A＋A 乃至 E＋B＋A 等瓦楞型号组合方式制成七层瓦楞纸板。至于瓦楞形状的选择,除特殊要求外,通常都比较一致地采用 UV 形瓦楞。

（二）出口包装纸箱

如上所述,出口包装纸箱最常用的是瓦楞纸箱,外贸跟单员在出口包装纸箱跟单过程中,需要根据纸箱性能、纸箱结构选择适宜的瓦楞纸箱。

出口商品运输
包装瓦楞纸箱
检验规程

1. 瓦楞纸箱的性能

我国国家标准局将瓦楞纸箱分为 3 类 30 种,如表 7-3 所示。不同的类别,其性能有一定的差别,如表 7-4 所示。外贸跟单员需根据要求进行选择。

表 7-3   我国瓦楞纸箱分类

种 类	内装物最大重量/kg	最大综合尺寸/mm	代 号			
			纸板结构	1 类	2 类	3 类
单瓦楞纸箱	5	700	单瓦楞	BS-1.1	BS-2.1	BS-3.1
	10	1 000		BS-1.2	BS-2.2	BS-3.2
	20	1 400		BS-1.3	BS-2.3	BS-3.3
	30	1 750		BS-1.4	BS-2.4	BS-3.4
	40	2 000		BS-1.5	BS-2.5	BS-3.5
双瓦楞纸箱	15	1 000	双瓦楞	SD-1.1	SD-2.1	SD-3.1
	20	1 400		SD-1.2	SD-2.2	SD-3.2
	30	1 750		SD-1.3	SD-2.3	SD-3.3
	40	2 000		SD-1.4	SD-2.4	SD-3.4
	55	2 500		SD-1.5	SD-2.5	SD-3.5

注：纸箱的综合尺寸是指纸箱长、宽、高之和。

表 7-4   各类纸箱对瓦楞纸板的技术要求

纸箱种类		代 号	耐破强度/kPa	边压强度/(N/m)	戳穿强度/(kg/cm)	含水率/%
单瓦楞	1 类	BS-1.1	588	4 900	35	10±2
		BS-1.2	784	5 880	50	
		BS-1.3	1 177	6 860	65	
		BS-1.4	1 569	7 840	85	
		BS-1.5	1 961	8 820	100	

续表

纸箱种类		代　号	耐破强度/kPa	边压强度/(N/m)	戳穿强度/(kg/cm)	含水率/%
单瓦楞	2类	BS-2.1	409	4 410	30	10±2
		BS-2.2	686	5 390	45	
		BS-2.3	980	6 370	60	
		BS-2.4	1 373	7 350	70	
		BS-2.5	1 764	8 330	80	
	3类	BS-3.1	392	3 920	30	
		BS-3.2	588	4 900	45	
		BS-3.3	784	5 880	60	
		BS-3.4	1 177	6 860	70	
		BS-3.5	1 569	7 840	80	
双瓦楞	1类	SD-1.1	784	6 860	75	10±2
		SD-1.2	1 177	7 840	90	
		SD-1.3	1 569	8 820	105	
		SD-1.4	1 961	9 800	128	
		SD-1.5	2 550	10 780	140	
	2类	SD-2.1	686	6 370	85	
		SD-2.2	980	7 350	90	
		SD-2.3	1 373	8 330	100	
		SD-2.4	1 764	9 310	110	
		SD-2.5	2 158	10 290	130	
	3类	SD-3.1	588	5 880	70	
		SD-3.2	784	6 860	85	
		SD-3.3	1 177	7 840	100	
		SD-3.4	1 569	8 820	110	
		SD-3.5	1 961	9 800	130	

2. 瓦楞纸箱的箱型结构

瓦楞纸箱外观造型的式样很多,不同的箱型结构对于瓦楞纸箱的包装功能和纸箱的综合物理性能有一定的差别。欧洲瓦楞纸箱制造商联合会(FEFCO)制定的"国际瓦楞纸箱法规",根据瓦楞纸箱的不同结构式样、工艺特点和使用功能对瓦楞纸箱的各种基本箱型结构作了比较科学且详尽的分类,主要包括六个基本箱型。

(1) 开槽型纸箱(02型)

开槽型纸箱是最常用的外包装纸箱,它是由一片瓦楞纸板组成的,通过钉合或糊合或用胶带黏合等方法将箱坯接合制成箱体，箱体顶部和底部的折翼（通常称上、下摇盖）可以很方便地构成箱底和箱盖。纸箱制成成品后，在运输储放时，可以折叠展平，使用时将箱底、箱盖封合即可。列为代号 02 字头的开槽型纸箱有 25 种式样，即 0200～0212、0214～0218、0225～0231。其中 0201 型开槽式瓦楞纸箱是目前应用最广泛的箱型，被称为标准出口包装瓦楞纸箱箱型，如图 7-3 所示。

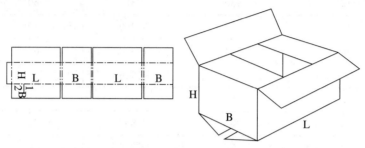

图 7-3　开槽型纸箱举例（0201 型）

（2）套盒型纸箱（03 型）

套盒型纸箱一般由 2～3 片瓦楞纸板组合而成，其特点是箱盖与箱底分开，使用时才套接起来构成箱的整体，这种箱型一般比较适用于堆叠负载强度要求高的包装。03 型纸箱的序列有 0300～0304、0306～0310、0312～0314、0320～0323、0325、0330、0331、0350～0352 等23 种，如图 7-4 所示。

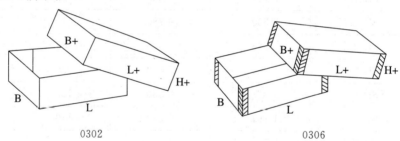

0302　　　　　　　　　　　0306

图 7-4　套盒型纸箱举例

（3）折叠型纸箱（04 型）

折叠型纸箱通常只需用一片瓦楞纸板便可折叠组成整个箱体的侧面、底和盖，不需任何钉合或糊合，如果需要，还可以按设计要求加制启闭锁扣、展示窗、内隔衬及提手等。这种箱型宜用于容积较小的中小型包装箱（盒），具有一定的销售包装功能。04 型纸箱的序列有 0400～0406、0409～0413、0415、0416、0420～0437、0440～0460、0470～0473 等 57 种，如图 7-5 所示。

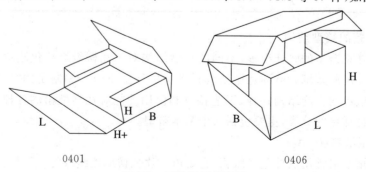

0401　　　　　　　　　　　0406

图 7-5　折叠型纸箱举例

（4）滑入型纸箱（05 型）

滑入型纸箱一般由两片瓦楞纸板组成，以其中一片构成内套，而后按设定的方位滑入另一片构成的纸箱。这一类型纸箱多用来制作小型的内包装箱（盒）。05 型纸箱的式样较少，其序列有 0501～0505、0507、0509～0512 等 10 种，如图 7-6 所示。

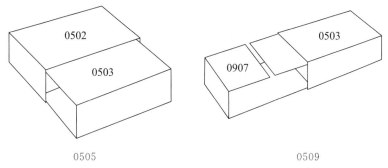

图 7-6　滑入型纸箱举例

（5）硬体型纸箱（06 型）

硬体型纸箱由 3 片瓦楞纸板组成，其基本结构方式是将两个端片钉合在箱体的两侧，成型后便无法折叠展平，其式样序列有 0601、0602、0605～0608、0610、0615、0616、0620、0621等 11 种，如图 7-7 所示。

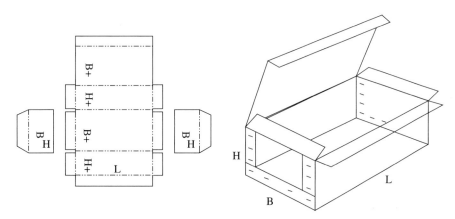

图 7-7　硬体型纸箱举例（0602 型）

（6）预粘型纸箱（07 型）

预粘型纸箱的基本材料是由一片瓦楞纸板构成的，制成品可以折叠展平便于运输，使用时只需预先做简单的黏合嵌固便可成型。07 型纸箱多作为中、小型包装箱或盒使用，其式样序列有 0700、0701、0703、0711～0718、0747、0748、0751、0752、0759、0770～0774 等 21 种，如图 7-8 所示。

另外，纸箱装箱过程中，可能会用到一些内配件，如代号为 01 型的瓦楞纸卷和纸张，以及代号为 09 型的内配件系列，如衬板、衬垫、隔档、隔片等，如图 7-9、图 7-10 所示。

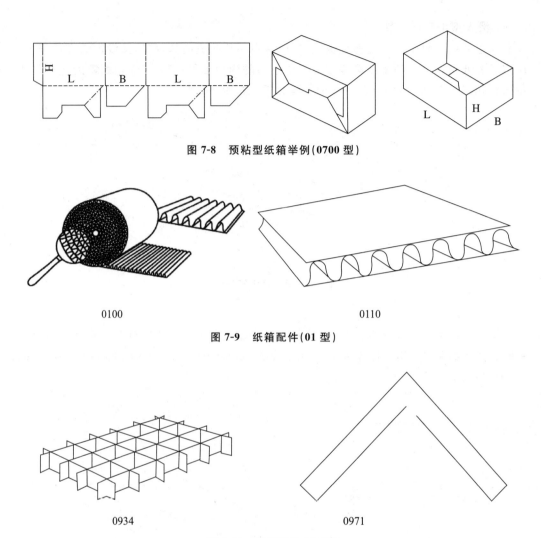

图 7-8　预粘型纸箱举例(0700 型)

0100

0110

图 7-9　纸箱配件(01 型)

0934

0971

图 7-10　纸箱配件(09 型)

📑 任务操作指导

任务一　按要求选择货物出口包装纸箱

根据任务条件,小李准备采购 53cm×29cm×37cm 的纸箱进行包装,且纸箱需满足以下技术要求:耐破强度 900kPa,边压强度 6 800N/m,戳穿强度为 80kg/cm。此外,纸箱选择还需满足合同中对纸箱的其他要求,具体是"Maximum gross weight of a carton:20kgs",意思是纸箱最大毛重不超过 20kg。

明晰要求后,小李需要借助"任务执行基础知识"中的"表 7-3　我国瓦楞纸箱分类"及"表 7-4　各类纸箱对瓦楞纸板的技术要求"中的信息,选择合适的纸箱型号。具体步骤如下。

（1）在表 7-3 中，找到能承载相应重量与综合尺寸要求的纸箱型号。

瓦楞纸箱的主要功能是保护内装物不受环境（物理环境、化学环境、机械环境、气候环境等）的损坏，根据储运条件，表 7-3 将运输包装用单瓦楞纸箱和双瓦楞纸箱划分为三类，其中 1 类瓦楞纸箱性能最优，主要用于储运流通环境比较恶劣的情况；其次是 2 类瓦楞纸箱；最后是 3 类箱。

纸箱选择时，首先选择能够承载内装物的重量及体积（大小）的纸箱型号。选择的方法：①估计或计算内装物的重量，并选择表 7-3 内"内装物最大重量"大于或等于估计重量的最低档；②根据内装物大小估计或计算需采购的纸箱的长、宽、高，计算纸箱的综合尺寸（纸箱长、宽、高之和），并选择表 7-3 内"最大综合尺寸"大于或等于该综合尺寸的最低档纸箱型号；③若"内装物最大重量"与"最大综合尺寸"在同一档的，则选择该档的单瓦楞及双瓦楞型号；若不在同一档次，应在两者中选择较高档次。

（2）在表 7-4 中，找到第一步选中的型号，判断其中有哪个或哪些是符合外商技术要求的型号。若有两个或两个以上满足条件时，一般以成本更低原则选择其一。

 本任务中外贸跟单员纸箱选择

本任务中纸箱的综合尺寸是 1 190mm（530＋290＋370），因此选择 1 400mm 这一档；外贸合同中显示纸箱最大毛重（内装物最大重量）不超过 20kg，因此选择 20kg 这一档。内装物最大重量与最大综合尺寸在同一档，对应的纸箱型号有单瓦楞（BS-1.3、BS-2.3、BS-3.3）和双瓦楞（SD-1.2、SD-2.2、SD-3.2）。

本任务中，纸箱需满足以下技术要求：耐破强度 900kPa，边压强度 6 800N/m，戳穿强度为 80kg/cm。查看表 7-4，可以发现选中的 6 个纸箱型号（单瓦楞 BS-1.3、BS-2.3、BS-3.3；双瓦楞 SD-1.2、SD-2.2、SD-3.2）中，有两个型号满足条件，即双瓦楞的 SD-1.2 和 SD-2.2。根据成本更低原则，最终选择双瓦楞 SD-2.2（成本高低的判断：1 类箱优于 2 类箱，因此其成本自然高于 2 类箱；是否成本更低，也可以从各型号的技术要求中看出，能满足更高技术要求的型号，成本自然更高）。

综上可得，本任务中外贸跟单员小李应选择双瓦楞纸箱 SD-2.2，用于 8 000 件女士夹克的包装箱。小李根据要求，选好服装纸箱包装后，需和原材料采购环节一样，找到合适的纸箱供应商，签订纸箱采购单，进行采购，并需对纸箱质量及纸箱刷唛情况进行验收。纸箱质量检查可参考资料 7-2 中的内容。

微课：瓦楞
纸箱选择

另外，需要指出的是，考虑国际标准可能高于一些国家的纸箱标准，有些国家会规定只有 1 类箱可以用于出口，此时纸箱选择步骤仍和上述步骤一样，只是过程更为简单，只需在 1 类箱中选择合适的型号即可。

 资料 7-2

出口商品瓦楞纸箱检验

目前我国出口商品瓦楞纸箱检验所依据的标准是《出口商品运输包装瓦楞纸箱检验规程》（SN/T 0262—1993），该标准规定了出口商品瓦楞纸箱的技术要求、检验项目、抽样与检验方法，适用于海运、陆运及空运出口商品包装用单瓦楞、双瓦楞纸箱检验。

一、出口商品瓦楞纸箱一般检验内容与标准

1. 外观检验

(1) 标志。标志的相关要求应依照《包装储运图示标志》执行,同时瓦楞纸箱上还应印有商检部门规定的代码和代号。

(2) 印刷要求。瓦楞纸箱箱面上印刷的图案、文字应清晰正确、深浅一致、位置准确。

(3) 压痕线。单瓦楞纸箱的压痕线宽度不大于12mm,双瓦楞纸箱的压痕线宽度不大于17mm;折线居中,不得有破裂、断线、重线等缺陷,瓦楞纸箱上不得有多余的压痕线。

(4) 刀口。刀口无明显毛刺;成箱后叠角漏洞直径不超过5mm。

(5) 箱钉。箱钉应使用带有镀层的低碳钢扁丝,不应有锈斑、剥层、龟裂或其他使用上的缺陷;间距均匀,单钉距离不大于55mm,双钉距离不大于75mm,首尾钉至压痕线边线的距离为(13±7)mm,钉合接缝处应钉牢、钉透、不得有叠钉、翘钉、不转脚钉等缺陷。

(6) 结合。钉合搭接舌宽为35~55mm,箱订应沿搭接舌中线钉合,排列整齐,偏斜不超过5mm,黏合搭接舌宽不小于30mm,黏合剂应涂布均匀、充分、无溢出,黏合面剥离时面纸不分离;纸箱二片接头对齐,大型箱的剪刀差(结合部位上下端压痕线外两刀距离之差)不大于7mm,中型箱不大于6mm,小型箱不大于4mm,箱体方正。

(7) 裱合。面纸不许拼接、缺材、露楞、褶皱、透胶或有污迹,里纸拼接不得超过两次,拼接头外距摇盖压痕线不得小于30mm;每平方米瓦楞纸板内脱胶面积不得大于20cm,大型纸楞斜不超过3个,中、小型箱楞斜不超过2个。

(8) 摇盖耐折度。瓦楞纸箱成型后,摇盖开合270°往复3次,面纸、里纸应无裂缝。

(9) 含水率。应为(12±4)%。

(10) 内尺寸和厚度。大型箱内综合尺寸应小于2 000mm而大于1 000mm,小型箱内综合尺寸应小于或等于1 000mm。

2. 性能检验

性能检验主要包括耐破强度、戳穿强度、边压强度、黏合强度、抗压力试验等。

3. 型式检验

型式检验主要包括堆码试验和垂直冲压跌落试验。堆码试验要求样箱均不倒塌且无破损;垂直跌落冲压试验要求样箱均无破损,内装物无撒漏。

《出口商品运输包装瓦楞纸箱检验规程》(SN/T 0262—1993)规定,外观检验的样箱从同一检验批次的产品中随机抽取,性能检验和型式检验的样箱从外观检验的样箱中抽取,抽样数量如表7-5所示。

表 7-5　SN/T 0262—1993 性能检验、型式检验的抽样数量

检验类别	检验项目	抽样数量
性能检验	耐破、戳穿、边压、黏合强度试验	合计不少于3个
	抗压力试验	3
型式检验	堆码试验	3
	垂直冲压跌落试验	3

二、国外常用的瓦楞纸箱检验标准

除 SN/T 0262—1993 外,国内瓦楞纸箱生产企业在生产出口商品瓦楞纸箱时,还可借鉴国际上通用的瓦楞纸箱检验标准,如 SO(国际标准组织)或 TAPPI(美国纸与纸浆工业技

术协会)的《瓦楞原纸和纸板测试标准》,但这类标准通常为试验检测方法类标准,对瓦楞纸箱的许多具体参数及技术要求没有进行明确的规定,对于出口美国、英国的瓦楞纸箱,我们常常会使用美国国家机动车货物运输分级规定第 222 项条例,统一货物运输分级规定第41 条规则和英国出口纸箱标准。此外,还有一些规模较大的企业会根据自身产品特点、出口地要求及物流经验等制定自己的企业标准,如德国 VDW 公司就制定了瓦楞纸箱标准DIN 55468。很多国外客户也会根据具体产品的特性及物流、仓储环境的特点提出不同的要求。

表 7-6 是我国 SN/T 0262—1993 与美国、英国和德国的相关瓦楞纸箱标准的对比情况,对比对象为三层和五层瓦楞纸板。

表 7-6　我国和美国、英国、德国等的瓦楞纸箱检验标准参数对比

国家	纸板类型	内装物最大重量/kg	最大内综合尺寸/mm	耐破强度/kPa	戳穿强度/J	边压强度/(N/m)
中国	三层	20	1 400	1 180	6.4	4 900
	五层	30	1 750	1 570	10.3	6 850
美国	三层	22	1 524	1 207	—	5 100
	五层	36	2 159	1 380	—	7 400
英国	三层	20	1 525	1 500	—	—
	五层	30	1 650	1 610	—	—
德国	三层	20	—	880	3.9	—
	五层	30	—	1 180	7.8	—

通过对比,可以看到各国瓦楞纸箱检验标准依据瓦楞纸类别,对内装物最大重量和最大内综合尺寸以及纸板的耐破强度、边压强度等都有相关要求,且部分国家之间的差异明显。例如,内装物最大重量为 20kg 的三层瓦楞纸板,英国对其耐破强度的要求高达 1 500kPa,远高于美国的 1 207kPa,美国则略高于我国 1 180kPa 的要求。而内装物最大重量为 30kg 的五层瓦楞纸板,我国对其耐压强度的要求则要高于美国。所以,商品的出口目的国不同,相关的技术参数要求也会有所差异,出口商品生产企业及瓦楞纸箱包装供应商应对出口国的相关标准有所了解。

三、出口商品瓦楞纸箱的其他要求

除针对瓦楞纸箱的检验标准外,我国还有针对瓦楞纸箱用纸检验规程。此外,一些环保法规、商品标识规定等也不容忽视。

1. 卫生与环境要求

出口商品运输
包装瓦楞纸箱
用纸检验规程

出口欧盟的电子电器产品(包括其包装在内)都应符合 ROHS 指令的要求,铅、汞、六价铬、多溴联苯(PBBs)和多溴二苯醚(PBDEs)的最大含量为1 000ppm,镉的最大含量为 100ppm。欧盟包装指令(94/62/EC)则规定:铅、汞、六价铬、镉 4 种重金属有害物质的含量总和不能超过 100ppm。因此,出口欧盟商品的瓦楞纸箱最好使用环保型油墨,减少胶黏带用量,尽量不使用覆膜、涂蜡的瓦楞纸板等。

部分国家规定瓦楞纸箱必须印刷回收标志，以便消费者回收处理，且内盒及外箱上不能使用 U 形钉。胶黏带要使用无蜡制品、无胶质类的牛皮纸等材料。有些欧洲国家还要求供应商签订《废弃物收费回收契约》以便确认废弃包装流向。加拿大实施产品包装回收费用先行支付制度，对注重包装的产品提出了更高的成本要求。

2. 文字、图案的印刷要求

各个国家对瓦楞纸箱的印刷图文有不同的规定，出口商品瓦楞纸箱上的文字、图案需满足各进口国相关规定要求。总的来说，瓦楞纸箱箱体上的图案应简单明了，最好采用单一颜色，深浅一致、位置准确。箱体上应体现哪些信息，则要参照各进口国的规定及外贸合同内的相关内容。

3. 包装整体安全性能

出口商品瓦楞纸箱应能够通过进口商要求的一系列运输包装标准测试，以显示瓦楞纸箱有能力保护内装商品、能抵御长途跨洋运输过程中受到的冲击、震动、挤压等危险因素的破坏。瓦楞纸箱上还应印上相关警示标示及保护能力提示标识等。

资料来源：科印传媒。

任务二　跟踪出口服装装箱作业

8 000 件女士夹克出货时，需按合同要求对其进行装箱作业。本订单中，8 000 件女士夹克有灰色、红色各 4 000 件，每个颜色有 5 个尺码，是按颜色装箱，还是按尺码装箱？若是按颜色装箱，里面该装同一颜色相同尺码的衣服，还是不同尺码的衣服？……显然，服装装箱作业不是随意而行的，外贸跟单员需根据要求，对此进行把关。

服装出口运输包装可分挂装（立体包装）、真空包装和平铺纸箱包装等多种方式，本任务中用的是服装出口最常用的纸箱包装。跟踪服装装箱作业时，外贸跟单员首先要明晰合同中对服装装箱的要求，如装箱数量、箱唛要求、如何装箱（装箱方式）、封箱要求等。服装出口纸箱包装一般包括内包装和外包装。箱装的内包装一般是胶袋（塑料袋），服装的款号、尺码等应与胶袋上标明的一致；外包装为出口用瓦楞纸箱。装箱方式一般有混色混码（assorted color and size）、独色独码（solid color and size）、独色混码（solid color and assorted size）、混色独码（assorted color and solid size）四种。

接着，外贸跟单员需根据合同要求对服装装箱作业进行把关，包括单件衣服的包装作业及整批货的装箱作业。本任务中出口服装订单用的是纸箱包装，单件衣服需平铺包装装入塑料袋后再装入纸箱。在单件衣服包装作业过程中，首先要注意塑料袋包装是否满足环保或安全等要求（参见资料 7-3）。例如，外贸跟单员需查看塑料袋上有没有按要求印刷环保回收标志，或有没有印刷可能导致窒息的安全警示语等；其次，单件衣服包装作业时，需注意衣服折叠的方式、衣服衬纸放置的位置等是否正确，还要注意塑料包装上的贴纸内容及贴纸位置是否正确等。对于整批货的装箱作业而言，外贸跟单员需注意纸箱刷唛是否正确，每箱装箱数量是否正确，箱内服装的颜色、尺寸搭配等是否准备无误，还要注意纸箱内有没有按要求放天地板等。

最后，外贸跟单员还需对装箱后的封箱作业进行把关，例如，需注意封箱材料是否符合环保要求，是否要求"用彩色封箱胶带"，是否"允许用透明胶带"，是否要求"纸箱每个面都要有胶带,并按照一定规则使用胶带(如箱面胶带呈'I'字形)"等。封箱作业完成后,外贸跟单员需清点装箱总数,确认确保按数量要求交货。

 本任务中外贸跟单员装箱作业跟单过程

本任务中,外贸订单中的包装条款如下。

PACKING：

1 piece per polybag with printed warnings statement，10 pieces in one export standard carton，solid color and size in the same carton.

Maximum size of export cartons：

Length	Width	Height
60cm	35cm	38cm

Maximum gross weight of a carton：20kgs

MARKS：

Shipping mark includes AFRO, S/C No., style No., port of destination and carton No.

Side mark must show the shell color, the size of carton and pieces per carton.

该合同中对服装的装箱要求是：1 piece per polybag with printed warnings statement，10 pieces in one export standard carton, solid color and size in the same carton.

大意是:每件衣服用印有警示语的塑料袋装,10件衣服装一个标准出口纸箱,独色独码装。

也就是说,装箱作业时,一个纸箱内装10件灰色(或红色)衣服,10件衣服都是S码(或全是M/L/XL/XXL码中的某个码)。小李应该据此要求跟踪装箱作业,注意每箱装箱数量是否正确,箱内服装的颜色、尺寸搭配等是否准备无误。并注意检查：①外包装(纸箱)无破损,尺寸是否符合要求,有无按要求刷唛。②内包装(塑料袋)上标明的服装的款号、尺码是否与袋内的服装一致;是否按要求印刷了环保标识及安全警示语;是否满足进口国的塑料袋包装环保要求。③装箱时是否需要放天地板(为保护折箱时衣服不被利器划破,并增加运输过程中的抗撞击性能,服装装箱时可能要求在箱底和箱顶各放一块纸板,称为天地板)。④ 封箱材料是否符合出口环保要求,封箱操作是否符合外商要求。

微课:外贸跟单员
跟踪出口服装
装箱作业

 **资料 7-3**

服装出口内包装(塑料袋)国际要求

服装出口内包装通常会使用塑料袋,其塑料袋包装应符合各国环保要求,并需按规定标识塑料袋安全警示语,如图7-11所示。

1. 塑料袋环保要求

在环保要求方面,大部分国家要求塑料包装上要有塑料制品回收标识。该标识由美国塑料工业协会于1988年制定。这套标识将塑料材质辨识码打在容器或包装上,从1~7号,写在一个三角形回收标识里(见图7-11、图7-12中的三角标志),以方便塑料制品的分类回收。1~7号表示的塑料材质情况如下。

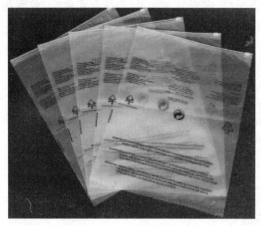

图 7-11　出口服装塑料包装袋

第 1 号:PET(聚对苯二甲酸乙二醇酯),这种材料制作的容器比较常见的是矿泉水瓶、碳酸饮料瓶等。

第 2 号:HDPE(高密度聚乙烯),或标示为 PE-HD,清洁剂、洗发精、沐浴乳、食用油、农药等的容器多以 HDPE 制造。容器多半不透明,手感似蜡。

第 3 号:PVC(聚氯乙烯),多用以制造水管、雨衣、书包、建材、塑料膜、塑料盒等器物。

第 4 号:LDPE(低密度聚乙烯),或标示为 PE-LD,生活中常见的塑料袋多以 LDPE 制造。

第 5 号:PP(聚丙烯),多用于制造水桶、垃圾桶、箩筐、篮子和微波炉用食物容器等。

第 6 号:PS(聚苯乙烯),由于吸水性低,多用于制造建材、玩具、文具、滚轮,还有速食店盛饮料的杯盒或一次性餐具。

第 7 号:其他。如制作水壶、太空杯等的 PC(聚碳酸酯)材质;以及用于纤维纺织和一些家电等产品内部制件的 PA(聚酰胺)材质。

图 7-12　出口塑料袋包装环保与安全标识

2. 塑料袋安全警示语

除环保要求外,考虑塑料袋包装在小孩玩耍时有导致窒息的风险,一些国家对塑料袋包装的安全性提出了要求。日本等国要求标示"将塑料袋放置于婴儿接触不到的地方""如用本塑料袋遮盖婴儿头部,可能会造成婴儿窒息"等警告用语;美国则要求塑料袋开口直径大于 5 英寸,膜厚小于 0.001 英寸的塑料袋必须按要求贴上窒息警告声明。出口到欧盟的产品中,在包装袋周长大于或等于 38mm 时,要求在包装袋印上警告语,为进一步确保安全,可在包装袋上打孔。

安全警示语或警示标志的主要目的是提醒消费者:不正当使用塑料袋可能会造成危险,

应该避免让婴儿和小孩子接触塑料袋。安全警示语通常要求多语种显示,下面显示的依次是英语、法语、西班牙语的警示语举例。

WARNING

Plastic bags can be dangerous. To avoid danger of suffocation, keep this bag away from babies and children.

ATTENTION

Les sacs plastique peuvent être dangereux. Pour éviter le danger de suffocation, ne laissez pas ces sacs à la portée des bébés ni des enfants.

ADVERTENCIA

Para evitar riesgo de asfixia, mantenga las bolsas de plástico fuera del alcanede los niñosy bebés.

资料来源:百度文库。

 ## 知识巩固与技能拓展

◆ **知识巩固**

一、单项选择题

1. 以下说法错误的是(　　　)。

 A. 椴木是食品包装箱的忌用材料

 B. 杉木是茶叶包装箱的忌用材料

 C. 马尾树适合用作机电产品等重型包装箱

 D. 茶叶包装最适合的树材是枫香

2. 以下是某出境货物木质包装标识。

其中的 HT 表示的是(　　　)。

 A. 国际标准化组织规定的中国国家编号

 B. 国际植物保护组织编号

 C. 除害处理方法为熏蒸

 D. 除害处理方法为热处理

3. 瓦楞规格的型号分别以瓦楞轮廓的大小粗细程度为序依次列为 K、A、C、B、D、E、F 七种型号,其中瓦楞高度最高的是(　　　)。

 A. K   B. A   C. C   D. F

4. 某外贸企业采购的瓦楞纸箱规格为"B2B",该瓦楞包装纸箱的横切面可能是(　　　)。

5. 瓦楞纸箱外观造型的式样很多,不同的箱型结构对于瓦楞纸箱的包装功能和纸箱的综合物理性能有一定的差别。服装出口纸箱最常用的型号为（　　）。

　　A. 开槽 0201 型　　　　　　　　　　　B. 套盒 0302 型

　　C. 折叠 0401 型　　　　　　　　　　　D. 滑入 0505 型

　　6. 欧盟包装指令（94/62/EC）要求：铅、汞、六价铬、镉这 4 种重金属有害物质的含量总和不能超过（　　）ppm。因此，出口欧盟商品的瓦楞纸箱最好使用环保型油墨，减少胶黏带用量，尽量不使用覆膜、涂蜡的瓦楞纸板等。

　　A. 100　　　　　　　B. 80　　　　　　　C. 120　　　　　　　D. 90

　　7. 某服装出口订单有褐色和灰色两个尺码，两个颜色均有 S、M、L 三个尺码的产品若干，产品装箱时，假设装箱要求是"solid color and assorted size"，则装箱时（　　）。

　　A. 一箱内全部装褐色或灰色　　　　　　B. 一箱内既有褐色，也有灰色

　　C. 一箱内全部装 S 码　　　　　　　　　D. 一箱内全部装 M 码

二、多项选择题

　　1. 瓦楞规格的型号分别以瓦楞轮廓的大小粗细程度为序依次列为 K、A、C、B、D、E、F 等七种型号，其中（　　）等型号比较普遍使用。

　　A. K　　　　　　　　B. A　　　　　　　C. C　　　　　　　D. F

　　2. 以下瓦楞纸箱属于套合型的是（　　）。

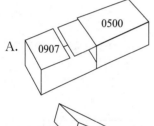

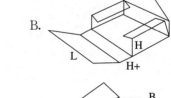

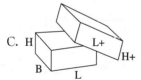

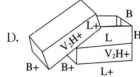

　　3. 关于以下三角环保标志说法正确的有（　　）。

　　A. 表示该塑料是环保的

　　B. 04 表示 2004 年生产的

　　C. PE-LD 表示塑料材质

　　D. 04 是塑料材质代号，方便塑料制品回收利用

三、简答题

　　1. 比较 U 形瓦楞箱和 V 形瓦楞箱的物理性能。

瓦楞形状	平面抗压力	缓冲弹性	受压后恢复能力	黏合剂耗用	瓦楞辊磨损	黏合剂耗用
U						
V						

2. 简述出口纸箱选择的一般步骤。

◆ **技能拓展**

1. 翻译外商提出的以下出口纸箱要求。

（1）3 layers

Gsm：not less than 450gr

Type：B S13

Thickness：not less than 3mm

Heavy duty pulp type：Unbleached kraft pulp

（2）5 layers

Gsm：not less than 1 250gr

Type：BC B02

Thickness：not less than 5mm

Heavy duty pulp type：Unbleached kraft pulp

2. 某工厂准备采用 56cm×38cm×30cm 的纸箱进行包装，外商要求"maximum gross weight of a carton：15kg"，同时要满足以下技术要求：耐破强度 900kPa，边压强度 7 000N/m，戳穿强度为 85kg/cm，请结合表 7-3、表 7-4 选择最合适的包装纸箱。

3. 外贸跟单员小陈跟踪一 T 恤订单，订单总数是 12 000 件，T 恤共有红色和黑色两个颜色各 6 000 件，两种颜色均有 S 码 1 500 件、M 码 3 000 件、L 码 1 500 件，外商对包装的要求：12 pcs per export carton，solid colours and assorted size，each piece in one poly bag。翻译该包装要求，并以其中一箱为例，详细说明纸箱内的装箱情况。

项目八

出货及出货后跟单

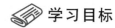 学习目标

知识目标

1. 熟悉海运出口运输流程。
2. 知晓海运出口运输方式涉及的主要单据。
3. 知晓外贸公司联系货代订舱的流程。
4. 知晓进仓通知核对要点。
5. 知晓报关资料审核要点。
6. 熟悉结汇要求。

能力目标

1. 能按外贸合同交期倒推合适的订舱时间。
2. 能联系货代租船订舱。
3. 能跟踪工厂装柜,确保货物按期进仓。
4. 能对报关单信息进行审核,避免因报关单填报失误导致报关、结汇受阻。
5. 能跟踪出货后的运输及结汇等工作。

素养目标

1. 具备责任心,需确保从工厂获取的产品重量、体积等信息的准确性,以免因信息错误影响报关、退税等工作的顺利进行。

2. 关注行业信息,养成知识、信息更新的好习惯。及时了解国际货运行情,尤其是疫情等背景下的航运情况。

3. 具备团队合作精神,能积极配合单证部、外贸业务部、货运代理等部门或人员的工作。

 工作任务

工作任务描述

前面的任务完成后,接下来的出口运输和出口结汇、退税等任务主要由外贸其他岗位人员具体操作,浙江迪加贸易有限公司的外贸跟单员小李的任务主要是跟踪工厂出货及出货后的外贸订单尾期履约进度。

本项目中的运输条款如下。

SHIPMENT FROM:SHANGHAI   **TO**:HAMBURG
DATE OF SHIPMENT:9 Oct.,2022
PARTIAL SHIPMENT:PROHIBITED

TRANSHIPMENT：ALLOWED

支付条款如下：

TERMS OF PAYMENT：

By confirmed irrevocable and divisible letter of credit in favor of the sellers payable 120 days sight，reaching the sellers 20 days before the month of shipment，remaining valid for negotiation in China for further 21 days after completion of shipment.

根据合同条款，外贸跟单员小李要安排、跟踪工厂出货适宜，具体包括及时联系货代订舱、跟踪工厂装货、跟踪报关等工作。货物顺利装船后，跟单员要跟踪外贸订单履行尾期进度，及时掌握出货后的运输、货款结算、退税等进程。

工作任务分解

任务一 联系货代订舱

外贸合同中对装运的要求如下。

SHIPMENT FROM：SHANGHAI   TO：HAMBURG

DATE OF SHIPMENT：9 Oct.，2022

PARTIAL SHIPMENT：PROHIBITED

TRANSHIPMENT：ALLOWED

请根据此要求，确定期望装船的时间，及时联系国际货运代理订舱。

任务二 跟踪工厂装货

订舱操作完成后，货代发来了进仓通知（进仓单），外贸跟单员需核对相关信息，并联系工厂安排装货并跟踪。

任务三 跟踪货物报关

船期确定好后，外贸跟单员需及时跟踪货物报关工作。

任务四 出货后跟单

货物顺利装船后，外贸跟单员要跟踪外贸订单履行尾期进度，及时掌握出货后的运输、货款结算、退税等进程，并在所有工作完成后对外贸订单或客户进行必要的整理。

任务执行基础知识

鉴于以下原因，本项目任务执行基础知识中仅简单回顾与总结出口海洋运输相关知识：①本项目涉及的出口运输、结汇、退税等相关基础知识已在其他课程，如进出口业务、国际货运代理、国际结算等课程中学习过，因此本书中不再详述，只简单回顾。②外贸跟单员在出货环节仍有部分操作任务，而结汇、退税环节的操作基本全部由单证部完成，外贸跟单员仅对结汇、退税等做进度跟踪，因此只在任务指导中阐述必要的结汇、退税知识，此处不做整理。③海洋运输是国际贸易中最主要的运输方式，目前我国国际贸易总运量的2/3以上都是通过海洋运输方式来完成的。本项目是以海洋运输为例，设置具体任务的。因此，此处不做国际陆路运输、空运等的介绍。

一、出口海洋运输基本流程

海洋出口货物运输时，以 FOB 价格成交的出口货物，一般由外商指定货运代理安排运输。以 CIF 和 CFR 条件签订的出口合同，一般由出口方安排运输。下面以"CIF＋L/C"成交为例,说明海运出口运输的基本流程如下。

1. 审核装运条款

为使出运工作顺利进行,在收到信用证后,出口方需审核信用证中的装运条款,如装运期、装运港、目的港、结汇日期、转船和分批装运等信息是否与外贸合同中的一致,是否有必要进行修改等。

2. 备货、报检和领证

根据外贸合同及信用证中对产品品质、包装等的要求,按时、按质、按量地准备好出口货物,并做好申请报检与领证工作。在我国,凡列入商检机构规定的"种类表"中的商品以及根据信用证、贸易合同规定由商检机构出具证书的商品,均需在出口报关前,填写"出口检验申请书"申请商检。有的出口商品需鉴定重量,有的需进行动植物检疫或卫生,安全检验的,都要事先办妥,取得合格的检验证书。

货证都已齐全后,方可办理托运工作。

3. 托运订舱

填制出口托运单,即可向货运代理办理委托订舱手续。货运代理根据货主的具体要求按航线分类整理后,及时向船公司或其代理订舱。货主也可直接向船公司订舱。当船公司签出装货单,订舱工作即告完成,就意味着托运人与承运人之间的运输合同已经缔结。

4. 投保

CIF条件下,货物订妥舱位后,卖方即可办理货物运输险的投保手续。保险金额通常是以发票的CIF价加成投保,加成比例根据买卖双方约定,如未约定,则一般加10%投保。

5. 货物集中港区

当船舶到港装货计划确定后,按照港区进货通知并在规定的期限内,由托运人办妥集运手续,将出口货物及时运至港区集中,等待装船,做到批次清、件数清、标志清。并要特别注意与港区、船公司以及有关的运输公司等单位保持密切联系,按时完成进货,防止工作脱节而影响装船进度。

6. 报关

货物集中港区后,把填制好的出口货物报关单连同装货单、发票、装箱单、商检证、外销合同、外汇核销单等有关单证向海关申报出口,经海关关员查验合格放行后方可装船。

7. 装船工作

在装船前,理货员代表船方,收集经海关放行货物的装货单与收货单,经过整理后,按照积载图与舱单,分批接货装船。装船过程中,托运人委托的货运代理应有人在现场监装,随时掌握装船进度并处理临时发生的问题。装货完毕,理货组长要与船方大副共同签署收货单,交与托运人。理货员如发现某批有缺陷或包装不良,即在收货单上批注,并由大副签署,以确定船货双方的责任。但作为托运人,应尽量争取不在收货单上批注以取得清洁提单。

装船完毕,托运人除向收货人发出装船通知外,即可凭收货单向船公司或其代理换取已装船提单,这时运输工作即告一段落。

二、出口海洋运输中的货运单据

海运出口运输中,会涉及各种货运单据,外贸跟单员需知晓这些单据中的主要内容,下面介绍海运出口运输中的主要货运单据。

1. 托运单

托运单(booking note,B/N)又称订舱单或订舱委托书,由托运人根据贸易合同条款及信用证条款的内容填制,并凭以向承运人或其代理人办理货物托运的书面凭证。承运人根据托运单内容,并结合船舶的航线、挂靠港、船期与舱位等条件考虑,认为合适后,即签章确认,接受托运。此时,承运人与托运人之间对货物运输的相互关系即告建立。若海洋运输采用集装箱运输方式的,在办理托运时,还需了解集装箱的种类(资料 8-1),并掌握集装箱装箱量的计算方法(资料 8-2)。

2. 装货单

装货单(shipping order,S/O)又称下货纸或关单,它是作为承运人的船公司或其代理人在接受托运人提出托运申请后,签发给托运人,凭以命令船长将承运的货物装船的单据。装货单既可作为装船依据,又是货主凭以向海关办理出口申报手续的主要单据之一。

3. 收货单

收货单(mate's receipt,M/R)又称大副收据,是指货物装船后,由承运船舶的大副签发给托运人的货物收据,是据以换取正本已装船提单的凭证。

有大副批注的收货单,表明所批注的货物的不良状况发生在装船以前,承运人对此不承担责任。所以在日后处理索赔案件时,收货单是承运人据以免责的重要依据,它又是制作提单的重要依据。如果收货单上有大副批注,承运人应如实地将大副批注转注在提单上,这种提单即为不清洁提单。

由于上述三份单据的主要项目基本一致,故在我国一些主要港口的做法是,将它们制成联单,一次制单,既可减少工作量,又可减少差错。这种连单一般称为"装货联单":第一联是托运单留底(counter foil);第二联是装货单(S/O);第三联是收货单(M/R)。除这三联外,根据业务需要,还可增加若干份副本(copy),如增加两联副本,供计算运费和向付费人收取运费时作通知用。

4. 提单

提单(bill of lading,B/L)是承运人或其代理人应托运人的要求所签发的货物收据(receipt of goods),在将货物收归其照管后签发,证明已收到提单上所列明的货物,并保证在目的港凭此交付货物。因此提单是承运人收到货物的凭据,也是提单持有人转让货物所有权或凭以提取货物的物权凭证。

5. 装货清单

装货清单(loading list,L/L)是承运人或其代理人根据装货单留底,将全船待装货物按目的港与货物性质归类,依航次、靠港顺序排列编制的装货单汇总清单,是船上大副编制配载计划的主要依据,又是供现场理货人员进行理货、港方安排驳运、进出库场、承运人掌握托运人备货及货物集中等情况的业务单据。

6. 载货清单

载货清单(manifest,M/F)又称舱单,是在货物装船完毕后,根据大幅收据或提单编制的一份按卸货港顺序逐票列明全船实际载运货物的汇总清单。其内容除应逐票列明货物的详细情况,包括提单号、标志和号数、货名、件数及包装、重量、尺码外,还应列明货物的装货港和卸货港。载货清单是国际航运中一份非常重要的通用单证。它是海关对载货船舶进出国境进行监管的单证,常被用作办理船舶出(进)口报关手续的单证。

三、出口海洋运输索赔

海上货物运输,经常发生货损、货差等情况,若意外情况属于保险范围,被保险人(出口方或进口方)就要找保险人处理有关索赔的工作。保险人在知悉发生保险事故并调查确认法律责任归属后,审查索赔材料,做出赔付、部分赔付或拒赔等理赔决定。其操作就类似于你办理了车险,出现意外时,你向投保的保险公司办理索赔,索赔过程中,需要对事故进行确认,并在提交相关单据后,根据情况获得保险公司的索赔。

海运出口运输索赔时,索赔人要出具货运单证、检验证书、商业票据和有关记录等,以便证明货损的原因、种类、损失规模及程度,以及货损的责任。海运货损索赔中涉及的主要单证如下。

1. 提单正本

提单既是承运人接收货物的收据,也是交付货物给收货人时的凭证,还是确定承运人与收货人之间责任的证明,是收货人提出索赔依据的主要单证。提单条款规定了承运人的权利、义务、赔偿责任和免责事项,是处理承运人和货主之间争议的主要依据。

2. 卸货单据

卸货单据主要包括卸货港理货单或货物溢短单、残损单等,这些单据是证明货损货差发生在船舶运输过程中的重要证据。如果卸货单据上批注了货损或货差情况,并经船舶大副签认,而在收货单上又未做出同样的批注,就证明了这些货损货差是发生在运输途中的。

3. 重理单

船方对所卸货物件数或数量有疑问时,一般要求复查或重新理货,并在证明货物溢短的单证上做出"复查"或"重理"的批注。这种情况下,索赔时,必须同时提供复查结果的证明文件和理货人签发的重理单,并以此为依据证明货物是否有短缺。

4. 货物残损检验报告

当货物受损的原因不明显或无法判定其受损程度时,可以申请具有公证资格的检验人对货物进行检验。在这种情况下,索赔时必须提供检验人检验后出具的"货物残损检验证书"。

5. 商业发票

商业发票是贸易中由卖方开出的一种商业票据,是计算索赔金额的主要依据。

6. 装箱单

装箱单是一种商业票据,列明每一箱内所装货物的名称、件数、规格等,可用于确定货物损失的程度。

7. 修理单

修理单用来表明被损坏货物的修理所花费的费用。

8. 权益转让证书

权益转让的证明文件就是《权益转让证书》,它表明收货人已将索赔权益转让给保险公司。保险公司根据《权益转让证书》取得向事故责任人提出索赔的索赔权,并且取得了以收货人名义向法院提出索赔诉讼的权利。《权益转让证书》的内容包括:收货人将有关其对该项货物的权利和利益转让给保险人;授权保险人可以收货人的名义向有关政府、企业、公司或个人提出认为合理的赔偿要求或法律诉讼;保证随时提供进行索赔和诉讼所需要的单证和文件。

9. 其他

根据保险人的要求,可能还要提供贸易合同、买卖双方往来函电、涉及船方或第三方责任的往来函电、质检报告、原产地证明等材料。可参看表 8-1。

表 8-1 出口贸易信用保险索赔单证明细表(中国出口信用保险公司)

立案号:

索赔申请人确认提供下列相关索赔文件:

( )	1. 信用限额申请表及附表、信用限额审批单
( )	2. 投保单、保单明细表、批单和出口申报单等保险合同证明文件
( )	3. 已缴保险费证明
( )	4. 案情说明
( )	5. 信用证文本、信用证修改通知书(信用证支付方式需提供)
( )	6. 出口贸易合同(买方订单)
( )	7. 商业发票
( )	8. 海运提单或其他货运单据
( )	9. 经海关验讫盖章的出口报关单
( )	10. 质检报告、原产地证明
( )	11. 委托银行托收指示(托收方式需提供)
( )	12. 银行提供的收汇水单
( )	13. 买方承兑证明文件(D/A 支付方式需提供)
( )	14. 银行承兑证明文件(远期信用证支付方式需提供)
( )	15. 银行出具的买方未承兑(不付款)和被保险人未收汇证明
( )	16. 开证行未承兑(不付款)和被保险人未收汇证明
( )	17. 出口收汇未核销证明
( )	18. 买方拒收货物或要求降价的证明文件
( )	19. 转卖或处理货物的相关文件(含转卖合同、相关收入和费用发票)
( )	20. 买方破产或丧失偿付能力的证明文件
( )	21. 开证行(保兑行)破产或丧失偿付能力的证明文件
( )	22. 被保险人已申请登记破产债权及破产债权获得确认的证明文件
( )	23. 被保险人已进行仲裁或诉讼的证明文件
( )	24. 证明政治风险发生的相关文件
( )	25. 被保险人采取减损措施的相关证明文件

续表

( )	26. 买卖双方往来函电
( )	27.《委托代理协议书》(正本 2 份)
( )	28. *Collection Trust Deed*（正本 1 份）
( )	29.《赔款转让协议》
( )	30.《索赔权转让协议》、委托索赔文件
( )	31. 其他证明文件或相关材料
注：以上文件索赔申请人均可提供复印件，必要时保险人有权要求索赔申请人提供正本文件	

索赔申请人签字：　　　　　　　　　　　（公章）　　　　　年　月　日

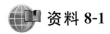

资料 8-1

集装箱的种类及尺寸

集装箱可以按不同的方法分类。

（1）按使用目的，可分为杂（干）货集装箱、散货集装箱、液体货集装箱、冷藏集装箱、挂衣集装箱、通用集装箱、罐式集装箱。

（2）按制造材料，可分为木集装箱、钢集装箱、铝合金集装箱、玻璃集装箱、不锈钢集装箱、纤维集装箱。

（3）按结构，可分为折叠集装箱、固定式集装箱（密闭集装箱、开顶集装箱、板架集装箱）。

（4）按尺寸规格，可分为 20 英尺集装箱($20'$C)、40 英尺集装箱($40'$C)、40 英尺高柜集装箱($40'$HC)、45 英尺集装箱($45'$C)。

（5）按拥有者的身份，可分为货主自备集装箱(shipper's own container)、承运人集装箱(carrier's own container)。

（6）按 ISO 标准，可分为 A 型集装箱、B 型集装箱、C 型集装箱。

出口托运过程中，尤其要注意根据使用目的选择集装箱，并根据货物体积及重量考虑集装箱的尺寸规格。

1. 按使用目的分类

集装箱按使用目的分类如下。

（1）干货集装箱(dry cargo container)。一种通用集装箱，用以装载除液体货，需调节温度货物及特种货物以外的一般件杂货。

（2）开顶集装箱(open top container)。一种没有刚性箱顶的集装箱，但有可折式顶梁支撑的帆布、塑料布或涂塑布制成的顶篷，其他构件与干货集装箱类似。开顶集装箱适于装载较高的大型货物和需吊装的重货。

（3）台架式及平台式集装箱(platform based container)。没有箱顶和侧壁，甚至有的连端壁也去掉而只有底板和四个角柱的集装箱。

（4）通风集装箱(ventilated container)。一般在侧壁或端壁上设有通风孔，适于装载不需要冷冻而需通风、防止汗湿的货物,如水果、蔬菜等。如将通风孔关闭,可作为杂货集装箱使用。

(5) 冷藏集装箱(reefer container)。一种专为运输要求保持一定温度的冷冻货或低温货而设计的集装箱。它分为带有冷冻机的内藏式机械冷藏集装箱和没有冷冻机的外置式机械冷藏集装箱。适用装载肉类、水果等货物。冷藏集装箱造价较高,营运费用较高,使用中应注意冷冻装置的技术状态及箱内货物所需的温度。

(6) 散货集装箱(bulk container)。散货集装箱除有箱门外,在箱顶部还设有 2~3 个装货口,适用于装载粉状或粒状货物。使用时要注意保持箱内清洁干净,两侧保持光滑,便于货物从箱门卸货。

(7) 动物集装箱(pen container)。一种专供装运牲畜的集装箱。为了实现良好的通风,箱壁用金属丝网制造,侧壁下方设有清扫口和排水口,并设有喂食装置。

(8) 罐式集装箱(tank container)。一种专供装运液体货而设置的集装箱,如酒类、油类及液状化工品等货物。它由罐体和箱体框架两部分组成,装货时货物由罐顶部装货孔进入,卸货时,则由排货孔流出或从顶部装货孔吸出。

(9) 汽车集装箱(car container)。一种专为装运小型轿车而设计制造的集装箱。其结构特点是无侧壁,仅设有框架和箱底,可装载一层或两层小轿车。

2. 按尺寸分类

集装箱规格根据国家标准组织规定有 3 个系列、13 种规格。而国际上运用的主要为 20 英尺和 40 英尺两种。即 1A 型 $8'\times8'\times40'$,1C 型 $8'\times8'\times20'$。各种集装箱的内部尺寸及装载重量归纳如表 8-2 所示。

表 8-2　各种集装箱的内部尺寸及装载重量

项目		干货集装箱								散货集装箱			冷藏集装箱			
		20 英尺			40 英尺					20 英尺			20 英尺			40 英尺
		钢质	钢质高柜	铝质	钢质	钢质高柜	玻璃钢质	铝质	铝质高柜	钢质	钢质高柜	玻璃钢质	铝质	铝质高柜	玻璃钢质	铝质
外尺寸/mm	长	6 058	6 058	6 058	12 192	12 192	12 192	12 192	12 192	6 058	6 058	6 058	6 058	6 058	6 058	12 192
	宽	2 438	2 438	2 438	2 438	2 438	2 438	2 438	2 438	2 438	2 438	2 438	2 438	2 438	2 438	2 438
	高	2 438	2 591	2 591	2 591	2 896	2 591	2 591	2 896	2 438	2 591	2 438	2 438	2 591	2 591	2 591
内尺寸/mm	长	5 917	5 902	5 925	12 050	12 034	11 977	12 045	12 060	5 887	5 824	5 892	5 477	5 360	5 085	11 398
	宽	2 336	2 338	2 344	2 343	2 345	2 273	2 350	2 343	2 330	2 335	2 333	2 251	2 242	2 236	2 256
	高	2 249	2 376	2 391	2 386	2 677	2 300	2 377	2 690	2 159	2 375	2 202	2 099	2 148	2 220	2 113
内容积/m³		31.00	32.84	33.10	67.40	75.90	61.30	67.40	76.00	29.60	32.30	30.30	25.90	25.51	25.10	52.04
总重/kg		24 000	22 396	21 372	30 480	30 480	30 480	30 373	30 480	20 320	24 386	20 320	20 320	21 241	24 384	30 848
自重/kg		1 860	2 275	1 794	3 100	4 080	4 763	2 981	3 000	2 530	2 351	2 450	2 520	3 004	3 372	4 519
载重/kg		22 140	20 121	19 578	27 380	26 400	25 717	27 392	27 480	17 790	22 035	17 870	17 800	18 237	21 012	26 329

 **资料 8-2**

集装箱装箱量的计算

　　计算集装箱装箱量是一门较复杂的技术工作。科学的装箱方法可以降低运输成本。目前在计算集装箱装箱量上,有专门的集装箱计算软件,对于不同规格的货物进行最科学的计算,以达到降低运输成本的目的。

1. 精确计算

　　以纸箱为例,集装箱装箱量的计算需要考虑纸箱的毛重和体积。一般的思路如下:先按体积算,看集装箱可以放多少个纸箱;再按重量算,看可以放多少个。两者中较小的装箱数就是集装箱能放置的最大量。

　　但需要注意的是,按体积计算时,由于纸箱放置时,尺寸上的原因,可能无法充分利用集装箱箱内空间,因此装箱量的计算方法不能简单地用集装箱的体积除以纸箱的体积。而应该考虑纸箱的实际放置量。实际放置量根据纸箱放置方法的不同而不同,如果纸箱可以随意放置,那么,最多放置方法有六种。

　　集装箱:长×宽×高

　　纸箱放置方法一:长×宽×高(指纸箱的长对着集装箱的长,宽对着其宽,高对着其高,下同)

　　纸箱放置方法二:长×高×宽

　　纸箱放置方法三:宽×高×长

　　纸箱放置方法四:宽×长×高

　　纸箱放置方法五:高×宽×长

　　纸箱放置方法六:高×长×宽

　　考虑集装箱高和宽的尺寸相差不多(表8-2),方法一和方法二的结果一般相同,同理,方法三和方法四,方法五和方法六的结果相同。因此,按体积计算时,一般需要计算三种放置方法,即方法一(或方法二),方法三(或方法四),方法五(或方法六)。

　　例如,一批 T 恤产品出口,T 恤产品所用包装纸箱尺寸为长×宽×高＝580mm×380mm×420mm,每箱毛重 20kg,用 40 英尺钢质集装箱,箱内尺寸为长×宽×高＝12 050mm×2 343mm×2 386mm,内容积 67.4m³,最大载重 27 380kg,计算该集装箱最多可装多少个纸箱?

　　计算步骤一般如下。

　　第一步,按体积算。

　　纸箱放置方法一:

　　集装箱内尺寸　长×宽×高＝12 050mm×2 343mm×2 386mm

　　纸箱位置　长×宽×高＝580mm×380mm×420mm

　　可装纸箱数　长×宽×高＝20×6×5＝600(箱)

　　纸箱放置方法二:

　　集装箱内尺寸　长×宽×高＝12 050mm×2 343mm×2 386mm

纸箱位置　宽×长×高＝380mm×580mm×420mm

可装纸箱数　长×宽×高＝31×4×5＝620(箱)

纸箱放置方法三:

集装箱内尺寸　长×宽×高＝12 050mm×2 343mm×2 386mm

纸箱位置　高×长×宽＝420mm×580mm×380mm

可装纸箱数　长×高×宽＝28×4×6＝672(箱)

显然,方法三是最佳的放置方法,也就是说按体积算该集装箱最多可装672箱。

第二步,按重量算。

按重量算,可装纸箱数量＝27 380÷20＝1 369(箱)

第三步,给最后结果。

根据上述计算,集装箱最多可装672个纸箱。

2. 模糊计算(快速计算)

上述方法是在时间允许的情况下做出的精确计算,在实践中,有时需要快速计算集装箱装箱量,如交易会等特殊场合。

快速计算的计算方法:

可装纸箱数量＝集装箱内容积×误差系数(一般是0.9)÷(纸箱长×宽×高)

例如,一批男式衬衫产品出口,所用包装为相同规格的纸箱,尺寸为长×宽×高＝560mm×360mm×420mm,用20英尺钢质集装箱,箱内尺寸为长×宽×高＝5 917mm×2 336mm×2 249mm,内容积31m³,请计算该集装箱最多可装多少个纸箱?

解答:可装31×0.9÷(0.56×0.36×0.42)＝329(箱)

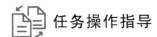 **任务操作指导**

任务一　联系货代订舱

外贸订单完成产品检验和包装后,在质量合格的前提下,工厂可以安排出货。海运条件下,外贸跟单员此时需从工厂处获取货物毛重、净重、体积、箱数等数据,结合外贸合同中的运输条款,配合单证部门,联系货运代理订舱出货。

一、货运代理选择

按FOB条款成交的货物,通常外商会指定运输代理公司或船公司。此时,外贸跟单员应尽早与货代联系,告知发货意向,了解将要安排的出口口岸、船期等情况,确认工厂的交货能否早于开船期至少一周,以及船期能否达到客人要求的交货期。

若外贸订单的报价方式是CIF或CFR,那么货物在到达目的港前的物流费用与责任按惯例都由出口方承担,货代也通常由出口方选择。此时,外贸跟单员应尽早向货运公司或船公司咨询船期、运价、开船口岸等。经比较,选择价格优惠、信誉好、船期合适的船公司,并将信息告知客人。若客人不同意,则要另选客人认可的船公司。

二、时间安排

时间上通常根据外贸合同的 ETD^① 安排订舱,一般采取倒推法,先确定最后期限,再根据操作步骤倒推计算时间。下面举例说明。

假设外贸合同中与客户拟定 10 月 20 日出货,运往澳大利亚的悉尼港口。外贸跟单员了解到不是每天都有船开往悉尼,开船航次以周为单位,逢周二、周五有船开往悉尼。假设10 月 20 日是周四,和这个时间最接近的航次是 18 日周二的船。外贸跟单员可以安排 18 日的船期,但实际工作中一般建议尽量安排提前一个航次,例如安排 14 日周五的船。这样即使发生赶不上船期的情况,还可以改签到 18 日的航次,在期限内完成交货。

假设本例中安排了 18 日的船期,按规定必须提前半天或一天截止装船,即行话中的"截放",同时须提前一两天完成报关装船事宜,行话称为"截关"。故一般情况下工厂应在 16 日左右把货物运至码头并完成报关。本例中,16 日是周日,稳妥起见,在前一周的周五(14 日)完成报关较为合适。另外,考虑订舱及安排拖车装柜所需时间,联系货代应提前船期一周为宜。因此,本例中虽然合同约定 20 日为交货期,但外贸跟单员 11 日左右便需向货代订舱了,顺利的话 14 日左右完成报关,18 日如期上船。

简单总结,外贸跟单员一般需提前船期 1 周订舱,提前船期两天完成货物进仓和报关事宜。另需特别注意的是:①节假日和周末的影响。因为报关出运需要出口方、货代、码头、海关等几方操作,节假日和周末特别容易造成配合与联系上的脱节。尤其春节、五一、十一等长假,是海运出货最容易出问题的时段,而一旦出问题就很可能无法及时解决。因此在与客户订立合同的时候,避免在长假内出货。实在需要假期内出货的,首先把"官方机构"的衔接工作在假期前完成,同时与货代工厂之间保持密切联系,索要经手人的手机号等应急联系方式,预先理顺操作环节,预估可能的意外并准备必要的应急预案。②在旺季或因新冠肺炎疫情等原因导致仓位紧张的情况下,外贸跟单员需及时了解情况,适时做出订舱时间安排的调整。时间安排不及时可能产生不可挽回的损失,相关案例参见资料 8-3。

三、订舱

确认好货运代理公司及订舱时间后,外贸公司跟单员或单证员需联系货代完成订舱工作。期间的订舱单一般由单证部完成,外贸跟单员只需将相关信息告知单证部,由单证部填写订舱单。表 8-3 为浙江迪加贸易有限公司出口男士西服的订舱单,该批产品采用挂衣集装箱(garments on hangers,GOH)出运,表中的产品、包装等信息由外贸跟单员提供。

📎 本任务中出货安排

由项目三可知,本任务中的外贸合同采用 CIF 报价,外商未指定货运代理,外贸跟单员

---

① ETD 为"estimated time of departure"的缩写,是指预计离港时间。

表 8-3　订舱单（样例）

Shipper **Zhejiang DiJia Trading Co., Ltd.**		**SHIPPER'S INSTRUCTION**				Dock Receipt No.			
TEL:0571-86251243	FAX :0571-86251240	Export Licence No.							
		Date of Issue							
Consignee **AFRO Co.，Ltd.** **30 NEVILLES ROAD, HANMURG, GERMERNY**		**FRACHT (SHANGHAI) LTD.**							
		(hereinafter referred to as "the Company")							
		Room 2608, China Insurance Building							
		166 Lu Jia Zui Dong Road, Pudong - Shanghai 200120							
		Tel : 86-21 6100 7828 Fax : 86-21 5887 23 10							
Notify Party **SAME AS CONSIGNEE**		Also Notify							
Vessel	Voy No.	Service type on receiving				Service type on delivery			
		☐ CFS	☐ CY Carrier's Haulage	☐ CY Merchant's Haulage		☐ CFS	☐ CY	☐ Consignee's Premises	
Place of receipt **SHANGHAI**	Port of Loading	FREIGHT : Prepaid ☐ Others☐ Collect ☐		Destination Inland	Destination LCL SC	Ocean Freight	Origin LCL SC	Origin Inland	
Port of discharge **HAMBURG**	Place of Delivery	No. of Orig. Bs/L　(　　)		Container Size	20'GP	40'GP	40'HQ	others (e.g. LCL)	
		otherwise specify: ☐							
Marks, Nos. and Container No.	No. and kind of Packages **数量** 包装类型	Description of Goods 品名				Gross Weight Kilos **毛重 /kg**		Measurement CBM **体积 /m³**	
唛头	**GOH**	男士西服 尺寸（若大件货） 145cm×50cm×1.2cm				967.15		18	
		货好时间 **2022-08-12**							
请协助提供如下信息： 　　1. 发货人联系信息		**Zhejiang DiJia Trading Co., Ltd.**							
联系人		**Jerry**							
电话		**18667121346**							
邮件		Jerry@brilliantwood.com.cn							
2. 贸易条款（FOB,FCA,EXW,DAP等）		**FOB (SH)**							
3. 报关票数		**1**							
4. 订单号PO号（若有请提供）		**PO#12400**							
5. 货物特殊装箱要求（若有请提供）									
6. 自拉自报？Or 委托我司做箱报关									
		(Above Particulars Declared by Shipper, and unknown to the Company and the Carrier)							
Total no. of packages received both in figures and words									
Declarations shipper wish to state on original Bills of Lading									
Terminal/CFS receiving remarks/clauses									
Received by FRACHT (Shanghai) Ltd. Date & Time		Neither the Company nor the Carrier shall be liable for any incidents of cargoes shut out or off loaded.				**Stamp/Signature of the Shipper or its agent**			
All transactions are subject to the company's standard trading conditions (a copy is available upon request), which in certain circumstances limit or exampt the company's liability. 均根据本公司之标准营运条款进行。在某些情况下，该条款将免除或限制本公司之责任。条款之副本可从本公司索取。									

可根据价格、信誉、船期等选择合适的货运代理或船公司。外贸合同中要求的装船时间为2022 年 10 月 9 日,装运港为上海,目的港为 HAMBURG,不允许分批装运,允许转运。10 月 9 日装船,根据经验一般提前一周(10 月 3 日)订舱,但考虑到十一假期的影响,建议提前到 10 月 1 日前完成订舱。在全球新冠肺炎疫情持续存在的背景下,外贸跟单员还需和货代保持联系,及时了解受此影响的船运情况,依据实际情况适时做出工作方案调整。

实际操作中有些外贸公司的租船订舱工作由单证部联系货运代理完成,此时外贸跟单员的工作更为简单,主要是及时将装运货物的毛重、净重、体积、装运时间、装运港口等信息告知单证部门,并跟踪单证部及时联系货代订舱。

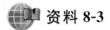 **资料 8-3**

订舱不及时遭受损受案

案例 1

广东榕乏外贸公司向外商 CUAUTILA 出口塑料相框 12 600 件,合同中规定船期为2022 年 10 月 10 日,客人要求船期前 10 天必须进系统订舱,即 10 月 1 日订舱。榕乏外贸公司的外贸跟单员 Jerry 根据经验认为提前 5 天安排订舱肯定来得及,当她 10 月 5 日订舱时,货代告知,因为十一假期很多外贸公司提前订舱,导致仓位不足,无法安排 10 月 10 日的船期,最早也要安排在 18 日。跟单员 Jerry 无奈只能让公司外贸业务员找外商协商延期装运,外商表示该批货物为万圣节订单产品,若因货物延迟到达导致 CUAUTILA 产生损失的,一切费用由榕乏外贸公司负责。

解析: 本例中的外贸跟单员忽略了节假日对货运的影响,最终导致运输延误,违反了合同条款。

案例 2

宁波朴俞进出口公司向澳大利亚进口商出口户外帐篷 3 000 件,负责该订单跟踪的外贸跟单员 Lucca 一直等到产品生产好之后才联系货代订舱。货代告知由于海外新冠肺炎疫情持续恶化,仓位十分紧张,无法安排 Lucca 期望的船期。Lucca 此时才想起同部门的跟单员 Petter 之前提醒过他最近爆舱严重,让他及时与货代联系,尽早安排订舱出货。

Lucca 和货代协商后,最终以较高的价格安排了临近的船期,货物在截放行最后一天入舱,Lucca 心里有点担忧,因为货物冲关(临近截放行入仓)容易遭海关查柜。真是怕什么来什么,这批货果然遇到了海关查柜,最终这批户外帐篷因查柜耽误了船期,需更改船期……虽然货物最终按合同要求交货。但中间的坎坷可想而知,且外贸公司付出了比平时更高的成本,不仅支付了较高的运费,同时因改期增加了改船费、改单费、仓租费等费用。

解析: 本例中外贸跟单员存在以下问题:①与货代之间交流沟通少,导致订舱不及时,无空位舱。②产品生产完毕才订舱。提前订舱一方面可以避免遇到爆舱繁忙时赶不上期望的船期或订不到柜,同时,若遇到不能及时赶上船期的情况,还可以延迟到下一班船。③截放行最后一天入舱。货物冲关容易遭海关查柜,这一方面可能导致延误船期,另一方面会增加外贸跟单员的工作量,给外贸公司增加不必要的成本费用。

任务二　跟踪工厂装货

订舱工作完成后,货代公司得到承运人的配舱确认,并与合作的仓库或堆场安排好之后,就会发进仓通知给托运人/发货人,让托运人/发货人在规定的时间之内把货物送到指定的仓库或堆场。托运人/发货人也可以委托货代公司上门提货,由货代公司负责把货送到指定仓库或堆场。此时外贸跟单员需确认进仓通知信息,并联系工厂安排装货。

一、确认进仓通知

以表 8-4 的进仓通知为例,外贸跟单员首先需确认进仓通知中的目的港、装运时间、委托货物等信息有无出入,其次在联系工厂安排出货时需特别强调以下内容。

(1)进仓编号。进仓编号是仓库用于识别不同票、不同批、不同客户货物的识别号,因此十分重要。进仓编号搞错了,轻则造成不必要的费用,重则导致货物运到错误的目的地甚至运到错误的国家。外贸跟单员需跟工厂强调,司机送货时,必须带着进仓通知,仓库或堆场根据进仓通知上的进仓编号收货,没有进仓编号,仓库是无法收货的。

(2)货物或文件送达时间。进仓通知上会详细说明出运货物的送仓时间,报关文件的送达时间及退改舱的截止时间。这些时间很重要,外贸跟单员要督促工厂按规定时间送达。

(3)送货/寄单据地址。除了送货地址,进仓通知上通常也会注明单据(报关文件)寄送地址、单据要求、海关要求等事项。单据地址和送货地址多数时候是不同的,单据一般寄到货代办公室或直接寄到报关行,货物一般是送到仓库或堆场。

(4)送货注意事项。进仓通知上会注明一些必要的注意事项,例如换单需提前告知并在单证上注明进仓编号,仓库或堆场上班时间,卸货费怎么收,对超长、超高、超重等操作困难的货物怎么处理,仓库在海关特殊监管区域之内(如保税区)时的特殊要求等,外贸跟单员需提醒工厂或送货司机这些注意事项。

二、跟踪装货

整柜时一般由货代安排集装箱拖车。外贸跟单员需提前给拖车公司传真以下资料:订舱确认书/放柜纸、船公司、订舱号、拖柜委托书(注明装柜时间、柜型及数量、装柜地址、报关行及装船口岸等)。如果有验货公司监装的,要提醒按时到达。另外,需要求回传一份上柜资料,列明柜号、车牌号、司机及联系电话等。之后传真一份装车资料给工厂,列明上柜时间、柜型、订舱号、订单号、车牌号及司机联系电话等。

拼柜时工厂可自己安排货车送达进仓通知指定仓库,也可以找物流公司送货(货量大时),或直接发快递(货量少时)。有时也有发国内空运,例如货物在成都,先发空运到天津,托运人或货代派车到机场提货,然后送到进仓通知指定的港口仓库。

外贸跟单员需提前和工厂确认装货时间,提醒工厂提前做好装柜安排,工厂装柜完毕后,外贸跟单员需仔细核对工厂装货单(表 8-5),确认产品型号、数量等准确无误。必要时外贸跟单员需到工厂现场监装，指导货物排放，若一个柜内有多种规格产品，每一规格的产品可留一两箱放于柜尾便于海关查货。

 本任务中工厂装货跟踪

拿到进仓通知后，外贸跟单员首先应核对进仓通知中的目的港、装运时间、委托货物等信息有无出入，其次将进仓通知中的重要信息突出显示后发送给工厂安排出货，并特别强调司机送货当天务必携带进仓通知，要注意送货及寄送报关文件的地址是否一致，以及看清楚送货注意事项等。装柜当天外贸跟单员可到现场监装，装柜完毕，需再次核对装货单，确保装运产品型号、数量等准确无误。

表 8-4　进仓通知单（样例）

速客国际货运代理（上海）有限公司

进仓通知书

请务必在报关文件上注明进仓编号！申报要素！

进仓编号：　　　　　　　　　　S01640231　　　　　　　　　　　　　　速客

委托合同号：　　　　　目的港：HAMBURG　　　　　　　ETD：8 月 28 日

委托货物箱量：

PO	Style	色号	CTN	G.W.	MEAS	
4661	434620		276	3218		

出运货物务必于 2022-08-22　　　　10:00 之前送入以下仓库：

仓库名称：云丰国际物流（洋山仓库）

仓库地址：上海浦东新区临港物流园区捷航路 99 弄（千祥路和捷航路交叉口）

联系人：50645785（24 小时查货问路电话）

联系人：吴发明

报关文件务必于 2022-08-21　　10:00 之前送达我司：

地址：上海市虹口区四川北路 1350 号 1502-1503 室

MICHAEL 收 T:021-60727018 * 8106　F:021-60727019

如要退舱，更改数据或换航次，应在 2022/08/19 上午 10:00 点前通知我司，否则客人需承担空舱费及其他费用。

（空舱费按照我司对外发布报价为标准进行计算）

（请提前做好商检，如需换单请提前通知，请在单证上注明进仓编号）

注意事项：

即日起凡是送货进云丰新港茂祥库的司机必须自行戴好安全帽和反光马甲，仓库将不再提供。

1. 送货单上务必注明送货单位，报关文件上的数据必须与实际出货一致，否则由此产生的责任由贵司自负。

2. 相关货物及报关文件务必在本通知规定时间内送达（最晚到货时间不得超过开船时间前 5 天中午 12 点），否则我们不能保证货物如期出运；如有任何更改或变动，务必在开船前 4 个工作日上午 10 点前通知，否则由此产生的费用由客人自负。

3. 对于受潮受损货物，仓库将不予受理。

4. 如所送货物超重或超体积或超件数造成货物倒箱或退关所引起的费用及后果由贵司自负。

5. 进仓的货物，请将同一 COMMISSION NO.（ORDER NO.）的货物放在一起，方便卸货，以免产生不必要的分货费。

6. 如果有托盘进仓，请于进仓前通知我司。

7. 如果 PO 对应的箱数有更改，请让在送仓时候自行修改后给司机并通知我们，以免仓库拒收。

交通线路示意图：S2 沪芦高速（东海大桥方向）—过临港收费站—往两港大道（南芦公路方向地面道路）—同顺大道（右转）—千祥路（右转）—捷航路（右转）—到达云丰洋山仓库

续表

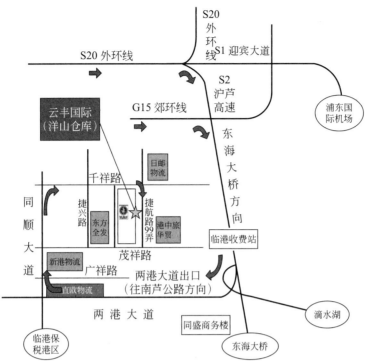

云丰洋山仓库地址：临港物流园区捷航路 99 弄（千祥路和捷航路交叉口）
24 小时服务电话 021-50670575

表 8-5 工厂装货单（样例）

杭州云赏服装有限公司

装货单

款号：65000 组号：35708 2022-10-05

箱号		PO#	色号/颜色	箱数	34	36	38	40	42	44	46	每箱/件	合计/件	总毛重/kg	总净重/kg	体积/cm³（长×宽×高）
61865	61874		#60008	10	30							30	300	57.00	45.00	58×38×20
61875	61894		#60008	20		30						30	600	114.00	90.00	58×38×20
61895	61914		#60008	20			30					30	600	114.00	90.00	58×38×20
61915	61934		#60008	20				30				30	600	114.00	90.00	58×38×20
61935	61954	4166	#60008	20					30			30	600	114.00	90.00	58×38×20
61955	61964		#60008	10						30		30	300	57.00	45.00	58×38×20
61965	61974		#60008	10							30	30	300	57.00	45.00	58×38×20
61975	61984		#60013	10	30							30	300	57.00	45.00	58×38×20
61985	62004		#60013	20		30						30	600	114.00	90.00	58×38×20
62005	62024		#60013	20			30					30	600	24.00	0.00	58×38×20
62025	62054		#60013	30				30				30	900	36.00	0.00	58×38×20
62055	62074		#60013	20					30			30	600	24.00	0.00	58×38×20
62075	62084		#60013	10						30		30	300	12.00	0.00	58×38×20
62085	62094		#60013	10							30	30	300	12.00	0.00	58×38×20

任务三　跟踪货物报关

船期确定好后,除了联系工厂安排装柜,外贸跟单员还需跟踪好货物报关工作。此项工作中的单据部分由外贸单证部完成,外贸跟单员的主要工作是信息核对及报关完成进度跟踪。

一、核对报关资料

报关需要准备商业发票、合同、装箱单、报关单、产品说明等资料,这些单据一般由外贸公司的单证部填制,外贸跟单员需对这些资料进行审核,审核过程中,尤其注意各种单据内的产品、包装等相关信息,重点对报关单及产品说明进行审核。

(1)报关单。外贸跟单员需特别留意报关单内的件数、毛重、净重、包装等信息(表8-6),这些信息一般由外贸跟单员从工厂获取。假如这些信息出错,产生的后果可能是因报关数据与预配舱单信息不符,货物无法进港或无法上船。这些项目如需更改,一般采取的方法是删单重报,向海关提交情况说明要求删单,待电子数据删除后重新报关。若此时离船期尚有足够多的时间且货物未遇到查验,则仍可按计划装船;若因此错过了原定装船时间,外贸公司只能重新安排船期,拼箱货还可能影响同一集装箱内其他货物正常出运。对于报关单中收汇、退税相关的内容,如品名、金额、币制等,也需仔细查看。以避免后期因无法正常收汇、退税而改单。例如,需要避免报关单上的产品规格型号与工厂开具的购货增值税专用发票上的规格型号出现不符,报关单上的商品名称一定要准确,外贸跟单员购货时应提前和工厂沟通相关事项。

(2)产品(情况)说明。产品(情况)说明是海关要求出口公司在报关时提供的货物相关信息,包括产品品名、功能、用途、成分等的说明文档(表8-7)。产品说明没有固定格式,主要目的是便于海关分类审核。当产品可能归入不同税号时,产品说明的撰写需充分阐述产品特性,以明确归类税号。

二、寄送报关资料

资料确认无误后,外贸跟单员应督促公司单证部按进仓通知上注明的地址及时寄送报关资料,委托货代报关。如果是外贸公司自行报关的,外贸跟单员需督促公司相关人员在货代规定的时限内完成报关(一般在装船日期前至少两天完成)。

产品情况说明
撰写案例

📁 **本任务中货物报关跟踪**

联系工作安排出货的同时,外贸跟单员需督促公司单证部准备好报关文件,按进仓通知上的地址寄送报关资料。报关资料寄出前,外贸跟单员需审核报关单上件数、毛重、净重、包装等信息是否和自己从工厂获取的信息一致,并确认产品说明信息无误。本任务涉及的外贸合同为 CIF 条款,此条款下外贸跟单员还要督促单证部及时办理货物运输险的投保手续。

表 8-6 中华人民共和国海关出口货物报关单（样单）

预录入编号：

海关编号：

页码/页数：

境内发货人 浙江迪加贸易有限公司	出境关别 上海	出口日期	申报日期	备案号
境外收货人 AFRO Co.,Ltd.	运输方式 水路运输	运输工具名称及航次号 YM CYPRESS/233W	提运单号 COSU26788 1929	
生产销售单位 浙江迪加贸易有限公司	监管方式 一般贸易	征免性质 一般征税	许可证号	
合同协议号	贸易国（地区） 德国	运抵国（地区） 德国	指运港 HAMBURG	
包装种类纸箱	件数 8 000	毛重/kg 12 386.00	净重/kg 10 255.00	成交方式 CIF	运费	保费	杂费

随附单证
随附单证 1：　　　　　　随附单证 2：

标记唛码及备注
AFRO.S/C＃, Style＃, HAMBURG, Carton＃

项号	商品编号	商品名称及规格型号	数量及单位	单价/总价/币制	原产国（地区）	最终目的国（地区）	境内货源地	征免
1	6205200099	女士夹克衫，全棉	8 000 件	11.80/94 400.00/USD	中国	德国	杭州	照章征税

特殊关系确认：否　　价格影响确认：否　　支付特许权使用费确认：否　　自报自缴：否

兹申明以上内容承担如实申报、依法纳税之法律责任

申报人员	申报人员证号	电话	海关批注及签章
申报单位	申报单位（签章）		

表 8-7 产品说明

此次出口货物合同号：
外销号：22Y05400US0032
外运号：22YZL1700
具体产品说明如下。
1. HS：6204430090
2. 品牌类型：境外品牌(贴牌生产)
3. 出口享惠情况：出口货物在最终目的国(地区)不享受优惠关税
4. 品名：女士夹克衫
5. 织造方法(机织等)：梭织
6. 种类(西服、便服套装、上衣、长裤、马裤、工装裤等)：上衣
7. 类别(女式)：女式
8. 成分含量：100％棉
9. 品牌(中文及外文名称)：HYSSR
10. 货号：0349/9320L0
11. GTIN：
12. CAS：
13. 其他：

任务四　出货后跟单

货物出运后，外贸跟单员的工作也基本完成了，之后他要做的是跟踪外贸订单履行尾期进度，及时掌握出货后的运输、货款结算、退税等进程，并对外贸订单或客户进行必要的整理。

一、运输跟踪

外贸跟单员需了解或能估算到公司主要出口目的地所需的大概航程(资料 8-4)，进而在恰当的时候借助船运网或专业货运公司搭建的平台查询货物运输物流信息。同时利用公司的订单管理系统或自制跟踪表做好运输进程跟踪记录，及时了解货物何时抵达目的港、客户是否已经办理提货等情况。若货运中出现问题，外贸跟单员需及时了解情况，并将问题反馈给外贸业务员，以便及时和外商沟通相关情况。

二、货款结算、退税跟踪

货款结算工作主要由外贸公司的单证部完成，外贸跟单员一是要了解进程，确认外贸订单是否顺利完成结算、退税等流程；二是出现问题时及时沟通协调，协助解决相关问题。例如，退税工作人员在收到外贸公司退税资料时，发现购货发票开具的商品名称与报关单上出口货物的商品名称并非一模一样，报关单上的商品名称为"空调"，工厂开具的增值税发票品名为"空调器"。根据国家税务总局关于《出口货物劳务增值税和消费税管理办法》有关问题的公告规定:出口货物报关单、增值税专用发票上的商品名称须相符,否则不得申报出口退(免)税。退税人员联系外贸公司单证员说明了情况,外贸跟单员了解到这一情况后,需协助解决。假设本例中外贸公司联系工厂,工厂说无法改发票,因为他们系统里开发票是自动生成的品名"空调器",这是在税务局注册过的,无法随意更改。此时,外贸跟单员应将情况告知单证员,让单证员联系货代或报关行更改报关单。

三、履约结束后的信息整理

以上所有工作完成后,便意味着外贸订单跟踪的结束,但外贸跟单员工作尚未结束,他还需对订单跟踪过程、客户等做一些备注或总结。例如订单跟踪过程中出现了哪些问题,是如何解决的;订单的目的国/地区对产品、生产或工厂有无特殊要求;该客户对产品有无特殊喜好等。

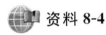 **本任务中出货后跟踪**

作为全程跟踪的外贸跟单员,货物出运后,还需跟踪外贸订单履行尾期进度,及时掌握出货后的运输、货款结算、退税等进程,出现问题时,协助相关部门及时处理。同时,当外贸订单顺利结束后,外贸跟单员需对跟单过程做一些信息整理,总结经验,提高后续跟单工作的效率及质量。

资料 8-4

航 程 估 算

在海运中,从起运港到目的港在海上需要花费的时间就是航程,那么如何估算出需要的航程呢?虽然估算的航程和实际会有差距,毕竟很多船公司可能会转运或中途出现一些意外,但如果只考虑距离和直达的话,还是可以估算出来的。以下是从上海或宁波港口出发到世界各地的大概航程,供参考。

1. 近洋线

近洋线包括日本、韩国、中国台湾,航程一般为 1~3 天。内陆则相应加几天。

2. 东南亚线

中国香港 3 天,新加坡 7 天,其他港口如果直达,从距离可进行估算,例如 BANGKOK,如果船先去新加坡,则航程要推后几天,也就是 8~10 天;如果船先去中国香港,则航程是 5~6 天,如果有中转港口,则从中转港口的航程再往后推几天。

3. 澳新线

如果直达,一般船公司都是先去新加坡,所以在到新加坡的航程基础上再加几天,一般为 11~13 天。如果是中转,则再往后推几天,一般为 15~20 天。

4. 中东印巴红海线

从距离上分析,长三角到中东印巴红海,中间点刚好是新加坡,所以航程也可以估算为 2×7=14(天),当然这属于第一个到港的航程,常规是到 DUBAI,所以其他几个港口都要比 DUBAI 晚几天,一般是 14~20 天,印度的如果先到,则更短,在 11~13 天。

5. 东非、地中海线

这两个地段从距离上看,又比中东远,所以按常规再加一周时间,即 3×7＝21(天),但考虑要过苏伊士运河和东非海盗的影响,所以航程人为再往后顺推几天,一般为 23～28 天。

6. 南非、欧基、亚德里亚海线

接上面的估算方法,大约是 4×7＝28(天)。

7. 西非、北欧线

还是根据以上的推算方法,得出 5×7＝35(天)。对于非基本港的港口,则船舶航行时间会更长一点,有的甚至达 40 天以上,特别是中转的话,40 天就算是很快了。

8. 北美西航线

如果以中国香港和新加坡为中轴线,去北美西经中国香港的话则快一点,估算方法一样,3＋7＝10(天),如果是经新加坡的则相对慢一点,2×7＝14(天),但考虑东行方向货量比较大,船公司比较多,所以,一般来说,船公司提高航速,航程也缩短到 11～13 天。

9. 中南美线

从地理位置上看,中南美地区是在北美西往下一点,所以,只要稍微估算一下就可以了,一般在 14～17 天。

10. 加勒比海线

由于要通过巴拿马运河,所以从中南美线的基础上再加一周时间,一般为 22～26 天。

11. 南美西航线

从地理位置上可以看出,比中南美又远一些,所以估算是 3×7＝21(天),考虑洋流等地理因素的影响,一般为 25 天。

12. 南美东、北美东航线

类似上述估算方法,一般为 4×7＝28(天),港口远近航程依次为 28～35 天。中转的当然更长,有的甚至要 40 天。

资料来源:http://blog.sina.com.cn/s/blog_6078ce7d0100i2r3.html.

 知识巩固与技能拓展

◆ **知识巩固**

一、单项选择题

1. 以下外贸报价术语中,通常由外商指定货运代理的是(　　　)。
   A. FOB B. CIF C. CFR D. CIP

2. 海运出口运输中托运单的缩写是(　　　),装货单的缩写是(　　　)。
   A. B/L,S/O B. S/O,B/L C. B/N,S/O D. S/O,B/N

3. 大副收据也称作(　　　)。
   A. 收货单 B. 装货单 C. 舱单 D. 关单

4. 载货清单也称作(　　　)。
   A. 收货单 B. 装货单 C. 舱单 D. 关单

5. 国际海运中,大副编制积载计划的主要依据是(　　　)。
   A. 装货清单 B. 载货清单 C. 托运单 D. 海运提单

二、多项选择题

1. 海运出口运输中,为减少工作量及减少差错,往往将(　　　)这几个单证做成联单,称为"装货联单"。

    A. 托运单留底   B. 装货单   C. 收货单   D. 装箱单

2. 海运出口货损索赔中涉及的主要单证有(　　)。

    A. 提单正本   B. 商业发票   C. 装箱单   D. 重理单

3. 海运出口运输中,托运单又称(　　)。

    A. 装箱单   B. 订舱单   C. 订舱委托书   D. 装货单

4. 外贸跟单员安排工厂出货时,需留意进仓通知中的(　　)内容。

    A. 进仓编号   B. 货物或文件送达时间

    C. 送货/寄单据地址   D. 送货注意事项

三、简答题

1. 简述海运出口运输的基本流程。

2. 简述联系货代订舱出货过程中外贸跟单员的主要工作内容。

◆ 技能拓展

1. 一批出口商品,产品所用包装纸箱都使用尺寸为长×宽×高＝800mm×600mm×200mm,每箱毛重为45kg,用40英尺钢质集装箱,箱内尺寸为长×宽×高＝12 050mm×2 343mm×2 386mm,内容积67.4m³,最大载重27 380kg,精确计算,该集装箱最多可装多少个纸箱。

2. 浙江天一进出口公司出口产品一批,共500箱,用纸箱装,纸箱尺寸为长×宽×高＝580mm×380mm×420mm,每箱毛重20kg。试帮该公司外贸跟单员分析:

(1) 这批货该拼箱,还是选用20英尺货柜或40英尺货柜?

(2) 选定货柜后,要用几个货柜?

出口跟单综合技能训练

出口跟单综合
技能训练一

出口跟单综合
技能训练二

出口跟单综合
技能训练三

出口跟单综合
技能训练四

附　录

附录一　进出口
商品运输包装
木箱检验
检疫规程

附录二　外贸
跟单常用术语
（中英文）

附录三　服装
专业词汇
（中英文）

附录四　面料
专业词汇
（中英文）

附录五　服装
尺寸专业词汇
（中英文）

附录六　出口
服装各部位
检验标准

附录七　服装
成品常见
品质问题

附录八　常用
服装英语缩写

附录九　出口服装
包装相关表达
（中英文）

参考文献

［1］中国国际贸易学会商务培训认证考试办公室. 外贸跟单理论与实务［M］. 北京：中国商务出版社，2015.

［2］朱春兰. 外贸单证实务［M］. 大连：大连理工大学出版社，2014.

［3］姚钟华，王锡耀. 外贸跟单实务［M］. 北京：中国财政经济出版社，2014.

［4］温伟雄. 外贸全流程攻略：进出口经理跟单手记［M］. 北京：中国海关出版社，2017.

［5］罗艳. 外贸跟单实务［M］. 2版. 北京：中国海关出版社，2019.

［6］吴蕴. 外贸跟单实务［M］. 2版. 杭州：浙江大学出版社，2020.